品牌经典系列

品牌领导

[美] 戴维·阿克
（David A. Aaker）
埃里克·乔基姆塞勒
（Erich Joachimsthaler）
◎著

耿帅 ◎译

典藏版

BRAND
LEADERSHIP

Building Assets In an
Information Economy

机械工业出版社
CHINA MACHINE PRESS

在数据已经成为资产的当下，如何有效发挥品牌资产的势能，将品牌管理提升到领导力层面？在全球化势不可挡的时代背景下，如何建立全球性品牌领导地位，而非停留在发展全球性品牌的阶段？本书从全球化的视角，在对欧洲、美国以及其他国家和地区进行300多项品牌案例研究的基础上，讲述了通用电气、阿迪达斯、耐克、万事达、惠普、宝马、麦当劳等企业创建全球品牌的故事。全书系统性阐述了创建品牌领导力的四大核心议题：品牌建设需超越大众媒体广告；拓展品牌识别模式，塑造"品牌精髓"；对全球品牌进行有效管理；创建品牌组合战略，建立品牌关系谱。

David A. Aaker, Erich Joachimsthaler. Brand Leadership: Building Assets In an Information Economy.

Copyright © 2000 by David A. Aaker and Erich Joachimsthaler.

Simplified Chinese Translation Copyright © 2025 by China Machine Press.

Simplified Chinese translation rights arranged with David A. Aaker and Erich Joachimsthaler through Andrew Nurnberg Associates International Ltd. This edition is authorized for sale in the Chinese mainland (excluding Hong Kong SAR, Macao SAR and Taiwan).

No part of this book may be reproduced or transmitted in any form or by any means, electronic or mechanical, including photocopying, recording or any information storage and retrieval system, without permission, in writing, from the publisher.

All rights reserved.

本书中文简体字版由 David A. Aaker and Erich Joachimsthaler 通过 Andrew Nurnberg Associates International Ltd. 授权机械工业出版社在中国大陆地区（不包括香港、澳门特别行政区及台湾地区）独家出版发行。未经出版者书面许可，不得以任何方式抄袭、复制或节录本书中的任何部分。

北京市版权局著作权合同登记　图字：01-2011-3027 号。

图书在版编目（CIP）数据

品牌领导：典藏版 /（美）戴维·阿克(David A. Aaker),（美）埃里克·乔基姆塞勒(Erich Joachimsthaler) 著；耿帅译. -- 北京：机械工业出版社，2025.7. --（品牌经典系列）. -- ISBN 978-7-111-78721-1

I. F273.2

中国国家版本馆 CIP 数据核字第 2025U9E594 号

机械工业出版社（北京市百万庄大街22号　邮政编码100037）
策划编辑：章集香　　　　　　　责任编辑：章集香　牛汉原
责任校对：甘慧彤　张慧敏　景　飞　责任印制：单爱军
中煤（北京）印务有限公司印刷
2025年8月第1版第1次印刷
170mm×230mm · 22.5 印张 · 3 插页 · 305 千字
标准书号：ISBN 978-7-111-78721-1
定价：99.00 元

电话服务　　　　　　　　　网络服务
客服电话：010-88361066　　机　工　官　网：www.cmpbook.com
　　　　　010-88379833　　机　工　官　博：weibo.com/cmp1952
　　　　　010-68326294　　金　　书　　网：www.golden-book.com
封底无防伪标均为盗版　　　机工教育服务网：www.cmpedu.com

丛书序言

能将我的六部与品牌相关的著作引入中国，我备感欣喜与荣耀。这些著作将成为传播品牌理念的重要载体。我35年来研究品牌的征程始于一个使命——致力于推动品牌资产的构建、管理与运用。万分欣喜这六部著作能在中国市场引起共鸣，它们在品牌建设领域发挥了重要的作用。

在这六部著作出版中文典藏版之际，我想向中国读者介绍《管理品牌资产》《创建强势品牌》《品牌领导》《品牌组合战略》《开创新品类：赢得品牌相关性之战》《品牌标签故事：用故事打造企业竞争力》这六本书的写作背景，解释其写作原因，以及它们在推动品牌建设方面的作用和意义。

1.《管理品牌资产》

"品牌资产"是20世纪80年代末提出来的一个概念。从某种程度上来讲，"品牌资产"概念的提出源于两种管理战略理论的失效，这两种管理战略理论都是基于数据驱动的分析，它们都导致了对短期销售的关注。

波士顿咨询公司（BCG）1970年提出的增长矩阵理论认为，一个企业的战略是否成功取决于在增长型市场中这家企业能否获得较高的市场份额，因为经验经济和规模经济能够带来成本优势。结果，当业务部门以降价的方式和更廉价的产品来获取市场份额时，品牌就会受到不利影响，增长难以实现，利润也会受到损失。另外，企业实时数据的实验表明，提高销售额的唯一方法就是使用"20%折扣"等价格促销活动。随之而来的价格促销活动的激增让消费者认识到，价格是最重要的考虑因素。在这种情况下，品牌差异化和品牌忠诚度下降，企业的发展前景恶化，盈利能力也随之下降。

随着"品牌资产"概念（品牌是战略资产）的出现，企业需要一种新的战略观点。然而，当时对于品牌资产并没有一个被广泛接受的定义，人们也不清楚它是如何助力企业取得成功的。《管理品牌资产》填补了这一空白。它对品牌资产进行了定义，并详细介绍了品牌资产让企业卓有成效的10多种方式，同时《管理品牌资产》还提出了对于企业来说建立品牌是值得的这一理论背后的底层逻辑。

《管理品牌资产》一书中介绍的品牌资产，除品牌知名度和品牌联想外，还包括品牌忠诚度。品牌资产的出现改变了市场营销的方式。它不再是一项战术性的传播工作。相反，它涉及影响与客户关系的方方面面——新产品、购买和使用体验、细分战略、组织文化，等等。这意味着以首席营销官或营销副总裁为代表的营销人员被邀请进入企业高层，成为战略的积极参与者。这也意味着企业关注的重点不再是短期的利益，而是要构建企业的资产，实现企业的可持续性发展。《管理品牌资产》已被引用33 000次，这反映了"品牌即资产"这一理念的影响力。

2.《创建强势品牌》

在接受品牌资产是企业增长战略的关键内容这一观点后，企业就希望了解如何建立、管理和运用品牌资产。《创建强势品牌》一书就为此提供了答案。《创建强势品牌》一书阐述了一个核心理念——品牌识别模式（有时称为Aaker模式，最近被称为品牌愿景模式），该模式与当时公认的方法截然不同。它基于以下几个前提。

第一，品牌不仅仅是两个字的词语，它可能涉及4～12个识别要素（或称为支柱、信念、原则、价值观)。大多数品牌都不能用单一的想法或词语来定义,而且寻找这种神奇的品牌概念可能会徒劳无功,更有甚者,可能会使品牌愿景不完整,缺少一些相关元素。品牌识别要素的优先级被划分为2~5个最具有吸引力和差异化的要素,我称之为"核心识别要素",而其他要素则被称为"延伸识别要素"。核心识别要素将反映推动品牌建设计划和倡议的价值主张。延伸识别要素为品牌愿景增添了质感,有助于判断计划是否"符合品牌定位"。

第二,品牌识别模式会根据环境、产品、客户、竞争、业务战略和组织情况创建相应的元素。与此相反,"一刀切"的模式预先设定了其适用于所有品牌,但具体情况各不相同。组织价值观和计划可能对服务业和企业对企业(B to B)类公司至关重要,但对包装消费品企业则不然。创新对于高科技品牌可能很重要,但对于一些包装商品品牌则不那么重要。品牌个性往往对于耐用消费品很重要,而对于企业品牌则不那么重要。品牌愿景模式允许采取任何形式,以形成能够引起共鸣、与众不同并代表组织和产品的愿景。

第三,品牌识别不仅限于功能属性和利益。它不仅是作为产品的品牌,也是作为组织的品牌、作为人的品牌和作为象征的品牌。它可以带来自我表达、社会和情感方面的好处。

第四,品牌识别具有前瞻性,它可能与当前形象不同。考虑到当前和未来的业务战略,它是品牌在未来发展中需要具备的联想。很多时候,当超越品牌许可范围时,品牌管理者会感到受限和不舒服。然而,大多数品牌都需要改进支撑其发展的支柱来参与竞争,并增加新的支柱来创造新的差异点和增长平台。然而,前瞻性不仅仅是一个梦想,它还需要得到意愿、资源和计划的支持,才能将其变为现实。

第五,品牌定位是一个短期的传播指南,它往往表达了将以何种逻辑向目标受众传播哪些内容。当前的定位通常强调的是具有吸引力的品牌识别要素，这些要素现在是可信的、可实现的。定位信息可能会随着组织能力和计划的出现或市场的变化而变化。

《创建强势品牌》被世界各地的许多公司所采用，在关于人们如何管理品牌的图书中其影响巨大。该书英文版的销量超过 15 万册。

3.《品牌领导》

埃里克·乔基姆塞勒在巴塞罗那 IESE 商学院担任教授时，他决定撰写一本涵盖品牌塑造和品牌建设的图书，并重点关注世界各地企业相关的案例。《品牌领导》一书提出了创建品牌领导力的四个关键要素。

第一个关键要素是品牌建设需超越大众媒体广告。我们建议品牌建设者将品牌与客户的兴趣点、活动或价值观联系起来。其中一个例子是阿迪达斯街头篮球挑战赛（Adidas Streetball Challenge），这是一系列三对三的篮球比赛，每场比赛都围绕着游戏和音乐来展开，并与阿迪达斯联系在一起。

第二个关键要素是扩展品牌识别模式，增加一个可选的品牌精髓概念——代表品牌识别大部分内容的单一思想。一旦找到了正确的品牌精髓，它就能在内部沟通、激励员工和合作伙伴方面发挥神奇的作用并帮助指导各项计划。比如，伦敦商学院的"变革未来"、松下的"生活创意"、迪士尼乐园的"家庭魔法"以及雪佛龙的"人类能源公司"。在每个案例中，品牌精髓都提供了一个涵盖所有品牌支柱的总括思想或概念。

第三个关键要素是全球品牌管理。埃里克和我采访了近三十五家公司的经理并查阅了与之相关的案例研究资料，询问他们认为全球品牌经理面临哪些问题，以及他们是如何处理这些问题的。我们的研究使我们确信，全球品牌经理都需要找到跨国传播见解和计划的方法，要打破"我的国家与众不同"的思维定式，开发一种人人都能使用的品牌管理流程，并找到让卓越品牌建设得以出现的方法。

《品牌领导》讲到的最后一个关键要素是品牌组合战略。我们对品牌组合战略进行了定义并开发了品牌关系谱，该关系谱构建了子品牌和认可品牌在整个品牌组合中的作用。

4.《品牌组合战略》

品牌不是单独存在的，它们受到多个品牌的影响。一个企业通常有子品牌、代言人品牌、联合品牌、合作伙伴品牌、企业品牌，等等。此外，品牌还可以通过品牌服务、品牌特色、品牌技术、品牌流程，甚至品牌文化支柱，获得差异化、活力和可信度。因此，需要创建和管理这样一个品牌体系，使其发挥协同作用，产生清晰的品牌定位、协同效应、杠杆作用，从而打造强大的品牌阵容。

制定品牌组合战略是一项复杂而又针对具体情况的工作。据我所知，由于这项工作通常混乱而又无趣，《品牌组合战略》可能是美国市场上唯一一本涉及这项工作的图书。创建一个能够独树一帜并产生共鸣的品牌并非易事，但直截了当。而制定品牌组合战略则不然。许多品牌之间的关系复杂且不断变化。这些品牌不仅要协同工作，还要支撑往往模糊、复杂和不断变化的组织战略。虽然没有一种线性流程适用于所有的情况，但有一些概念和框架有助于实现品牌组合战略。

品牌组合战略的第一个核心作用是使新产品能够与某一品牌或一系列品牌相识别。品牌关系谱可以帮助新产品通过描述（如通用电气喷气发动机）接近主品牌，或通过代言人（如 3M 的 Scotch Guard）拉开一定的距离，或通过子品牌（如丰田花冠）或新品牌（如雷克萨斯）拉开更大的距离。

品牌组合战略的第二个核心作用是创造和使用品牌差异化因素和品牌活力因素，用一个品牌帮助另一个品牌解决两个重要的品牌问题。品牌差异化是指使品牌与众不同的品牌特征、成分或服务。因此，威斯汀酒店拥有"天堂之床"和"天堂之浴"两个品牌,两者都具有明显的优越性,使其酒店与众不同。品牌活力是指具有品牌化特征的产品、促销活动、赞助活动、项目或其他实体,通过关联,显著提升目标品牌的影响力并为其注入活力,并在一段时间内对其进行积极的管理。例如,iPod 为苹果公司注入了活力,麦当劳叔叔之家为麦当劳注入了活力并提升了形象,而知名人士则可以为其代言的品牌增添活力。

品牌组合战略的第三个核心作用是通过品牌延伸创造增长路径。一种增长路径是将品牌延伸到新的产品或地区。另一种增长路径是将品牌推向高端细分市场或下沉到大众价值市场。所有品牌延伸方案都有风险,但都能带来品牌提升和增长机会。在做出决定时,需要根据相关品牌的现有优势和潜在优势进行具体的分析。

5.《开创新品类:赢得品牌相关性之战》

《开创新品类:赢得品牌相关性之战》定义并介绍了品牌相关性概念,并解释了其在战略中的作用。品牌相关性是指在一个子品类(或品类)中,品牌既有知名度又有可信度。仅有知名度还不足以获得目标客户的青睐,还需要在细分品类中具有知名度和可信度,不能有任何理由不购买或不使用该品牌。

《开创新品类:赢得品牌相关性之战》创作的灵感来自我们从许多不同品类和环境中观察到的一点,即发展的唯一途径(除极少数例外情况)是参与竞争并在品牌相关性竞争中获胜。这就意味着要创建一个新的子品类,如电动汽车、具有卓越睡眠体验的床、有机清洁剂供应商或来自特定地区的苹果。通过这个新的子品类,成为代表新的子品类的典范品牌,并对其进行定位,使其胜出,然后成为唯一或最相关的品牌。当竞争对手不相关或不太相关时,企业开创的新品类就成功了。

还有一种战略是品牌偏好竞争战略，其重点是在既有的成熟品类中击败竞争对手，从而获得品牌偏好。制胜战略是进行渐进式的创新，使品牌更具有吸引力或更可靠，使产品成本更低，或使营销计划更有效或更高效。这种"我的品牌比你的品牌好"的方法在当今多变的市场中越来越难以实现企业的增长。

《开创新品类：赢得品牌相关性之战》与其他许多讨论基于颠覆性创新的增长战略的图书大相径庭，它主要讲述了以下的内容：

- 强调其他图书忽略或不重视的品牌和品牌塑造方法。特别是，它强调了定位新细分品类、基于客户群设置壁垒以及品牌创新的重要性。
- 假定子品类和品类一样都在发挥作用，实质性创新和变革性创新都能带来新的品类或子品类。
- 提供企业创建新品类或子品类的流程，包括概念生成、评估、定义品类或子品类，以及创建竞争者壁垒。
- 考虑失去品牌相关性的损失，它是如何发生的以及应如何避免。
- 提出一个组织需要具备哪些特征来支持实质性或变革性创新，从而产生新的品类或子品类。
- 讨论为什么赢得品牌相关性竞争是困难的，以及如何应对这些挑战。

6.《品牌标签故事：用故事打造企业竞争力》

我的女儿詹妮弗是斯坦福大学商学院的教授，拥有心理学专业背景，擅长教授如何讲故事，对故事的力量、创造和应用非常精通。我们的讨论促使我创作一本有价值的，关于如何通过讲故事来传达企业重要战略信息的书。

无数的研究表明故事具有传播力量。如果一个信息包含在一个故事中（或由故事激发或由故事说明），那么它就更有可能获得关注、得到处理、更少地遭到反驳并被记住。在信息过载、媒体内容杂乱和怀疑普遍存在的极端情况下，使用故事就提供了一条行之有效的途径。

什么样的故事是有效的？它不是事实、数据或破坏性特征的简单罗列，例如"让我来告诉你我公司的故事——它很有创意，生产的产品非常可靠"。我所定义的标志性故事具有以下的特征：

- 引人入胜。这个故事即使不是引人入胜的，也是引人深思、新颖、具有启发性、有趣、信息量大、有新闻价值或娱乐性的某种组合。
- 真实性。不能让受众认为故事是虚假的、做作的，或者是有明显的推销行为。此外，故事及其信息的背后应该传达产品规划、企业战略或产品及其服务等实质性内容。
- 参与性。受众应该能被故事所吸引，它通常（但不总是）会引起受众认知、情感或行为上的反应。
- 能够传达与品牌相关的战略信息。它可以澄清或提升品牌的知名度、形象、个性、相关性和价值主张。它可以生动、真实地传达企业的价值。最后，它不仅可以阐明企业当前的业务战略，还可以阐明企业的未来愿景以及如何实现企业的目标。

这类故事可以以客户、员工、体验者、产品或创始人为主角，它们应为员工提供清晰的思路和灵感。尤其是千禧一代，他们更愿意为那些不仅仅以销售额和利润为目标的企业工作，而一个标志性的故事可以帮助他们更真实、更清晰地了解他们为之服务的企业目标。客户也是重要的受众，因为战略性的故事信息可以赢得他们的尊重和忠诚。

尽管人们对此很感兴趣，但在市场营销中使用故事的做法仍然鲜为人知，使用率也很低。与事实相比，故事通常被视为一种低效的沟通工具，而且在寻找和管理故事方面通常具有一定的挑战性。《品牌标签故事：用故事打造企业竞争力》的贡献在于考虑如何利用故事来支持组织内外战略信息的传播。故事的这种战略作用与支持短期战术性传播目标的作用大不相同。

我很高兴这套丛书为众多品牌从业者追求卓越品牌建设奠定了基础。

戴维·阿克

2025 年 5 月 14 日

Brand Leadership
赞 誉

戴维·阿克作品的最大价值是帮助你跳出创意和战术级传播，真正建立起品牌战略思维，关注深度品牌资产的建立，提升品牌溢价，解决中国企业低端的痛点。他的作品也是品牌人提升价值的秘籍。

翁向东
杰信品牌战略咨询首席专家

数字营销时代变化太快，让我们以为碎片的观点便是前沿，阿克让我们想起了品牌不是曝光，不是点击，不是 uv（独立访客数），不是 share（分享量），而是长久以来积累在人们心中的形象以及联想。只有回归对品牌最本质和最基础的理解，才能够参透我们所在行业的深远意义。

王冉
腾信创新前 COO

正如弗雷德里克·泰勒对科学管理的开创和彼得·德鲁克对管理理念的真知灼见一样，戴维·阿克为我们更好地理解品牌做出了卓越贡献。如今，在与埃里克·乔基姆塞勒的通力合作下，阿克对品牌管理的洞见与认知又上升到了一个崭新的高度。《品牌领导》一书花大量笔墨重点介绍了如何在品牌管理中应用赞助与互联网技术，这对指导多品牌管理市场经理人这一新生力量显得弥足珍贵。

彼得·希利

加利福尼亚大学伯克利分校市场营销与技术中心前主任

可口可乐公司前全球营销主任

对那些想了解品牌构建艺术与科学的人而言,《品牌领导》提供了卓越的工具。书中清晰生动的实例向我们展示了品牌关键驱动因素,并使复杂的品牌理论变得浅显易懂。

彼得·乔治斯库

扬罗必凯公司主席兼首席执行官

针对品牌管理者所要应对的难以置信的复杂境况,《品牌领导》给出了一个极为有效的解决构架,特别是在整合企业战略与品牌方面标新立异,而这恰恰是通常被忽视的环节。

丹尼斯·卡特

英特尔公司前副总裁

本书在复杂的品牌架构领域中领先一步。

汉斯-格奥尔格·布莱姆

梅赛德斯-奔驰公司前品牌负责人

《品牌领导》向那些面对全球品牌管理挑战的企业提供了切实有效的建议。

约翰·奎尔奇

中欧国际工商学院特聘教授、副院长兼教务长

有充足的理由表明,品牌是当今商业中最热门的词语之一。而且,在

有关品牌的思潮中也存在一个"品牌",那就是戴维·阿克。《品牌领导》不是对已有品牌理论及实务的延伸,而是具有原创性的。该书在品牌管理领域"舍我其谁"。好好阅读它吧,否则后果自负。

汤姆·彼得斯
《追求卓越》的作者

戴维·阿克不仅是一位卓越的战略大师与洞察犀利的思想者,他还始终保持着对世界、商业及品牌演进的热忱探索。他深刻关注在文化与技术加速变革下,市场需求、消费者期望及品牌发展本质的重塑逻辑,并通过著作将这种前瞻视野带给全球读者。

迈克尔·邓恩
铂慧 CEO

Brand Leadership

前言

当品牌资产成为 20 世纪 80 年代末的热门话题时,它的命运也很有可能和其他管理思潮一样转瞬即逝。然而,越来越多的行业意识到品牌知名度、感知质量、品牌忠诚度和强烈的品牌联想与品牌个性是市场竞争中必不可少的利器。诸如医院、石油供应商和软件公司等一些组织初次认识到了品牌的价值,银行、包装物品经销商和汽车制造商等其他组织也意识到需要为其品牌注入新的活力,而且它们的品牌管理系统也需要紧跟瞬息万变的竞争形势。

强大的动力推动着人们对品牌热情的持续升温。品牌建设不可或缺,产能过剩、恶性价格竞争、同质产品泛滥以及强势零售商等因素都仅仅是各类组织急需构建品牌的部分原因。除此之外,其他替代方案对绝大多数管理者来说不仅不能令人满意,甚至还有害。本书将启发人们如何在这些压力下构建品牌领导力。

本书是作者"品牌三部曲"中的第三部著作。第一部著作《管理品牌资产》回顾了创造品牌价值的案例,详细探讨了品牌价值是如何创造的,并对"品牌资产"概念进行了构建与界定。该书还涵盖了品牌名称和标识的作用、品牌延伸的利弊等内容。

第二部著作《创建强势品牌》以三种方式帮助管理者制定品牌战略。首先,该书介绍了品牌识别或视觉形象的构造,用以指导品牌的构建过程。其次，该书分析了如何整合多个品牌，使其成为一个界限清晰、协同一致的跨品牌管理系统。最后，该书探讨了如何衡量品牌资产，尤其是衡量跨产品、跨国域的品牌资产的标准及方法。

第三部著作，也就是本书，通过对四大主题的探讨，将品牌管理提升到了领导力层面。

第一，本书拓展了品牌识别概念的内涵，涵盖了品牌精髓的陈述、不同市场中多元品牌识别的运用和对有效品牌识别的阐述。本书还阐述了品牌识别的重大意义，它有助于向包括公司合作伙伴及其员工在内的品牌实施人员清晰地传递品牌特质。

第二，本书解决了品牌架构的问题——品牌之间如何关联，品牌怎样延伸以及品牌架构在整个品牌系统中起到怎样的作用，还定义了品牌架构及其主要构成要件和工具。本书特别关注品牌关系谱，详细阐述了子品牌和背书品牌作为强有力的工具，进而强化强势品牌影响力的作用与机制。

第三，本书研究了如何超越广告进而打造成功高效品牌的问题。其中关键之一就是打破常规、独具匠心的执行，关键之二是选择和管理各种媒体。本书收集了包括阿迪达斯和耐克在内的众多成功案例，并对当下广受关注的商业赞助和互联网两个品牌构建工具进行了详细分析。顾客兴奋点、驱动主张和客户关系模型这些能够帮助品牌经理制定本土品牌构建策略的工具在本书中也均有介绍。

第四，本书分析了组织在全球化背景下所面临的品牌管理挑战。共用品牌的多元业务和多元产品，以及在不同市场中展开竞争的要求（通常涉及许多国家）使得品牌管理越发复杂与重要。在这种背景下，组织所面临的挑战在于如何有效配置资源，经济高效地构建组织和流程，进而打造出强势品牌。

本书在很大程度上是在对品牌战略进行大量实地调查研究的基础上撰写

而成的。我们在欧洲、美国以及其他国家和地区进行了 300 多项案例研究，这些研究都是在强调品牌所必须应对的跨国背景下进行的，每项案例研究都侧重于识别并评估品牌战略及其执行情况。其中许多研究都洞见深刻，描述翔实，对特殊的概念和方法也都有相应的说明。

在大量的咨询实践中，我们得以有机会检验这些模式和思想，这对本书的写作也大有裨益。

在本书的编写过程中，有很多人做出了贡献。在此，我们要感谢那些值得尊敬的同事，他们分享了自己对品牌多年的洞见，不仅丰富了我们的知识，而且使得本书的写作过程妙趣横生。我担心会漏掉他们，他们是斯坦福大学的 Jennifer Aaker，西班牙 ESADE 商学院和美国加利福尼亚大学伯克利分校哈斯商学院（Haas School of Business）的 Roberto Alvarez，美国电话电报公司（AT&T）的 Arnene Linquito，李维斯（Levi Strauss）的 Rob Holloway 和 Larry Ruff，埃克森美孚的 Nancy Carlson，bigwords.com 的 Andy Smith，Best Foods 的 Anthony Simon 和 Johnny Lucas，斯伦贝谢（Schlumberger）公司的 Kambiz Safinya 和 Pual Campbell，桑德公司（Sander & Company）的 Sandeep Sander，大众公司的 Gert Burmann，菲多利公司（Frito-Lay）的 Michael Hogan，Brand & Company 的 Jerry Lee 和 Katy Choi，康柏（Compaq）公司的 Susan White 和 Charles Castano，Brand Strategies 的 Duane Knapp，扬罗必凯广告公司（Young and Rubican）的 Peter Georgescu 和 Stuart Agres，亚历山大·贝尔公司（Alexander Biel Associates）的 Alexander Biel，哈斯商学院、弗吉尼亚大学达顿商学院（the Darden School）、哈佛大学、高等教育学会（IAE）、西班牙 IESE 商学院的 Russ Winer、Rashi Glazer、Paul Farris、Mark Parry、Robert Spekman、Joe Pons、Paddy Miller、Stein Jacobsen、Michael Rukstad、Guillermo d'Andrea 以及其他同事。

此外，我们还要感谢 Prophet 铂慧（Prophet Brand Strategy）的 Scott Galloway、Connie Hallquist、Sterling Lanier 等，还有品牌领导公司（The Brand Leadership Company）的 James McNamara、Hubert Weber 和 Steve Salee。所有这些人都为本书提供了宝贵的建议和支持。品牌领导公司的 Dana Pillsbury 始终对本书予以帮助和支持，Monica Marchlewski 也帮助整理了稿件。

我们还要特别感谢圣詹姆斯集团（St. James Group）的 Scott Talgo 和 Lisa Graig，以及 Prophet 铂慧的 Kevin O'Donnell 和 Jason Stavers。他们为有关网络和品牌架构的章节做出了重要贡献，他们是品牌领域的后起之秀，但是其思想发人深省、见地深刻。我们也要感谢伦敦商学院（London School of Business）的院长 John Quelch，他成功地策划了万事达卡（MasterCard）赞助世界杯的案例，他慷慨地允许我们使用他的案例材料。特别要感谢的还有达特茅斯学院的 Kevin Keller、华盛顿大学的 Bob Jacobson，他们以科学的方法帮助本书第一作者处理一些饶有趣味的品牌问题，也使得本书的成书过程充满乐趣。

在本书手稿的写作过程中，我们得到了一些优秀学生的帮助，他们是斯坦福大学工程学院的 Terra Terwilliger、James Cook、Joao Adao、Penny Crossland、Marc Sachon，切斯（Chase）学院的 Madhur Metha，Translink 的 Brian Hare，还有任职于奥美公司（Ogilvy & Mather）的 Eva Krauss，任职于技术方案集团（Technical Solutions Group）的 Edward Hickman 和 Nancy Spector。特别是任职于高乐氏集团（Colrox）的 Julie Templeton 和就职于工商管理硕士企业组织（MBAEC）的 Michael Dennis，他们为修改手稿付出了极大的辛劳，特此表示感谢。很多哈斯商学院的学生在成书的最后阶段协助整理、修改了手稿，为此我们也感激不尽。Chris Kelly，这位优秀的文字编辑给予了我们巨大的帮助。Carol Chapman

也帮助我们处理了一些文字问题和日常事务，他的协助是不可或缺的，和他一起工作也是愉快的。The Free Press 的 Celia Knight 推动了该项目的进展，Anne-Marie Sheedy 很热情地为我们提供了多方面的帮助。而且，我们还要感谢一位世界级的编辑和友人——Bob Wallace，他给了我们鼓励、指导以及编辑上的建议。这也是他编辑的第三部品牌著作。最后，我们还要感谢我们的家人，他们一如既往地对我们写作本书给予了支持。

目录

丛书序言
赞誉
前言

第一部分 引言

| 第1章 | 品牌领导：新兴的市场趋势 — 2

品牌管理：传统模式 — 3
品牌领导：新兴的市场趋势 — 6
创建品牌的回报 — 12
品牌领导的任务 — 24
本书的编排 — 26

第二部分 品牌识别

| 第2章 | 品牌识别：品牌战略的基础 — 30

维珍大西洋航空品牌里程 — 31
品牌识别策划模式 — 37
避免在发展品牌识别系统过程中的常见错误 — 48

| 第 3 章 | 对品牌识别的阐明与诠释 | 63 |

    定义"领导者"   64

    定义品牌个性：里昂比恩公司的故事   67

    品牌识别诠释方法   69

    识别支撑计划审核   70

    品牌识别角色模式   74

    视觉象征的开发   81

    品牌识别的优先排序   83

    传播已诠释的识别   88

    修改品牌识别   92

第三部分　品牌架构：获得清晰的协同与延展应用

| 第 4 章 | 品牌关系谱 | 94 |

    GE 家用电器的故事   95

    万豪国际集团的故事   97

    设计品牌架构：背书人和子品牌   99

    连接品牌：品牌关系谱   102

    多品牌组合体   104

    背书品牌   108

    子品牌   113

    品牌化组合   116

    在品牌关系谱中正确定位   118

    本章小结   125

| 第 5 章 | 品牌架构 | 127 |

    保罗·拉尔夫·劳伦传奇   128

市场复杂性、品牌混淆及品牌架构	131
何为品牌架构	132
延伸品牌范围	151
品牌架构审核	155

第四部分　创建品牌：超越广告

第 6 章　阿迪达斯与耐克：品牌创建的经验　162

阿迪达斯：发展阶段	164
耐克的故事	167
早安，阿迪达斯	181
围绕阿迪达斯的品牌识别创造品牌创建的焦点	184
启示	192

第 7 章　创建品牌：赞助的作用　195

万事达卡赞助世界杯的故事	196
如何通过赞助打造品牌	201
哪里可能出错	217
有效赞助的 7 个关键	222

第 8 章　创建品牌：网络的作用　227

美国电话电报公司与奥运会	228
H&R Block	228
高洁丝网站	229
网络的独特属性	231
在网络上创建品牌	236

| 品牌创建网站 | 241 |
| 广告和赞助的内容 | 252 |

第 9 章　创建品牌：超越媒体广告　260

雀巢阿利特	261
惠普	261
前进保险	261
宝马	262
品牌创建任务	263
创建品牌：来自欧洲的几个模式	273
超越广告创建品牌：几点原则	293

第五部分　品牌创建组织

第 10 章　全球品牌领导地位：不仅是全球性品牌　302

麦当劳在欧洲	303
全球性品牌	305
建立全球性品牌领导地位，而不是发展全球性品牌	307
分享心得和最佳实践	310
通用的全球品牌规划程序	313
明确责任以实现跨国协同	319
品牌创建精华的传递机制	326
迈向全球性品牌	329

注释　332

BRAND
LEADERSHIP

第一部分

引言

BRAND LEADERSHIP

第 1 章

品牌领导
新兴的市场趋势

如今是一个讲求品牌的新市场。

——汤姆·彼得斯(Tom Peters)

品牌策略必须紧跟经营策略。

——丹尼斯·卡特(Dennis Carter),英特尔公司

品牌管理：传统模式

曾担任过宝洁（P&G）公司 CEO 和美国国防部长的尼尔·麦克尔罗伊（Neil McElroy），在 1931 年 5 月时还只是一个初级市场经理，负责佳美牌香皂（Camay soap）的广告宣传。当时，除了宝洁公司的王牌产品——象牙牌（Ivory）外，其他品牌都以专案的方式组织运营。麦克尔罗伊觉察到像佳美牌香皂这样的产品既没有预算，其管理也不聚焦的运营方式有很大的问题，这样会导致市场策略分散且相互不协调（见图 1-1）。事实上该问题后来真的导致了佳美牌香皂市场份额的萎缩，直至无人问津。对此，麦克尔罗伊感到很沮丧，却也因此写下了至今还堪称经典的备忘录，提出了一个以品牌为核心的管理体系。

麦克尔罗伊的《品牌管理备忘录》（见表 1-1，节选）详细地阐述了问题的解决方案——建立品牌管理小组。该备忘录指出，一个品牌的管理团队必须负责品牌营销计划的制订并保证计划能与制造和销售相统一。这个基于宝洁公司内部和外部很多人的理念与实践总结而成的备忘录，后来对于全球的企业如何去管理自己的品牌产生了深远的影响。

麦克尔罗伊提出的管理体系，通过分析每个市场的销售和利润，进而发现"问题市场"所在。首先，品牌经理负责进行市场调研以便了解问题所在，然后设计解决问题的应对措施，并通过运用计划系统来确保这些应对措施能够得到及时的实施。这些应对措施不仅仅是指广告宣传，还包括诸如重新定价、促销活动、店内陈列、销售团队激励，以及改进包装和产品精细化等多种营销工具的使用。

图 1-1　1930 年的佳美广告

表 1-1　节选自宝洁公司尼尔·麦克尔罗伊的《品牌管理备忘录》

1931 年 5 月麦克尔罗伊写的这部备忘录在一定程度上是为录用的两名新员工做辩护，其中描述了品牌管理团队由一名"品牌经理"、一名"助理品牌经理"和多名"现场检查"人员组成。以下节选描述了"品牌经理"的义务和责任（后面括号内附有必要的澄清）

品牌经理

（1）逐件认真检查品牌产品的装运情况

（2）对于强势或者正在发展中的品牌，仔细检查工作进展，并将相同的方法运用于类似领域

（续）

（3）对于发展滞缓的品牌：
  1）研究该品牌的广告和促销历史；亲临现场考察——考察分销商和消费者，找出问题所在
  2）发现问题之后，制订针对该问题的解决方案。当然，不仅要制订方案，而且要以合理的成本制定预算
  3）为负责该问题品牌的部门经理制定详细规划，获得他的授权，进行改进
  4）准备销售协助，提供执行该方案所必需的其他所有材料，并下达到各个区域。销售开始后，配合销售人员进行跟进，确保销售过程中该方案的执行没有偏差
  5）保留必要的记录，进行必要的现场研究，确保方案执行到位
（4）不仅要负责校对每一篇文字策划稿，还要校对该品牌整体方案的文字稿，对此担负全责
（5）对该品牌所有其他的广告支出担负全责（例如商铺内的广告和促销）
（6）参与实验和推荐包装（包装材料）
（7）每年要数次拜访区域经理，与之讨论该领域促销方案中可能存在的缺陷

从某种程度上讲，这一传统品牌管理体系无论是在宝洁或是其他公司的实施都是成功的，原因在于这一体系是由优秀的计划者、执行者和推动者来共同参与实施完成的。像品牌管理这样一个复杂的体系通常不仅需要包括广告宣传、促销和分销渠道管理，还要涉及研发、制造和物流等领域，因此需要良好的管理技能和强大的执行能力。品牌经理通常不具有对实施品牌计划的一线人员（无论他是来自公司内部还是外部）的直接指挥权力，因此一名成功的品牌经理还需要具有卓越的协调能力和激励技能。

尽管麦克尔罗伊在其管理备忘录中没有特别指出，但每个产品品牌都要竭力与企业的其他品牌展开在市场份额和公司资源配置方面的竞争假设，这构成了麦克尔罗伊品牌管理概念模型的重要方面。该品牌管理思想来源于当时的通用汽车公司，该公司旗下就有诸如雪佛兰、别克和奥兹莫比尔等多个独立品牌相互竞争。品牌经理的目标就是取得所负责品牌的最终胜利，即使该胜利有可能以公司内部其他品牌的牺牲为代价也在所不惜。

传统品牌管理体系仅限于单一国家的相关市场。当某一品牌涉及多个国家而成为跨国品牌时，该体系通常通过设立当地品牌经理进行复制式操作。

在宝洁公司所采取的最初品牌管理模式中，品牌经理侧重于策略性和反应性，时刻关注的是竞争对手和渠道活动，以及销售和利润趋势等。当问题

产生时，反应计划的目标就是尽可能地通过销售和利润驱使下的程序点对点地针对性解决。战略性事宜通常被委托给第三方咨询机构或干脆被忽略。

品牌领导：新兴的市场趋势

麦克尔罗伊提出的这一传统的品牌管理体系在宝洁公司和大量跟随者中成功运行了几十年。该管理体系通过掌控每一项工作来管理品牌，并使之顺利开展。然而，随着市场环境日趋复杂、竞争压力不断增大、渠道动态变化、全球化趋势不断增强，以及商业环境中出现了多元品牌，品牌侵略式扩张和复杂的子品牌结构的特征日益凸显，面对这些挑战，该套管理体系就显得有些力不从心了。

因此，一个新的模式逐渐取代了宝洁及其他公司所运用的传统品牌管理体系。我们把这个新兴的模式叫作品牌领导模式，该模式和传统模式有很大的不同。如表1-2所总结的，它既强调战术也强调战略，它的应用范围很广，并且同时为品牌识别和销售所驱动。

表 1-2　品牌领导——演化的范式

	传统品牌管理模式	品牌领导模式
从战术管理到战略管理的转变		
运用观点	具有战术性、迅速反应	具有战略性和远见
品牌经理地位	经验不足，时间跨度较短	在组织中具有较高的地位，时间跨度较长
概念模式	品牌形象	品牌价值
焦点	短期的财务收入	品牌价值的措施
从有限聚焦到广阔视野		
商品和市场范围	单一的商品和市场	多种的商品和市场
品牌结构	简单的结构	复杂的品牌架构
品牌数目	侧重单个品牌	侧重多个品牌
国家范围	单一国家	全球性
品牌经理的沟通角色	有限选择的协调者	多层面沟通的领导者
沟通侧重点	外部/客户	内部和外部

（续）

	传统品牌管理模式	品牌领导模式
	从销售额到品牌特性作为战略的驱动	
战略驱动	销售额和市场份额	品牌识别

从战术管理向战略管理转变

在品牌领导模式中，品牌经理不仅需要擅长战术谋划和迅速反应，更要具有战略性思维和远见。他需要战略性地调控品牌，提出在客户心目中该品牌代表什么，同时始终如一地、有效率且有力地传播这个特性。

为了扮演好这个角色，品牌经理首先必须要同时参与经营战略的制定和实施；其次要保证品牌战略紧跟经营战略，并反映同一战略视野和同一企业文化；最后不应该给予品牌识别同战略不符或不能兑现的承诺。没有什么比在没有资金支持的战略导向下发展品牌识别更浪费和更具有破坏性的了。不能兑现品牌承诺比没有承诺更糟糕。

组织中的高层

在传统的品牌管理体系中，品牌经理一般只有两三年的从业资历，经验相对不足。然而从战略的角度来说，一个高瞻远瞩的品牌经理需要在组织中拥有较高的地位。在品牌领导模式中，品牌经理应该是组织中顶尖的市场专家。在一个有营销高手的高层管理团队中，品牌经理通常应该也是首席执行官。

聚焦品牌资产

这一新兴模式可以从品牌形象和品牌资产两个并列的方面来理解。品牌形象是战术性的——一种驱动短期结果的因素，可以将其留给广告和促销专家来处理。与之相反，品牌资产则是战略性的——作为竞争优势和长期盈利性基础的一种资产，必须备受组织高层的密切关注。因此，品牌领导模式的目标在于既要管理好品牌形象，更要建立起品牌资产。

品牌资产评估

品牌领导模式鼓励开展品牌资产评估，用以填补短期销售和盈利数据。一般而言，评估有时效性，应该反映出品牌资产的主要维度，例如感知度、忠诚度、感知质量和联想度等。对区分和影响"消费者－品牌"关系的品牌识别要素进行识别，是进行品牌资产评估的第一步。

从有限聚焦到广阔视野

在传统的宝洁模式中，品牌经理的职权范围不仅被限制于单个品牌，而且被限制于单个产品和单个市场。此外，沟通的范围也更加狭窄（只有为数不多的选择），内部品牌沟通多被忽视。而在品牌领导模式中，品牌经理面临的挑战和环境截然不同，任务涉及的范围更加广阔。

多元产品和市场

在品牌领导模式下，由于一个品牌可以涵盖不同的产品和市场，因此确定品牌的产品和市场范围就成为管理中的关键。产品范围包括管理品牌的延伸产品和获得品牌许可的产品。品牌应附着于哪些产品？哪些产品超出了品牌当前和未来规划中的领域？有些品牌，例如索尼（Sony），在大举扩张中获得了知名度和动力源。消费者知道标有Sony品牌的产品总有新鲜和刺激的东西。另外一些品牌则通过产品间强大的关联性来进行自我保护。例如，金斯福德木炭（Kingsford Charcoal）就一直只专注于木炭和与炭烧烹饪直接相关的产品。

市场范围是指品牌跨越市场所进行的延伸。这种延伸可以是横向的［例如，明尼苏达矿务及制造业公司（3M）在消费品和工业品市场］，也可以是纵向的（3M同时涉足平价市场和高端市场）。有些品牌，例如IBM、可口可乐和品客（Pringles），在众多不同的市场中使用相同的品牌识别。而在其他情况下，公司则需要多元品牌识别或多元品牌，例如，通用电气公司（GE）品牌在喷气式飞机发动机市场上比在家电市场上需要更加不同的关联度。

管理品牌的产品和市场范围所面临的挑战在于，既要在不同的产品市场上以灵活机动制胜，又要获得跨市场和跨产品的合力。在跨产品市场上，僵化守旧的品牌战略会使一个品牌在面临强悍的竞争对手时显得束手无策。但另一方面，混乱的品牌管理会使市场低能、无效。第2章和第4章将详细探讨应对这一挑战的各种方法。

复杂的品牌架构

传统品牌经理很少处理品牌延伸和子品牌的问题，而品牌领导模式却要求品牌经理能灵活驾驭复杂的品牌架构。为了延伸品牌和充分发挥品牌能量，人们引入了背书品牌的概念［如3M的便笺纸（Post-its）、贝蒂妙厨（Betty Crocker）的汉堡指南以及万豪国际酒店集团（Marriott）的万怡（Courtyard）］和子品牌［例如金宝汤公司（Campbell）的Chunky品牌汤和富国银行快递（Wells Fargo Express），以及惠普激光打印机（Hewlett-Packard's Laserjet）］，有时也用组织品牌来代表不同的产品市场。第4章和第5章将研究品牌架构的构造、概念和工具。

品类聚焦

传统的宝洁品牌管理体系鼓励同类产品下的不同品牌之间相互竞争，如护发产品中的潘婷、海飞丝和沙宣，因为这些产品覆盖了不同的细分市场，而且这种组织内的竞争也被视为是有益的。然而，有两股力量促使企业考虑管理产品品类（品牌集群），而非单个品牌的组合。

首先，消费品零售商以商品品类作为分析单位，使用信息技术和数据库来进行管理，因此他们希望供应商也能在谈判时从产品品类的视角看问题。实际上，很多洲际零售商认为产品的全国代理视野不够宽阔，无法帮助他们进行跨国合作，因此他们要求一个产品品类能够设立相对应的一个全球联系人进行联络协调。

其次，面对日益混乱的市场，同一品类下的姊妹品牌越来越难以区分，最终导致市场混淆、同类相残、无效传播的趋同化结果。GE 品牌家族的定位混乱、交叠便是例证。如果按品牌品类进行管理，则很容易做到清晰、有效。此外，由于获利品牌再也不能理所当然地掌控资源，涉及传播预算、产品创新的重要资源配置决策也将更冷静且更具有战略性。

在新的模式下，品牌经理关注的焦点从单一品牌扩展到产品品类，其目的是整合同一类别下的品牌或经营单位，进而在市场中产生最大协同影响力和市场合力。因此，惠普的打印机品牌、通用磨坊公司（General Mill）的麦片品牌或者宝洁的护发产品品牌应实施群组管理，使经营效率和市场效益达到最大化。

通过解决跨品牌问题，产品品类或经营单位品牌管理能够改善盈利和优化市场战略。哪些品牌识别和定位能使品牌体系更具有凝聚力且更简洁？消费者和销售渠道的需求能否激发出对产品品类的更广阔视野，从而带来新的突破？产品品类品牌能否给采购和物流带来新的机遇？如何才能将研发成果广泛地应用于产品品类品牌？

全球视野

传统模式下的跨国公司品牌管理意味着各个国家的品牌经理各自为战。随着全球市场竞争任务的改变，这一模式日益显示出其自身的不足。其结果是，越来越多的企业尝试建立起能够支撑全球统一经营战略的组织结构，该结构涉及采购、生产、研发以及品牌推广。

品牌领导模式应具有全球视野。因此，跨市场及跨国家品牌管理的目标是实现品牌合力以提高效率、实现战略整合。该视野还有更深一层的复杂性——品牌战略中哪些要素可以全球通用，哪些又适用于当地市场？执行这样的战略不仅需要协调更多的人力和组织，而且还要在全球范围内培养企业的市场洞察力，建立最佳行为准则也很困难。第 10 章将广泛探讨管理跨国品牌的组织结构和体系。

领导传播团队

在战术传播活动中，传统品牌经理通常只起到协调和规划的作用。更进一步地说，大众传媒的应用使得这些传播活动变得更易于管理。加利福尼亚州伯克利大学彼得·希利（Peter Sealey）教授注意到，1965 年宝洁的产品经理用 3 段 60 秒的广告就可以覆盖 18～49 岁年龄段 80% 的妇女，而如今却需要 97 个黄金时段的广告才能达到同样的覆盖率。可见，传媒和市场细分使得品牌传播工作已今非昔比。

在品牌领导模式下，品牌经理需要成为战略家和品牌传播团队的领导者，指导企业使用包括赞助、网络、直接营销、公关和促销等在内的各种手段，这些众多选择也带来两大挑战：如何选择最为有效的媒体？媒体间信息由不同的组织和个人控制（各自带有不同的视角和目标），如何协调并对这些信息进行整合？应对这两大挑战需要建立有效的品牌识别和适应复杂环境下的品牌管理组织。

此外，品牌经理不仅需要部署战略的实施，更要对战略成竹在胸——指导品牌传播活动以达成品牌战略目标。品牌经理如同乐队指挥，既要激发每个成员的聪明才智，又要使他们可以协调一致。

本书的第四部分将通过大量的案例分析，揭示如何协调大范围使用媒体的传播战略，从而产生合力、提高效率，并且加强影响力。第 7 章和第 8 章将特别关注两大日益重要的手段——赞助和网络。

内部和外部传播

新模式下的品牌传播除了要关注外部因素之外，还要关注影响消费者购买行为和忠诚度的内因。成功的品牌战略能够促使品牌与其企业内外部其他品牌进行互相沟通、互相激励。第 3 章将介绍各种利用品牌来体现并传播组织价值观和文化的方法。

战略推动者从销售转向品牌识别

在品牌领导模式下，引导战略的不仅有诸如销售和盈利的短期业绩，还有品牌识别，它清楚地将品牌的内涵具体化。只有明确了品牌识别，战略执行才能目标清晰且行之有效。

品牌识别依赖于对消费者、竞争对手和经营战略的深入理解。决定品牌价值的最终力量是消费者，因此，品牌战略必须建立在强大且严格的市场细分策略以及对消费者动机的深刻把握之上。对竞争对手的全面分析是品牌识别的另一个关键点，因为品牌识别需要与竞争对手进行长期区分。最终，正如前面已经提到的，品牌识别需要反映经营战略以及公司的投资意愿，以实现品牌对消费者的承诺。第 2 章和第 3 章将研究品牌识别的开发和描述。

创建品牌的回报

由于传统品牌管理模式侧重于短期销售，因此对品牌的投资效果立竿见影，这反映在对于品牌的投资能否带动近期的销售并带来利润。与此相反，品牌领导模式则着眼于建立将带来长期盈利的资产，这样的过程往往难以察觉或者无法察觉。品牌创建可能需要长年累月的不断努力，而短期回报不甚显著——事实上,还有可能导致短期利润的下滑。此外,品牌建立往往是在混乱的市场竞争中进行的,其效果难以度量。

品牌领导模式基于以下假设,即品牌的建立不仅能创造资产,而且是企业成功(通常是企业生存)不可或缺的要素。企业最高管理层必须坚信,创建品牌将带来竞争优势,并最终获得经济上的回报。

对其他无形资产投资的评估会遇到很多问题,对品牌资产投资的评估也是如此。几乎每个组织都有三种最重要的资产:人才、信息技术和品牌,但没有一样是体现在资产负债表里的。实际上,要量化评估这些资产对组织的影响是不可能的,我们只能粗略估计其价值。任何无形资产投资在一定程度上必须有赖于概念性商业模式,这种商业模式通常很难建立及维护。但是没有这种商业模式,通往品牌领导之路将受到阻碍。

在本章后面,我们将回顾一些研究成果。这些研究表明,品牌创建带来了资产的显著增值,而且品牌投资带来了股价上的收益。但是,我们首先将对比品牌创建和与其对应的另一种战略选择——价格竞争,因为这才是逻辑的原点。

价格竞争之外的选择

很少有经理人在描述他们所处的环境时,不提及产能过剩和恶性价格竞争这两大影响因素。除了巴拿马运河运营商外,很少有公司受到上帝的眷顾而没有真正的竞争对手。以下情节大家都似曾相识:市场上的新进入者、产能过剩、销售量下降或者强势的零售商导致价格竞争压力;降价、折扣或者促销层出不穷;竞争对手,尤其是排名第三、第四的品牌,会采取防卫的姿态;消费者对价格的关注胜于对品质和差异性特征的关注;品牌开始趋同于商品,企业也开始把品牌当作商品来对待;利润因此受到侵蚀。

选择股票

假设送给你表1-3中一家公司股票的0.1%，鉴于下列有关它们销售、资产和盈利的信息（1998年1月），你会选择哪家公司的股票？

表 1-3

	销售（亿美元）	资产（亿美元）	盈利（亿美元）
通用汽车	1 660	2 290	70
可口可乐	190	170	40

基于以上数据，大多数人会选择通用汽车（GM），而放弃可口可乐。然而，1998年1月，可口可乐的市值是通用汽车的4倍。在某种程度上，这是由于可口可乐的品牌资产是整个通用汽车公司价值的两倍还多。

企业要防止产品变成大众化的同质商品，但只意识到这一点还谈不上具有远见卓识，唯一能代替价格竞争的办法是创建品牌。

莫顿盐业（Morton salt）（很少有产品比盐更像商品了）、嘉信理财（折扣经纪服务，discount brokerage services）或土星汽车（通用汽车的超小型汽车）都获得了溢价，这表明品牌产品沦为同质化商品不是不可避免的。在任何情况下，强势品牌都足以顶住压力，避免单一的价格竞争。具有说服力的另一个案例是"维多利亚的秘密"（Victoria's Secret），在取消了每周四五十场的价格促销活动之后，其销售额和利润均直线上升。

价格作为推动性因素的重要性可能被高估了。调查显示，很少有消费者仅仅根据价格来做出购买决定。即使是波音飞机的客户，面对成堆的量化报告，最终的决策也只是一种主观评价，而这种评价是基于他们对波音品牌的亲近和信任度。查尔斯·舒尔茨（Charles Schulz）的《花生》漫画的其中一期就对此进行了调侃。露西站在好像是柠檬汁的摊位边上，将心理治疗的价格从 5 美元砍到 1 美元，然后又砍到 25 美分。显然，她认为这种服务的价值只体现在价格上——这只是漫画中有趣的设想，但在现实生活中并非如此。汤姆·彼得斯说得好："在日益拥挤的市场上，只有傻瓜才进行价格竞争。想方设法在消费者心目中创造持久的价值才是最终赢家。"

品牌的价值

品牌的价值虽无法精确度量，但可以大致估算（例如在 ±30% 的范围内）。由于误差很大，因此这种估算不能用于评估营销计划，但可以说明创造了多少品牌资产。在开发品牌创建计划和预算时，这种估算也能提供参考框架。例如，一个品牌的价值是 5 亿美元，而如果品牌创建的预算仅为 500 万美元则太少了。同理，如果一个品牌在欧洲价值 4 亿美元，在美国价值 1 亿美元，那么如何划分品牌创建的预算最终将是个问题。

评估品牌价值需要直接明了的逻辑。首先，要确定该品牌为每个主要产品带来的市场收益（如惠普公司的一个产品市场就是美国商用计算机市场）。接着可将收益来源归为以下几类：①品牌；②固定资产，如厂房、设备等；③其他无形资产，例如人员、体系、程序和专利等。品牌收益可以资本化，为该产品市场的品牌提供价值。把不同产品市场的价值累加就可以获得该品牌的整体价值。

固定资产收益相对而言容易估算，因为回报一般是固定的（比如 8% 左右）。收益均衡则要分为品牌收益和其他无形资产收益。这种划分只是基于业内专家的主观判断。做判断的一个关键性决定因素是其他无形资产的实力（以航空业为例，推动收益增长的关键因素是对机场通道的控制）。另外一个关键性的决定因素是品牌实力，包括其相对知名度、感知质量、品牌忠诚度和品牌联想度。

何为品牌资产

品牌领导模式的目标就是建立强势品牌，然而，什么是强势品牌呢？《管理品牌资产》一书将品牌资产定义为与品牌名称和象征相关联的品牌资产（或负债），而品牌名称和象征是附加于产品或服务的，或是从产品和服务中提炼出来的。这些资产可以划分为四个维度：品牌知名度、感知质量、品牌联想度和品牌忠诚度（见图1-2）。

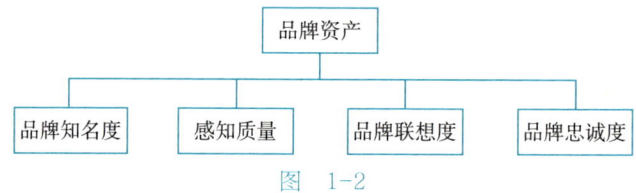

图 1-2

这4个维度引导着品牌的开发、管理和衡量。

- 品牌知名度是经常被低估的资产。然而研究表明，知名度能够影响感知甚至品位。人们喜爱熟悉的事物，倾向于对熟悉的事物抱有各种好感。Intel Inside广告已经成功地将品牌知名度转化为对技术优越性的感知和市场的认可。

- 感知质量是一种特殊的关联度，部分原因是它在很多情况下影响着品牌联想度，还有部分原因是它实际上还影响着利润率［由投资回报率（ROI）和股价收益率来衡量］。

- 品牌联想度是指所有将消费者和品牌相联系的事物。它包括用户意象、产品特性、使用环境、组织性关联、品牌个性和象征。很多品牌管理都包括开发何种关联物，然后制订方案将关联物和品牌相联系。

- 品牌忠诚度是所有品牌价值的核心。其目标就是扩大细分市场的规模，强化品牌忠诚度。如果一个品牌拥有规模不大但高度忠诚的消费群体，那么这将是一笔价值不菲的资本。

英图博略品牌咨询公司（Interbrand）在上述逻辑的基础上进行提炼，创造出了其自有的品牌价值研究方法。该公司在 1999 年 6 月对一些除本土以外拥有重大市场影响力的品牌进行研究发现，全球最大品牌的价值让人瞠目结舌。表 1-4 列举了排名前 15 的品牌和其他 6 个品牌。

表 1-4　英图博略品牌咨询公司衡量的全球性品牌的价值

序号	品牌	品牌价值（10 亿美元）	市值（10 亿美元）	品牌价值占市值百分比（%）
1	可口可乐	83.8	142.2	59
2	微软	56.7	271.9	21
3	IBM	43.8	158.4	28
4	GE	33.5	328.0	10
5	福特	32.2	57.4	58
6	迪士尼	32.3	52.6	58
7	英特尔	30.0	144.1	21
8	麦当劳	26.2	40.9	64
9	AT&T	24.2	102.5	24
10	万宝路	21.0	112.4	19
11	诺基亚	20.7	46.9	44
12	梅赛德斯	17.8	48.3	37
13	雀巢咖啡	17.6	77.5	23
14	惠普	17.1	54.9	31
15	吉列	15.9	42.9	37
16	柯达	14.8	24.8	60
22	宝马	11.3	16.7	77
28	耐克	8.2	10.6	77
36	苹果	4.3	5.6	77
43	宜家	3.5	4.7	75
54	拉尔夫·劳伦	1.6	2.5	66

资料来源：Raymond Perner, "Interbrand's World's Most Valuable Brands", report of a June 1999 study sponsored by Interbrand and Citigroup, 1999.

据估计，全球有 60 个品牌拥有超过 10 亿美元的价值。其中领头的是：可口可乐价值 838 亿美元，微软价值 567 亿美元。在很多案例中，在企业全部市值中品牌价值占有很大份额（尽管该品牌并不属于其所有产品）。在排名前 15 的品牌中，只有 GE 公司的品牌价值占市值百分比低于 19%。相反，在排名前 60 的品牌中有 10 个品牌的价值超过其公司总市值的 50%，宝马

（BMW）、耐克（Nike）、苹果（Apple）和宜家（Ikea）的品牌价值占市值百分比甚至超过75%。

在排名前60的品牌中，我们发现了一些有趣的规律。前十大品牌（几乎占到前60大品牌价值的2/3）全是美国品牌，这一发现反映了美国本土市场的规模以及美国企业早期的全球首创精神。在这一群体中几乎1/4（包括4个排名前10的品牌）的品牌都集中在计算机或者通信行业；这进一步证明了，尽管有争论认为"理性"消费者往往依据产品特性、规格而非品牌来购买，但在高科技领域品牌依然是至关重要的。

英图博略品牌咨询公司的研究表明，创建强势品牌的确能带来收益，而且回报可观。这里再次强调创建品牌资产的明智性和可行性非常重要。

创建品牌对股票收益的影响

虽然英图博略品牌咨询公司的研究表明品牌能够创造价值，但是这并不表明具体的品牌创建工作能够增加利润和股票收益。例如，可口可乐的品牌价值是基于其百年的积淀和品牌忠诚度，而非近年的品牌创建工作。有什么证据能表明品牌创建工作能直接影响利润或股票收益吗？

有关可口可乐、耐克、Gap、索尼、戴尔等品牌如何创建品牌、发挥品牌作用的逸闻趣事已成街谈巷议。而《管理品牌资产》一书则列举了破坏和创造品牌价值的4个案例。词星（WordStar）（曾经是文字处理软件行业的领导者）在客户支持方面的失误，喜立滋（Schlitz）（曾经在美国啤酒品牌中排名第二）在感知质量上的缺陷，这些失误给两者各带来了10亿美元的品牌损失；Datsun改名为尼桑（Nissan）则算不上品牌资产上的重大失误。然而在20世纪80年代，慧俪轻体（Weight Watchers）这一品牌的创建和管理则大获成功，赚取了10亿美元的收益。

罗伯特·雅各布森（Robert Jacobson，来自华盛顿大学）和大卫·阿科尔进行的两项研究已经超越了逸闻趣事的层次，他们试图找寻品牌资产和股票收益之间的因果关系。第一项研究基于 Total Research 公司的 EquiTrend 数据库，第二项研究则基于高科技品牌的"科电"（Techtel）数据库。[1]

EquiTrend 研究

从 1989 年开始，EquiTrend 研究公司连续发布 39 个类别共 133 个美国品牌的年度品牌实力排名，该排名的依据是对 2000 个受访者的电话调查。从 1992 年开始，该研究增加了采访频率，覆盖了更多的品牌。衡量品牌资产的关键是消费者的感知质量，Total Research 公司研究发现，品质认知度与品牌喜好、信任、优越感和推荐意愿密切相关。其本质上是人们对品牌感知质量的平均排名。

对 33 家上市公司的品牌数据进行分析可以发现，品牌资产在很大程度上影响股票收益，这些公司品牌促进了销售额和利润的飞跃提升，它们包括美国航空母公司（AMR）、美国运通（American Express）、AT&T、雅芳、比克（Bic）、克莱斯勒（Chrysler）、花旗集团（Citigroup）、可口可乐、康柏、埃克森、柯达、福特、GTE、固特异（Goodyear）、好时（Hershey's）、希尔顿（Hilton）、IBM、家乐氏（Kellogg's）、美国世界通信国际公司（MCI）、万豪国际酒店（Marriott）、美泰玩具（Mattel）、麦当劳、美林证券（Merrill Lynch）、百事可乐、宝丽来（Polariod）、锐步（Reebok）、乐柏美（Rubbermaid）、西尔斯（Sears）、德士古（Texaco）、联合航空、威富集团（VF）、沃尔沃（Volvo）和温迪汉堡（Wendy's）。除了品牌资产以外，该研究还引入了另外两个因变量：广告费用和投资回报率（ROI）。

研究发现，投资回报率和股票收益之间存在密切关联，这一发现与金融领域大量实证研究的结果是一致的。更值得注意的是，品牌资产和股票收益之间的关系也非常显著。图 1-3 说明了品牌资产和投资回报之间的关系。在品牌资产上收益最丰厚的公司平均拥有 30% 的股票收益率；而与此相反，在品牌资产上损失最惨重的公司平均拥有的股票收益率为 -10%。另外，品牌资产的影响不同于投资回报率的影响——两者的相关度较小。除了涵盖在品牌资产中的广告投入以外，广告对股票收益几乎不产生影响。

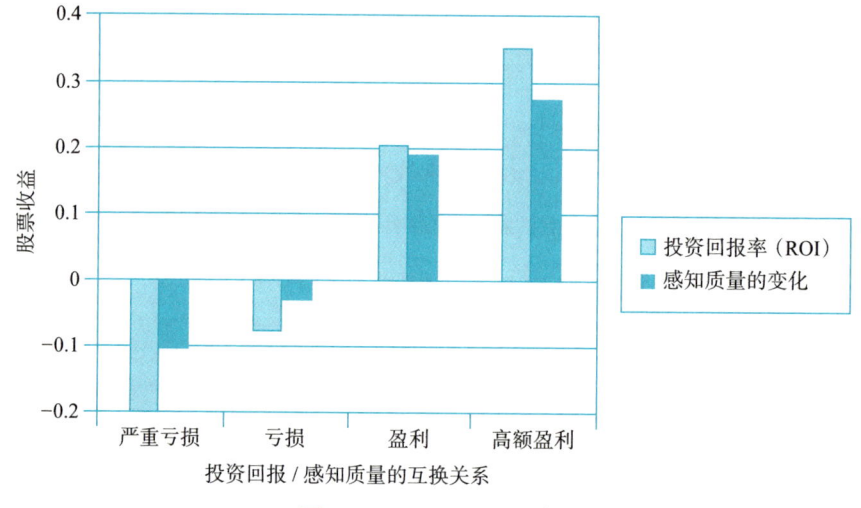

图 1-3　EquiTrend 研究

品牌资产产生溢价，从而带来利润，这在某种程度上影响了品牌资产和股票收益之间的相关性。对更大型的 EquiTrend 数据库的分析表明，品牌资产与溢价确有关联。所以，相较于竞争对手，如富士胶卷、别克汽车、Lee 牌牛仔裤、American Greeting Cards 公司、柯达、梅赛德斯、李维斯和贺曼等，溢价品牌拥有明显的感知质量优势。毫无疑问，这是一种互为因果的关系——强势品牌带来溢价，溢价又是优质品质的重要反映。如果企业已经产生（或者可能产生）高层次的感知质量，那么提价不仅能增加利润，还能强化消费者的正面感知。

高科技品牌的"科电"研究

在高科技市场上品牌资产的相关性如何？业内高管和相关人员经常争论

这一问题，认为高科技产品与人们经常购买的消费品和服务有截然不同的特质，品牌创建对高科技产品不太重要，这类产品成功的关键是产品创新、生产能力和分销。这也就意味着高科技公司应该避免将资源从以上重要的活动中转向投资于品牌创建等软性活动中来。这些公司认为投资于品牌知名度、组织联想、品牌个性或者品牌象征等方面是轻率的行为，因此它们应将注意力从品牌传播转向产品细节。

这些论断都围绕着这样一种信念，即高科技领域的购买者和购买行为比其他领域的消费者更加理性，并且购买这种复杂产品的个人或职业风险也促使购买者要加工（如果不能收集）相关信息。（这与许多消费类产品形成强烈反差，这些消费品太过琐碎，消费者对处理信息的兴趣不大，或者毫无动力。）由于高科技产品的生命周期往往较短（有时以月计算），每种新产品都含有大量信息。在新产品上市时，传播这些新信息就成为当务之急。

然而，越来越多的高科技品牌在市场上的成功至少部分归功于品牌创建活动。英特尔品牌促成了"Intel Inside"活动中有目共睹的溢价、正面积极的关联和销售的增长。很多高科技公司，包括甲骨文和思科在内的大公司都试图复制英特尔这一成功案例。品牌专家郭士纳（Lou Gerstner）为IBM这一品牌注入了大量资源，而该公司后来的起死回生在一定程度上也得益于这一决策。捷威（Gateway）和戴尔的品牌创建也产生了成效，甚至微软公司也首次发起了一项大型品牌运动。然而，这些事例并不足以说明在高科技领域品牌创建是能够为企业带来收益的。

进行科电研究旨在从实证角度探究高科技品牌创建和股票收益之间的关系。自从1988年起，科电就开始对个人和网络电脑市场进行季度性调研。调查者询问受访者是否对某公司持有正面看法、负面看法或者持无所谓态度，使用这些数据通过对比持正面看法受访者与持负面看法受访者各自所占的百分比，就可以衡量出品牌资产。该调研数据库主要包括上市公司的九大品牌〔苹果、宝兰（Borland）、康柏、戴尔、惠普、IBM、微软、诺威尔（Novell）

和甲骨文］。

科电研究的结果和图 1-3 显示的结果几乎一致。这再次表明，投资回报率对股票收益有着重要影响，而且品牌资产有和投资回报率几乎一样强的影响力。品牌资产的相对影响相当于投资回报率影响的 70%。在高科技领域，很多人认为品牌不太重要，所以证实品牌资产在高科技领域确实能带来收益是特别有说服力的。结论很清楚：一般而言，品牌资产是能带来股票收益的。

品牌资产的变化

然而，问题仍然存在：是什么导致品牌资产发生了变化？仅仅有新产品上市和创新就可以了吗？或是因为在高科技领域品牌资产比产品特质更需要创新？为了探究这一问题，我们通过对行业专家、公司高管和商业杂志工作人员进行调研，考察了品牌资产的所有重要变化。我们发现，有证据表明品牌资产受到以下因素的影响。

- 主要的新产品。尽管众多新产品对品牌资产并没有明显影响，但是有些新产品的正面影响还是显而易见的，如 IBM 的 ThinkPad、苹果公司的 Newton、微软的 Windows 3.1。
- 产品问题。虽然开发 Newton 帮了苹果公司一个大忙，但是随后产生的令人失望的问题给苹果的品牌资产带来了负面影响。英特尔对奔腾（Pentium）芯片的缺陷处理不当也连累了其品牌资产。
- 高管变动。郭士纳加盟 IBM，史蒂夫·乔布斯回归苹果都带来了品牌资产的提升。这些 CEO 经营策略的变化显然都会影响其相关品牌。
- 竞争对手行为。惠普的品牌资产曾经历了急剧下跌，这在一定程度上就是受到了其竞争对手佳能猛烈广告攻势的影响。Windows 95 对苹果品牌资产的影响也是十分巨大的（见图1-4），Windows 95 品牌资产的提升以及它对苹果的用户友好界面的压制，都是该影响的体现。事实上，这一结果正是微软所要达到的战略和战术目标。

- 法律行为。在很长一段时间内保持了品牌资产的稳定发展水平之后，微软受到反垄断起诉，因而致使了其品牌资产的急转直下。

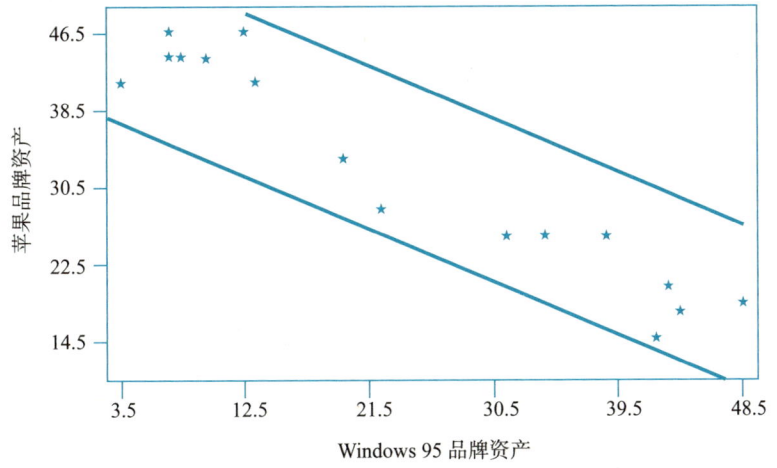

图1-4 品牌资产：Windows 95 的崛起 VS 苹果的衰落，1994~1997 年按季度

实证研究所存在的问题之一是，在通常情况下，品牌资产不会随时间发生太大变化。由于实证研究选取的样本数量过小而产生大量的误差，可见其影响作用是惊人的。有趣的是，从这项对高科技品牌的研究中，我们却能够识别出导致品牌资产产生较大变化的因素。这些研究结果表明，仅仅管理广告是不够的，从广义上说，企业更需要管理和保护品牌名称。事实上，广告活动确实能产生持久的影响，但在推广这三个新产品的时候（ThinkPad、Newton 和 Windows 3.1），广告活动只为品牌资产带来了一些主要变化，而在其他方面却显得无能为力。

品牌领导的任务

既然创建品牌能够产生收益,而且在未来10年品牌领导模式是创建强势品牌所必备的视角,那么,要构建品牌领导模式需要有哪些步骤呢?说到底,必须应对四大挑战,如图1-5所示。第一,建立品牌创建组织;第二,开发全面的品牌架构,进行战略指导;第三,为关键品牌制定品牌战略,包括推动品牌识别、能区分品牌并与消费者产生共鸣的品牌定位;第四,制订高效成功的品牌创建方案,以及结果追踪和量度体系。

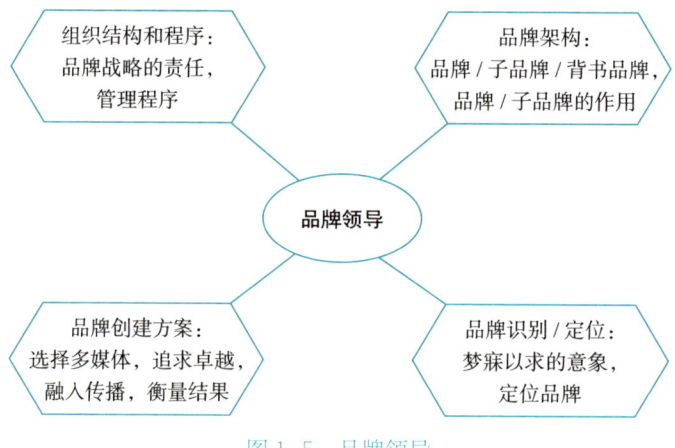

图1-5 品牌领导

组织化挑战

综上所述,建立强势品牌的第一个挑战就是创建其所需要的组织结构和程序。必须要有特定的人(或团体)对此负责,这样品牌决策才不会沦为目光短浅的草率行为。如果是具有多元产品、跨国或跨市场的品牌且有单独的经理人负责,那么组织程序就需要规定一套通用的规范和语言。品牌传播体系要让品牌创建的参与者能够分享见解、经验和心得。简而言之,组织必须建立品牌管理结构,培育有助于创建品牌的文化。

品牌架构的挑战

品牌架构问题包括确定需要支持的品牌和子品牌，它们各自的作用如何，关键是它们相互间的关系怎样。精心设计的有效架构能够清晰地判断消费者需求，整合品牌及其传播体系，充分发挥品牌资产的作用。如果不能清晰地判断消费者需求，进行大量低效传播，就会导致品牌资产的浪费，甚至对品牌来说是毁灭性的。对于高科技企业而言，如果品牌扩张没有政策或规划的指导和规范，就很容易对企业造成伤害。

建立品牌架构的关键维度是决定何时对现有品牌进行延伸，何时运用新品牌，何时使用背书品牌，以及何时使用子品牌。要做出这些判断，理解背书品牌和子品牌的作用与管理是很重要的——它们能否用于跨产品、跨市场的品牌延伸？当品牌需要介入上游或下游市场时，子品牌和背书品牌对这种纵向延伸就格外重要了。

在品牌组合中，单个品牌的角色是品牌架构的关键因素。管理品牌不能像管理仓库一样，各自为政。相反，要确定品牌组合中单个品牌的相对角色及其相互关系。例如，战略品牌是对企业未来最重要的品牌，应该赋予足够的资源以确保其在竞争中取胜。

品牌识别和定位的挑战

管理得好的品牌都需要有清晰的品牌识别，即品牌在目标客户心中被感知的形象。品牌识别是品牌领导模式的核心，因为它是指引和激发品牌创建方案的工具。如果品牌识别含混不清，创建有效品牌的可能性就微乎其微了。

品牌定位决定传播目标：怎样的信息能区分品牌的差异化，并且吸引目标客户？品牌定位能帮助企业确定品牌识别的优先次序，并聚焦优先品牌。

制订品牌创建计划的挑战

要实现品牌识别，需要进行品牌传播活动和其他品牌创建活动。事实上，品牌创建活动不仅展现品牌识别，而且帮助界定品牌识别。品牌识别有时会产生偏差和模糊，广告或赞助活动能使品牌识别界限分明、重点突出。没有广告或赞助活动，品牌识别则会无果而终、含糊不清。把执行计划摆到桌面上，可以使战略更鲜活、更清晰，从而增强企业实现战略的信心。

强势品牌成功的要诀在于卓越的执行，它能乱中取胜，提升品牌价值，累积长期影响，但也不必过分夸大优秀和卓越的差别。当然，问题在于优秀的不少，而卓越的不多。因此，创建卓越品牌的难点在于吸引消费者的关注，让消费者牢记，改变其感知，强化其态度，从而建立深层次的消费者关系。除非动用庞大的资源，否则即使是优秀的执行，效果也是微乎其微的。

卓越的执行需要正确使用传播工具。广告不是唯一的传播工具——实际上，有时广告所起的作用很小，甚至不起作用。卓越执行的关键之一是选择替代媒体。未来的强势品牌需要了解并使用互动媒体、直销手段、促销活动以及其他工具，从而与消费者建立关系。另一个关键是学会制订传播方案，使其与战略保持协同一致。

成功的品牌管理离不开评估工作。离开了评估，预算就无法控制，方案的效果也无法衡量。有效的评估涵盖品牌资产各个方面的指标：品牌知名度、感知质量、品牌忠诚度以及包括品牌个性、组织联想和特性关联在内的关联度。仅依赖短期财务指标只会损害品牌，而无法创建品牌。

本书的编排

《创建强势品牌》一书已经广泛探讨了品牌识别的概念，并进行了深入分析。品牌识别模式的实施经验表明，该模式的各个方面及其应用可以进一步不断充实。因此，本书第 2 章首先简要概述品牌识别和定位的内容，然后就如何运用这些原则提出八项建议。第 3 章我们将阐述进行品牌识别和定位的各种方法，从而更有效地指导品牌传播活动和其他品牌强化方案。

第 4 章和第 5 章将探讨品牌架构问题。第 4 章将介绍品牌关系谱，以此为切入点来理解和运用子品牌和背书品牌。第 5 章将定义品牌结构并描述其审查系统，以此指导对品牌架构进行的改进。

第 6～8 章的侧重点放在超越广告的品牌创建。第 6 章将介绍运用于阿迪达斯和耐克的品牌创建新方法。第 7 章将介绍如何用赞助手段创建品牌。第 8 章将介绍如何利用网络进行品牌创建。第 9 章将描述品牌创建中若干个不寻常的案例，并提供一般性指导原则。

第 10 章将研究 35 家全球性企业如何为创建强势品牌进行组织建设，并介绍成功的全球性企业所采用的 4 种组织结构。

思考题

1. 阅读表 1-2，在传统品牌管理模式和品牌领导模式之间的每一项上为你的企业打分，满分为 7 分。在你企业所处的竞争和市场环境下，比较你的企业实际所处的位置和应该所处的位置。
2. 研究你所在行业中影响品牌管理的因素，如竞争压力、渠道变动、全球化因素和市场因素。如何改变企业的品牌战略，才能使其在新兴环境中取胜？
3. 对于品牌资产影响财务收益的研究，你做何评论？

BRAND LEADERSHIP

第二部分

品 牌 识 别

BRAND LEADERSHIP

第 2 章

品牌识别
品牌战略的基础

品牌是经营战略的体现。
——斯科特·加洛韦（Scott Galloway），
Prophet 铂慧

如果你自己不真心实意，就休想能赢得客户的心。
——夏洛特·比尔斯（Charlotte Beers），
智威汤逊广告公司

维珍大西洋航空品牌里程

1970年理查德·布兰森和他的几个朋友在英国伦敦创建了一家名叫维珍唱片（Virgin Records）的小型邮购公司。次年，他们又在牛津街建立了一家中型零售店。他们之所以把公司名字定为维珍（Virgin），是因为他们认为"Virgin"代表了他们青春年少，商业经验也同样稚嫩。然而，在历经13年后，维珍唱片逐渐发展出一家家连锁店，成为当时英国国内最大的独立品牌，旗下拥有如菲尔·柯林斯、性感手枪组合、麦克·欧菲尔德、乔治男孩和滚石乐队等知名艺人。英国的20世纪90年代见证了维珍零售的不断成长，其间它迅速在全球发展起100多家巨型零售店，其中许多商店如时代广场店以其醒目的外观、规模和内部设计为维珍品牌做出了令人瞩目的代言。

1984年2月，一位年轻的律师拿着一份建立新航线的计划书找到理查德·布兰森。除了理查德·布兰森以外，维珍的所有其他董事都觉得这个提议相当荒谬。然而在理查德·布兰森看来，他在娱乐业的经验可以被有效地运用到航空业并创造价值。根据理查德·布兰森的个人经验，飞行旅途都是比较枯燥乏味的，于是他想把飞行旅途变得更为有趣，并提出了一个口号："以最低的消费让所有旅客享受最高质量的服务。"理查德·布兰森将其计划付诸实施，三个月后，首班维珍大西洋航空的飞机从伦敦盖特威克机场起飞了。

包括英国航空对维珍飞行计划的压制在内，维珍大西洋航空克服了一切难以想象的困难，最终蓬勃发展起来。到1997年，维珍大西洋航空已经服务乘客3000万名，年度销售额超过35亿美元。在维珍进入的绝大部分市场和航线中，它在乘客数量上均排名第二位。虽然维珍大西洋航空的规模仅相当于阿拉斯加航空，但维珍在乘客中的认知度和名望却不亚于国际大型航空公司，例如1994年的一项调查显示，参与受访的英国乘客有90%都听说过维珍大西洋航空。大量固定的乘客数量不断地向大家证明，有着高质量和创新服务的维珍大西洋航空是一个值得信赖的品牌。

维珍的品牌识别

促成维珍成功的因素有很多,包括理查德·布兰森在开拓新商机时的敏锐直觉及战略眼光、维珍的服务质量、管理团队的创新精神,以及维珍合作伙伴们的支持和好运气。然而,能把这个持续扩张的帝国紧紧连在一起的是"维珍"这个品牌。维珍品牌的核心识别可以用以下四个词来清楚地概括:服务品质、创新、有趣和娱乐、物超所值。维珍大西洋航空是该核心识别的最好阐述。

服务品质

在航空业中,乘客直接体验的服务质量通常是最真实的。维珍大西洋航空在这方面的表现尤为突出,其获得的各种各样的质量奖项充分证明了这一点。如截止到 1997 年,维珍大西洋航空连续七年被提名为最佳横渡大西洋航班,连续九年被评为最佳商务航班。除此之外,维珍大西洋航空还获得了诸如最有趣航班、商务舱酒水最佳选择航班、最佳起飞和降落航班等荣誉。维珍大西洋航空很好地战胜了诸如英国航空、亚安捷航空、新加坡航空这些一向以服务质量著称的航空业佼佼者。

创新

维珍的创新哲学很简单:做第一,让客户眼花缭乱。维珍于 1986 年推出可躺式座椅(英国航空在 9 年之后才推出类似的摇篮椅)、提供飞行信息服务、设置儿童安全座椅、为商务舱乘客提供单独视频屏幕等,它的所有新的服务内容和等级都超过其他航空公司。总体来说,在维珍总是推出与众不同的创新,远远领先于其他航空公司。当然这得益于维珍对创新服务的关注,在维珍的年销售收入中有 3% 被用于创新服务,这个数目几乎是美国普通航空公司的两倍。

有趣和娱乐

维珍的机场休息室里设有高尔夫轻击区,按摩师、美容师、桑拿房、休息室和沐浴设施应有尽有。在有些航线上，维珍还在目的地为头等舱的乘客准备了手工缝制的衬衫。这些举措的目的都是给乘客提供一个难忘、有趣的娱乐飞行体验。而维珍为乘客提供星巴克咖啡，或是一份特别的素食菜单也是这个目的，这些不能算作是提高服务质量的做法。

物超所值

维珍大西洋航空的特级舱是面向商务乘客的，其所提供的服务相当于许多航空公司的头等舱标准，它同样以经济舱的价格提供商务舱的服务。而且维珍大西洋航空的经济舱机票通常都是打折的。尽管低价有着明显吸引客户的优势，但维珍从不强调这一点，因为廉价并不是维珍想要传达的信息。

以上四个品牌核心识别是维珍品牌的原动力，同时，维珍的品牌识别也包含以下三个延伸要素："黑马"商业模式、品牌个性和品牌象征。

"黑马"商业模式

维珍的商业模式是直截了当的，其特点就是进入已有对手占有率很高（如英国航空、可口可乐、李维斯、英国铁路和皇冠）的市场和产业，而这些对手对于客户的需求总是得意扬扬，官僚作风普遍且反应迟钝。相反，维珍扮演着商业竞争中后起之秀的角色，它关心客户需求，创新并推出比以前更具有吸引力的替代服务。当英国航空曾试图阻止维珍增加新航线时，维珍把英国航空比作恶霸，他阻挡一位真诚的、承诺更高服务品质和更多价值的"年轻人"前行。维珍则被布兰森比作现代的鲁宾汉，市井平民的好朋友。

品牌个性

维珍的强势或许是锋芒外露的品牌个性，这在维珍耀眼的服务创新及创始人的行动和价值观上都有着很好的体现。如果把维珍看作一个人的话，他应该是：

- 宣扬信条。
- 幽默，常常让人吃惊。
- 黑马，勇于挑战权威。
- 能干，工作质量高，高标准。

有趣的是，维珍的品牌个性跨越了不相干的几种特质：有趣、创新、卓越。很多品牌都想模仿这些特质，但它们认为只能在这些相对极端的特质中进行取舍。维珍成功的关键不仅在于布兰森个人的气质，更重要的是这些个人气质在维珍的每个方面都得到了很好的诠释和彰显。

品牌象征

维珍最初的象征理所当然是创始人布兰森自己（见图 2-1）。他体现了维珍所代表的大部分特征。当然还有其他的维珍象征，包括维珍小型飞船、维珍岛（维珍大西洋航空的常客们所获得的最终奖励）和维珍徽标。维珍的徽标由斜向上的一串手写体构成，这与其他采用传统字体、四平八稳的品牌标识形成了鲜明对比。手写的"维珍"让人联想到"Intel Inside"，使人觉得它很有可能是创始人布兰森的亲笔手写，向上倾斜的角度似乎告诉人们：维珍不仅仅是你们司空见惯的另一家大公司。

图 2-1　理查德·布兰森的照片

维珍的品牌扩张

维珍是一个成功地完成多元化大扩张的卓越案例,维珍品牌涉及从唱片店到航空业、可乐、安全套及其他十几种行业,这种大幅度的扩张是难以想象的。维珍集团由分布在 22 个国家的 100 多家公司组成,其中包括打折航班(维珍快运)、金融服务公司(Virgin Direct)、化妆品零售连锁和直销运营中心(Virgin Vie)、多家媒体机构(维珍电视台、维珍广播)、铁路业务(维珍铁路)、软饮料和其他饮料(维珍可乐、维珍能量、维珍伏特加)、传统服装生产线(维珍服饰、维珍牛仔裤)、一家新唱片公司(V2 唱片)和婚庆店(维珍新娘)等。

事实上,将当时在摇滚乐和年轻人当中享有盛名的维珍品牌扩展到航空领域的决策也可能以传奇式的失败而告终。然而,正是由于维珍跨入航空业的成功,同时在航空业也很好地融入了品质、创新和别具一格的价值观,说明了主品牌可以延伸至多品类产品而不只局限于某单一品类。维珍品牌的识别要素包括:品质、创新、趣味、价值、黑马形象以及强烈的品牌个性和布兰森本人,这些要素使得维珍品牌能够延伸至其他各类业务和产品,也因此造就了维珍这一与人们生活息息相关且代表着人们某种生活方式的品牌内涵,而不仅仅只是停留在通过产品或服务的功能与顾客建立联系。

维珍品牌在其他业务和产品上的延伸之所以收效显著,主要是因为其下面的维珍大西洋航空和维珍零售店两个子品牌发挥着重要作用。也正是因为这两个子品牌充当着维珍品牌的"银色子弹"(提升母品牌形象的子品牌),因此它们能够获得维珍的多数资源配置和管理支持。

品牌延伸有很大的风险和困难,但同样能为企业带来巨大的收益,就像索尼、本田、通用电气和其他进行延伸活动的品牌所展示的那样。首先,品牌的多领域延伸可以使其获得更多的关注度和感知度。其次,品牌延伸可以潜移默化地增加和强化重要关联度(如维珍案例中提及的品质、趣味和价值)。

最后，如果拥有一个弹性极强的母品牌，则当有新产品或服务进入市场时，就不必再拟新的品牌名了，就好像是"维珍"可以直接作为关键字符用在诸如"维珍可乐"或"维珍铁路"上一样。

沟通品牌：公众关注的力量

维珍品牌得以发展应部分归功于其视觉的可见性，这种可见性在很大程度上是基于布兰森博得广泛的公众关注而产生的。在意识到维珍大西洋航空无法与英国航空在广告投入上相抗衡之后，布兰森开始在公众关注度上大做文章，从而提高了维珍大西洋航空品牌的认知度和关联度。1984 年，当搭载着朋友、各界精英和记者的维珍航空首航时，布兰森头戴第一次世界大战时期的飞行头盔出现在驾驶舱里，飞机上播放了一盘事先录好的视频——布兰森和两位著名棒球运动员扮作飞行员在机舱里向大家问好。[1]

布兰森不仅仅是为维珍大西洋航空吸引了公众的眼球，在维珍婚庆店开张时，他也身着结婚礼服出现在开业现场。1996 年维珍在美国位于时代广场的首家巨型商场开业时，保持多项热气球运动世界纪录的布兰森驾驶银白色热气球从商场 30 多米的上方缓缓降落。这些种种招数都为维珍品牌带来了意想不到的公众宣传效果。虽然有些做法有点夸张，但并没有越轨。维珍给人们带来的是刺激、惊奇甚至震惊，但它从不冒犯公众。维珍不会像贝纳通一样在关于安全套的用法、饥饿和种族问题的广告宣传中言辞过激。

布兰森做足了自身的文章。通过英式幽默和对当局的戏弄嘲讽，布兰森赢得了广大消费者的喜爱，他对品质、创新、趣味和物超所值等公司品牌精髓始终不离不弃，同时获得了消费者的忠诚和信任。这种对维珍品牌和布兰森的高度认可与信任的事例比比皆是，例如，BBC 在关于"谁最有资格重写十戒"的调查中发现，在 1200 名调查者中大部分人认为布兰森是最合适的人选，在众多候选人中他仅次于特蕾莎修女、罗马教皇和坎特伯雷大主教排名第四。又如，在一家英国日报就"谁最有资格担任下一任伦敦市长"进行的民意调查中，布兰森以压倒性的优势获选。

像维珍一样通过复制成功经验和超凡创新来建立与维护品牌是非常困难且风险巨大的，每一次扩展的后果都可能是灾难性的。维珍的这种扩张也有过失败的情况，维珍铁路就是这样一个例子。年运行3000万人次的铁路运输市场空间巨大，但服务品质却无法完全由维珍控制，因为其服务水准在很大程度上还受到铁路运营部门和其他铁路公司的制约。在第一年的运营中，维珍铁路在准时和服务品质方面均出现了明显的问题。现在看来，这样一项高风险的业务应该用另一个品牌来经营，这样可以在某种程度上实现对维珍品牌的保护。

维珍在今后的运营中所面临的一个关键问题是，随着客户群体的老龄化和经营领域的不断扩张，维珍该如何管理好品牌？随着时间的推移，维珍还能一直在其所涉及的各个领域中保持品牌核心识别和充满激情活力的个性吗？清晰的品牌识别是解决该问题的关键。

品牌识别策划模式

一个强势品牌必须有丰富、清晰的品牌识别，这种品牌识别是策划者们试图创造或保持的一系列与品牌相关联的事物和理念。与品牌形象（品牌当前的关联）相比，品牌识别更具有启发性，会暗示品牌形象需要进行哪些改变或增加哪些要素。从根本上说，品牌识别体现了企业希望品牌所要代表的东西。

所有涉及品牌工作的人（包括品牌团队和他们的合作伙伴）必须既能清楚地了解品牌识别，又能时时对它加以关注。如果二者缺其一，品牌就无法很好地发挥其应有的潜力，也会因此陷入无差异竞争和价格竞争夹击的危险境地。市场上有太多的品牌在漫无目的地发展，它们本身什么也不代表。这些品牌通常诉诸价格、打折、附送商品或者杂乱地扩张销售渠道等手段，这些都是缺乏整体性的营销症状。

品牌识别，如第 1 章所述，是创造强势品牌的四大支柱之一（其他三个支柱为：品牌架构、品牌构建计划、合理的组织结构和程序）。品牌识别概念在《创建强势品牌》一书中已详细论述过。在这里我们将对其进行回顾，并对其在品牌本质和品牌象征方面进行了总结和延伸。此外，我们还将介绍八条有关发展和应用品牌识别的实用技巧，这些技巧是我们通过大量品牌识别实践归纳总结出来的。

图 2-2 描述了品牌识别的策划过程，为大家提供了一个理解、发展和运用品牌识别概念的工具。除了品牌识别自身以外，品牌策划过程还包括战略性品牌分析和品牌识别实施系统两部分。接下来我们将就这两方面的问题展开讨论。

战略性品牌分析

品牌识别要产生应有的效用，就需要和客户产生共鸣，与竞争者形成差异，并反映企业能做的和计划做的事宜。战略性品牌分析可以帮助管理者了解客户、竞争对手和品牌自身（包括品牌背后的企业）。

消费者分析要求必须能够透过消费者所说的话来挖掘出客户行为背后更深层的意向，富有创造性的定性研究在这方面往往十分有效。另外一个挑战是要制订出一个能够驱动战略的市场细分计划。为此，品牌经理需要了解哪些市场细分区域具有真正的影响力，并了解每一细分区域的规模和动力机制。

竞争者分析通过考察现有和潜在的竞争者来确保品牌策略的差异化，保证品牌的传播活动有条不紊。对竞争者的实力、战略和市场定位的分析同时也为品牌构建提供了新的视角。

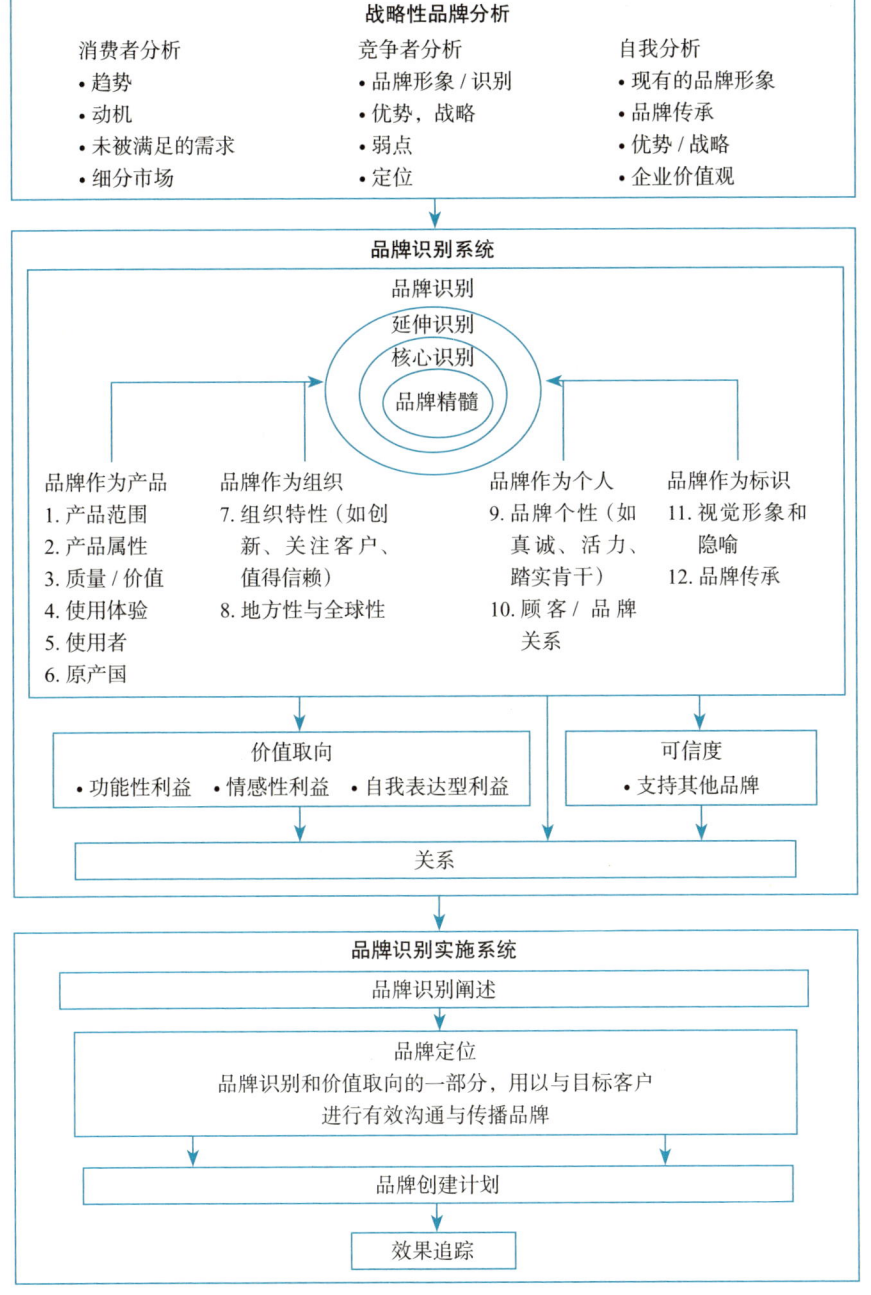

图 2-2 品牌识别策划过程

自我分析用来确认企业是否拥有足够的资源、实力和决心来创建品牌，企业不仅需要了解品牌历史和现实的形象，还需要了解品牌实力、局限、策略和正在创建该品牌的企业价值观。总而言之，成功的品牌策略必须捕捉到品牌的精髓和企业的灵魂。

品牌识别实施系统

品牌识别的实施贯穿着品牌创建计划的发展和评估过程。如图2-2所示，实施过程包括四个步骤：品牌识别阐述、品牌定位、品牌创建计划和效果追踪。

品牌识别阐述是用以增加品牌识别丰富性、结构性和清晰性的系列工具。如果缺少对品牌识别的详细阐述，品牌识别的要素（例如领导者、朋友关系、信任和关系）就可能含混不清，以至于无法支持企业对哪些行动有利于品牌建设进行有效评判。第3章将探索品牌识别的阐述与诠释，并介绍一些技巧，如战略性职责、角色模式、视觉象征的开发与应用。第2章、第3章所论述的内容有助于品牌实施人员设计和使用品牌识别架构。

在对品牌识别进行清晰的阐释后，品牌识别实施工作将转向品牌定位。品牌定位是品牌识别的一部分，是主动与目标受众进行交流的价值主张。因此，品牌定位应该展示出优于竞争品牌的优势，代表着当前品牌的沟通对象。某些品牌识别元素并未包含在品牌定位之内，原因是，虽然有些元素很重要，但它们无法使品牌体现出差异性，或者是因为品牌还没准备好传递某承诺，再或者是由于品牌传播目标受众还未准备好去接收这些信息。只有品牌识别传达了更有启发性的元素，它才能更容易地为消费者所认可与接受，品牌定位才更具有竞争性。

品牌定位和品牌识别完成后，紧接着就是品牌创建计划工作。人们的一个普遍误解是认为创建品牌就是做广告。事实上，在品牌创建过程中，有时候广告的作用极为有限。品牌的创建要借助各种媒介，包括促销、宣传、包装、直销、旗舰店、互联网和赞助活动等。品牌的传播涉及品牌和受众接触的方方面面，如产品设计、新产品和分销策略等。

创建品牌往往会遇到两大挑战。一个是对于使用哪些媒介能更有效地创建品牌的决策，企业不能完全交给广告代理商。另一个是如何巧妙地制定品牌传播策略并付诸实施，使传播活动能先声夺人、与众不同。本书第 4 章将对此做阐述。

品牌实施的最后一个步骤是对品牌创建工作的效果进行追踪。《创建强势品牌》一书曾列举了品牌资产的十个方面作为进行评估工作的框架。其中包括两项品牌忠诚度测评（价差效应和消费者满意度）、两项认知品质（领导）地位测评（认知品质和品牌的领导地位或受欢迎程度）、三项关联度测评（认知价值、品牌个性和组织联想）、一项知名度测评和两项市场业绩评估［市场份额和市场价格（分销）覆盖率］。这些评估活动构建了一个跨品牌和产品类别的追踪系统，同时也为那些需要针对特定品牌量体裁衣的人们提供了出发点。

在品牌识别策划模式中，战略性品牌分析、品牌识别开发和品牌识别实施是依次进行的。然而事实上，它们之间存在着重叠和回溯，并且战略是无法脱离实施的。大体而言，实施过程能够不断地明晰战略，并验证其可行性。因此，为了弄清一项品牌战略是否最佳，品牌管理者不得不冒险先去实施。

品牌识别：回顾

品牌识别是品牌战略家想极力打造和保持的一系列品牌联想。这些关联是企业成员对顾客所暗示的承诺。由于品牌识别被用于推动所有的品牌创建工作，其内容必须具有深度和广度，而不仅仅是一句简单的广告标语或产品定位声明。

认清了这一点，品牌识别的工作重点就应该侧重于帮助品牌建立与消费者的关系，这种关系可以通过功能性、情感性或自我表达型利益来表达某种价值主张，或通过为背书品牌提供信用来进行建立（例如贝蒂妙厨的汉堡助手）。对于像贝蒂妙厨汉堡助手这样的背书品牌，授权者的作用就是为该背书品牌创造信用，而不是直接赋予背书品牌价值主张。

图 2-2 展示了品牌识别的概念及相关内容。图中把品牌识别要素从四个方面划分为 12 个类别：作为产品的品牌（产品范围、产品属性、质量／价值、使用体验、使用者和原产国）；作为组织的品牌（组织特性、地方性与全球性）；作为个人的品牌（品牌个性、顾客／品牌关系）；作为标识的品牌（视觉形象和隐喻、品牌传承）。虽然每项内容都和某些品牌有关，但实际上没有一个品牌能和 12 个类别都有关联。

我们还需要注意的是品牌识别结构包括核心识别、延伸识别和品牌精髓。一般而言，品牌识别需要 6～12 项要素才能较为充分地描述出品牌意象。通常要囊括这么多的要素是很难处理的，因此确认核心识别（品牌识别中最重要的元素）有助于提高对品牌识别的聚焦。核心识别的所有要素都应能够反映企业的战略和价值导向，并且至少要有一个要素能区分品牌的关联并能够与消费者产生共鸣。当品牌延伸到新市场和新产品时，核心识别是最有可能延续和保持的。如果顾客是根据核心识别来认识品牌的，那么这场竞争就赢了。

核心识别能够同时给顾客和企业创造聚焦点。例如，对于美孚来说，核心识别就是指时尚、合作和互信的关系；对土星汽车来说，核心识别就是指打造世界顶级轿车和真诚如友地与顾客交易。这些核心识别无论从组织内部还是外部都比延伸识别更容易进行传播。

延伸识别包括除核心识别之外的所有品牌识别要素，这些要素往往被归入同一个意义群组。核心识别是对品牌的精练描述，但因其精练也可能会产生歧义，因此品牌实施决策能够得益于延伸识别所提供的完整内容。此外，延伸识别中一些有价值的要素（例如品牌特性和品牌缺失的特征等）通常无法融入核心识别并与之相统一。

表 2-1 展示了维珍的品牌识别。其核心识别包含四个概念——服务品质、创新、有趣和娱乐、物超所值。延伸识别强化了其"黑马"地位、品牌个性和品牌象征。

表 2-1　维珍品牌识别

品牌精髓
- 打破传统

核心识别
- 服务品质

始终如一地提供高品质服务，保持幽默感和欣赏目光
- 创新

始终将富于创新的价值增值型产品特性和服务置于首位
- 有趣和娱乐

一个充满乐趣的公司
- 物超所值

提供的所有产品或服务都充分体现出价值，而非仅是定价最高

延伸识别
- 黑马

通过创新模式来击败业内现有的传统领先者
- 品牌个性

　　1）宣扬规则

　　2）具有幽默感，甚至常常出人意料

　　3）黑马，向既有市场秩序发起挑战

　　4）有能力，总能以高水平完成任务
- 品牌象征

　　1）布兰森和其为人所知的生活方式

　　2）维珍热气球

　　3）维珍手写的标识

价值主张
- 功能性利益诉求

　　以幽默的方式向消费者传递具有高品质和创新性的产品或服务价值
- 情感性利益诉求

　　1）与黑马姿态相关联的荣誉感

　　2）有趣，欢乐时光
- 自我表达型利益诉求

　　乐于采用出人意料的方式挑战既有权威

关系

　　客户是很好的伙伴

品牌精髓

核心识别一般有 2～4 个高度概括品牌视野的维度。然而，通过创造品牌精髓（能够抓住品牌灵魂的思想）为品牌识别提供多个着眼点通常是有效的。在某些情况下，发展品牌精髓未必可行或有效，而在其他情况下它又可能成为一件利器。

品牌精髓比较好的表达方式不只是简单地把一堆反映核心识别的词组串成一段话，因为这么做并不能提供比核心识别更多的效用和价值。相反，当品牌精髓抓住品牌所代表的大部分内容时，它能够提供出一个具有细微差别的视角。品牌精髓可以被看作是核心识别要素聚结的黏合剂，或者是连接所有核心识别要素的车轮辐条。

品牌精髓必须具有以下特点：与顾客有共鸣并驱动企业价值导向；品牌独有，能够长期提供区别于竞争对手品牌的差异性；能够不断有效地激励员工和鼓舞组织合作伙伴前行（即便是轻描淡写的精髓表述，诸如"做得更好"或"不走寻常路"等，也会对认真思考和品味其中含义的人们有所启发）。

强有力的品牌精髓陈述通常蕴含多种释义，使其在品牌识别中作用显著。例如耐克的品牌精髓是"超越"，它包含了诸如卓越的技术、顶尖的运动员、积极进取的人格特征、运动鞋制造历史的传承和子品牌"飞人乔丹"以及所有追求卓越的人们等多样化的耐克品牌识别内容。又如美国运通，"做多一点"表达了公司为客户提供更多服务的渴望、比竞争对手考虑得更加细致周到的热情，以及其客户群体不满足生活现状、追求生活品质。

品牌精髓和宣传口号

品牌精髓不同于广告口号。在选取品牌精髓时，如果仅以它们能否更容易衍生便于宣传的口号为依据，那就犯了本末倒置的错误。品牌精髓代表着识别本身,其关键作用之一就是在组织内部促进对品牌识别内容的沟通与传递。与其截然不同的是,宣传口号代表着品牌定位(或沟通的目标),它的作用是与企业外界进行沟通。一个品牌精髓是永恒的,或者至少应能持续相当长的时间,而宣传口号的持久性是极为有限的。而且,品牌精髓与整个市场和产品都能够产生关联性,而宣传口号则局限在一定范围内。尽管去设计一个能够同时发挥宣传口号作用的品牌精髓陈述固然很好,但如果强求此陈述必须同时两者兼顾,则可能顾此失彼(或本末倒置)。

IBM 的品牌精髓(你能相信的魔法)抓住了其产品和服务所要传递的精髓,并表现出由公司历史积淀、规模和市场实力所表征的信任感。根据不同的市场,IBM 采用了多组宣传口号:"四海一家的解决方案"针对的是正在寻求解决方案的客户,并鼓励他们以全球视野看待问题;"电子商务"将 IBM 定位为那些寻求电子商务帮助的客户的首选伙伴。索尼的品牌精髓"数字化梦幻儿童"也紧扣索尼的核心识别,但并没有被用作宣传口号。然而"我的索尼"看似与品牌精髓相去甚远,却成了索尼某些特定业务的宣传口号。好乐门蛋黄酱(最好食品)用"情感投入的简单善意"作为品牌精髓的陈述,这要比"带给你最好"这一宣传口号来得更有深意。

以下这些宣传口号不适用来作为品牌精髓:

- 你雅虎了吗?
- 与您的业务同步奔驰——UPS。
- 有人提起过麦当劳吗?
- 坚如磐石。(雪佛兰卡车)
- 在生活的道路上有乘客也有司机:司机所想要的。(大众汽车)

品牌是什么和品牌做什么

关于品牌精髓需要做出的决策有很多:它是应该聚焦于自身关联物(沃

尔沃——实用且安全的汽车）还是应该更具有启示性（沃尔沃——时尚的汽车）？是应该平实陈述（康柏——做得更好）还是应该强调梦想虚幻（康柏——丰富你的人生）？回答以上问题的关键在于，品牌精髓到底是要聚焦于"品牌是什么"还是"品牌为顾客做了什么"。品牌精髓是以理性的诉求强调功能性利益（梅赛德斯提供的是质量与信赖），还是激发与品牌内容相联系的情感（梅赛德斯是成功的）？

关注具有丰富功能性利益的品牌精髓将试图体现相关产品的特性，这种关联能给企业带来显著的持续优势，但也会把品牌局限在一个框架当中。因此，通常的品牌战略往往是将从基于某单一产品特质而提炼出来的品牌精髓运用于旗下更多的产品或业务。基于情感性和自我表达型利益的品牌精髓为与品牌相关的各种关系建立起较高的基础，其对与产品本身相关的各种变化有较大的免疫力，并且更加易于延伸和拓展。

品牌是什么：功能性利益

- 大众汽车：德国工艺。
- 宝马：终极驾驶机器。
- 阿比国民银行：极为安全。
- 施乐：数字化文件公司。
- 3M：创新。
- 香蕉共和国：奢华。
- 康柏：最好的答案。
- 雷克萨斯：没有妥协。

品牌做什么：情感性和自我表达型利益

- 美国运通：做多一点。
- 百事：百事的一代。

- 惠普：拓展可能性。
- 苹果：成为你最佳选择的实力（或"与众不同的思考"）。
- 索尼：数字化梦幻儿童。
- 斯伦贝谢：卓越的激情。
- 耐克：超越。
- 微软：帮助人们发挥潜能（或"今天你想去哪儿"）。

价值主张和客户：品牌的关系

品牌识别系统包括由品牌识别创建的价值主张。除了功能性利益以外，价值主张还包括情感性和自我表达型利益。

情感性利益是指品牌所产生的一种力量，该力量能够使消费者在购买过程或消费体验期间产生品牌感知。强有力的品牌识别一般包括情感性利益，例如消费者在沃尔沃汽车里产生安全感，在诺德斯特龙购物时体会到尊贵感，在购买和收到贺曼的贺卡时会有温暖感，身着李维斯牛仔装时感受到结实和粗犷。

情感性利益为品牌的拥有者和使用者带来丰富内涵和深度体验。如果阳光少女葡萄干无法唤起人们美好的回忆，那么这个品牌也就沦为一般大众消费品。它那熟悉亲近的红色包装袋能够勾起许多消费者帮助母亲在厨房里做饭时的美好记忆（或为那些渴望有这种体验的人们描绘了一幅理想中的童年时光）。结果呈现出一种完全不同的消费体验——富有情感，并属于一个强势品牌。

当品牌成为人们展示自我的媒介时，自我表达型利益便应运而生。当然，我们每个人在生活中都身兼多种角色，一个人可以同时是妻子、母亲、作家、网球运动员，或是音乐家和登山爱好者，每一种角色都是人们自己寻求和想要展示的一种价值观。对品牌商品的购买和使用是人们满足自我表现欲望的一种途径，人们通过购买 Rossignol 野外滑雪板来彰显其冒险精神和胆量，穿着 Gap 品牌服装来张扬其新潮达人特征，透过拉尔夫·劳伦的时尚服装展示自我品位，驾驶林肯汽车来突显自己的成功和权力，在凯马特购物以显示自己的节俭和精打细算，通过使用微软办公软件来展示自己的能力，或者是通过每天早晨为孩子准备热腾腾的桂格麦片（Quaker Oats）来体现自己的顾家之情。

最终，品牌识别系统还包含着一个人际关系结构，品牌识别的目的之一是能够与消费者建立起如同人际交往那样的联系。这样一来，一个品牌可以成为朋友（土星汽车）、良师（微软）、顾问（摩根士丹利）、助推者（嘉信理财）、母亲（贝蒂妙厨）、亲密伙伴（百威淡啤）、好儿子（吉列好消息牌剃须刀）。例如，土星汽车的品牌与客户关系建立在将客户视为朋友的基础之上，尽管该关系也体现了品牌识别的功能性利益和情感性利益，但在这方面做得并不十分到位。

避免在发展品牌识别系统过程中的常见错误

通过对开发和帮助他人开发品牌识别的一手资料进行分析总结，我们提出发展品牌识别系统所需要遵循的八项原则（见图 2-3）并详述如下。你在阅读的同时，请重点关注那些与你企业的品牌建设相关的内容及建议。

1. 避免品牌短视

一个常见的品牌管理误区就是过于狭隘地看待自己的品牌。许多人会落入"口号陷阱"，简单地认为对品牌识别的表述只需要用三个词的短语概括即可。而实际上，由于品牌的寓意相当复杂，根本无法用一个短语表述清楚，所以即便是品牌精髓的陈述也不能构成品牌识别的全部（或者是主要部分）。例如，3M 并不仅仅意味着创新，还涵盖了许多丰富的品牌联想，包括品质、黏合剂和胶合产品、录像和录音带，以及美国中西部人的个性。

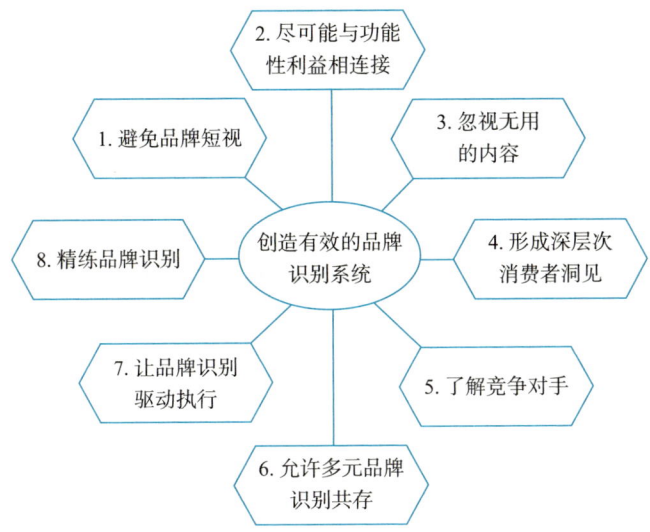

图 2-3　创造有效的品牌识别系统

当把品牌仅当作传递产品功能性利益的一系列特性时，在创建品牌识别系统的过程中更为常见的"产品属性定位陷阱"问题便会出现。高科技和工业品行业的公司尤其容易受到这样一种假想的影响：它们认为顾客只会关注品牌的实在性信息，只有对顾客而言最重要的产品特性才会影响顾客的购买选择。事实上，只有除去产品属性对品牌的影响后，剩下的真知灼见对品牌识别的理解才更加精确和有价值。

图 2-4 总结了产品和品牌的差别。产品包括许多特性，如产品范围（佳洁士制造的是牙齿的卫生保健产品）、产品属性（时尚杂志有最新的时尚信息）、品质/价值（卡夫交付给顾客高质量产品）、用途（斯巴鲁汽车专用于雪地行驶）和功能性利益（沃尔玛提供超值服务）。品牌包括了所有这些产品特性，而且还远远不止这些，它还包括以下内容。

- 顾客形象（穿着阿玛尼服装的人）。
- 原产地（奥迪源于德国技术）。
- 组织联想（3M 富于创新）。
- 品牌个性（Bath and Body Works 是个充满活力的零售品牌）。
- 标识（老式驿马车是富国银行的象征）。
- 品牌／客户关系（捷威是朋友）。

除了以上提及的功能性利益外，品牌还蕴含着：

- 自我表达型利益（霍巴特使用者表现出永远领先的自我形象）。
- 情感性利益（土星的用户为能开美国造的汽车而感到自豪）。

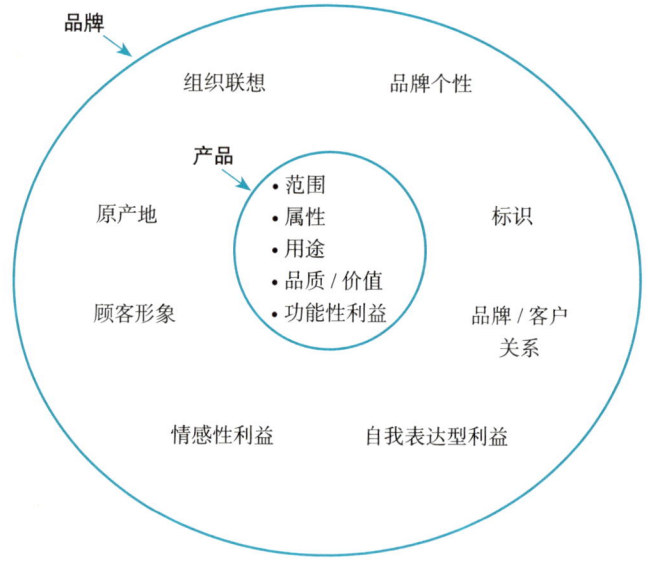

图 2-4　品牌远不等同于产品

品牌的所有这些要素都有其潜在价值，但其中三点值得进一步商榷，即组织联想、品牌个性和标识。

组织联想与服务、高科技和耐用品品牌的关系最为密切，处于这些领域的企业与其客户之间存在着显而易见的各种联系。树立起创新、社会责任感、领导力、强势或者关心客户等方面形象的企业，可以通过短期性的产品或价值优势抵抗竞争者。这些组织联想非常强大，它们通常是无形的，因而无法被竞争对手模仿。击败定位于产品属性基础上的竞争者相对容易，但要与像惠普和通用电气这样在项目、价值观、传承和人员等方面建立起品牌联想的企业相抗衡就非常困难了。

组织联想需要反映出公司经营战略。某个全球性品牌具备以下识别要素：全球领导者的地位、代表着服务和品质的最高行业标准、全球市场统一的服务承诺和最低价格定位。然而，其商业战略并不支持低价格的定位，它也很难向消费者传递诸如企业全球领导者的地位、卓越的品质保证、全球服务承诺及高性价比供应商等概念。战略和品牌策略实际上就是在做抉择和权衡。

品牌个性可以帮助品牌甚至是在相同的市场中建立差异性，从而在许多方面传递出真正的价值。首先，品牌个性可以使得品牌更有吸引力，令人难忘。想想看，对于一个人的最低评价无非就是说他没有个性，哪怕是被人视为无赖也要比平庸好些。没有个性的品牌在吸引公众注意和与顾客建立联系方面都将遭遇困难。其次，品牌个性可以激发出诸如青春和激情的内涵，这对许多品牌来说都是非常有益的。最后，品牌个性可以使得品牌和客户之间变成朋友、伙伴和顾问的关系。在品牌个性隐喻的支持下，品牌与客户之间的关系也将变得更加清晰和有力。

对于品牌战略发展的一个测试是看品牌个性是否在品牌识别的陈述中被关注和出现。如果答案是否定的，就说明管理者对该品牌的理解过于狭隘了。

品牌标识应该被提升到品牌战略的高度，而不是停留在战术性传播层面。一个富有冲击力的标识能够赋予品牌强大的凝聚力和结构性，使之更容易获得认同和记忆。标识可以是能够表现品牌的任何事物：一句口号 [人人喜爱莎莉（Sara Lee）]、一个卡通人物（品食乐的面团宝宝）、一个视觉符号（保诚保险的宝石）、一个商标（耐克的钩形）、一种颜色（柯达的黄色）、一个姿势（好事达保险的握手姿势）、一段乐曲（好乐门的蛋黄酱）、一种包装（莫顿食盐的蓝色圆柱形外观）和一些活动（麦当劳的慈善活动）。在许多情况下，标识在创建品牌和保留品牌价值方面起到至关重要的作用，它应该成为品牌延伸识别甚至是核心识别的一部分。只要想想富国银行的传统驿马车标识在建立品牌知名度和人们对银行的信赖度上所起的作用，以上所述就不难理解了。

延伸识别能帮助品牌打破由产品属性所框定的局限性，并且可以使其避免落入产品属性定位和宣传口号的陷阱。建立内容丰富的品牌延伸系统有以下好处。

- 首先，内容丰富的品牌识别能够更加精确地反映该品牌本身。就如我们无法用一两句话描述清楚一个人一样，对品牌的描述也是如此。三五个字的宣传口号或仅限于产品属性的品牌识别都是不准确的。
- 其次，品牌识别的目的是为决策者决策品牌含义提供有效的指导。品牌识别的内容越完整，决策者在决策企业应该做什么与不应该做什么时就会越清晰。如果品牌识别过于追求精练而忽略了关键内容，那么与品牌识别不相适应的传播要素就会出现。
- 再次，因为品牌识别是具有启示性的，它应该通过体现价值与文化来渗透到组织的各个角落。市场领导地位和对客户的关心也许并没有体现在品牌精髓上，但在指导品牌战略方面仍然非常重要。
- 最后，延伸识别为帮助品牌超越产品属性提供了平台。品牌个性和品牌标识无论是在战略层面还是战术层面都十分重要，但当品牌定位太过简练时，两者也难以发挥应有的作用。

2. 尽可能与功能性利益相连接

产品属性定位陷阱是客观存在的，将品牌视野拓展至品牌个性、组织联想、象征标识及情感性和自我表达型利益等方面，是非常有益（甚至是极为重要）的。然而，这并不意味着在"真正"的品牌没有聚焦于产品属性的前提下，这些属性（尤其是那些新的和具有差异性的）和功能性利益就能够被忽略。每个品牌都应该去寻求拥有与客户相关联的功能性利益，如宝马注重驾驶性能，沃尔沃关注安全，Gap 提供时尚休闲服饰等。在某一产品属性上占有制高点是企业进行市场竞争的利器。

企业通过巧妙地管理有强化品牌作用的关联要素可以提升甚至创造出优于竞争对手的功能性利益优势。事实上，管理品牌联想要素的目标是创建品牌个性并提供情感性和自我表达型利益，这些利益来自并反过来支撑产品属性和功能性利益。

塑造品牌个性的关联丰富的标识在创建和强化产品属性与功能性利益关联物方面非常有效，在诸多标识中对功能性利益有支撑作用的包括：

- 米其林先生（强劲有力的轮胎）。
- 劲量兔（耐力持久的电池）。
- 品食乐的面团宝宝（新鲜低热量食品）。

实际上，用象征标识比用事实信息更容易传达产品属性。想想美泰克的孤独修车人标识是如何有效地传播品牌可信赖性的，如果没有修车人作为品牌标识，美泰克公司在传递其品牌"可信赖性"这一属性时就会非常困难。

强有力的视觉标识可以用生动而深刻的方式来解释复杂的功能性利益。安达信咨询公司的经营理念是"全面系统地考察整个组织一定会有不同的收获"，而许多同行企业却仅能依靠对某些特殊问题（这些问题通常是更深层次问题的表象反映）的考察来对目标组织进行单一方面的改善。安达信的广告代理商扬罗必凯广告公司（Young & Rubicam），设计了一系列反映公司这一经营理念的视觉标识，并从 1995 年起在此基础上发动了一场全球广告攻势。广告活动中的一个标识作品是一只海龟向上吸附了一些空气阻流板，这是表现企业目光短浅的典范。另外一个标识作品如图 2-5 所示，图中一群鱼相互协作，构成一个巨大的鲨鱼画面。这些视觉标识不仅有震撼力，而且文化和语言是相对独立的，有助于将信息传遍世界。

图 2-5　安达信咨询公司的广告宣传画

扬罗必凯广告公司做的一项实验室研究反映出了将情感性利益和功能性利益相结合的价值。[2] 这项以洗发水为研究对象的实验发现，情感性利益（你看起来很漂亮，感觉很舒服）没有功能性利益（你的头发将更加浓密）有效，但将两种利益相结合后，显现出优于任何一种的强大功效。一项采用标准商业实验室检验程序的后续研究发现，47 个同时包括情感性利益和功能性利益诉求的电视广告效果，明显优于 121 个只采用两种诉求之一的广告效果。这一研究结论对基于功能性利益的品牌识别起到了强化而非替代的作用。

3. 忽视无用的内容

除了按产品、组织、个人和标识进行归类的 12 个维度以外，品牌识别模式还包括 3 类利益和 1 种顾客与品牌关系，加起来共有 16 项内容。所有内容在某特定的环境里都有其作用，但没有任何一项内容能放之四海而皆准。人们往往有采用所有内容的冲动，结果导致品牌识别十分勉强，所包含的各要素显得零乱琐碎、缺乏关联，有时甚至滑稽可笑。

所有内容并没有必要全部出现在特定的品牌识别中。品牌识别既不是一份需要填写每一行的纳税申请表，也不是一份为了得到完美分数而必须针对每个问题做出应答的调查问卷。事实上，16 项内容中的任何一项都应该通过以下标准评测出其有效性。

- 是否包含一个对品牌构建十分重要的元素，其在客户价值提供或客户关系支持方面的能力如何？
- 是否有助于与竞争品牌形成差异？
- 是否能与客户产生共鸣？
- 是否能激发员工？
- 是否可信？

某项内容只要能在以上提及的某一问题的评价上得到高分就可以入选，而没有必要在五项测评中都得高分。如果某项内容在五项测评中都表现平平，那它就不能被采纳。基本的判定标准是看该内容是否有利于及是否适合作为品牌识别的一部分。

到底采纳哪些内容最终还要取决于品牌识别的环境。例如，组织联想通常对服务、高科技和耐用品企业很有用，而对日用消费品企业的作用就不明显了。自我表达型利益与在真实、刺激、能力、老练和耐用等五个方面中某一方面得分较高的品牌相关度较高，而在产品同质化程度较高的情况下，品牌个性就显得更为重要。如果视觉冲击力很强并伴有视觉意象的产生，象征标识也就十分重要。如果某个标识较弱，象征物就无法有效驱动品牌（需要注意的是，一些强势品牌并没有明确的象征物需要加以重点管理）。

4. 形成深层次消费者洞见

消费者分析、竞争者分析和自我分析共同构成了发展品牌识别的支撑，任何组织如果在这三个分析工作上做得不到位，都可能会产生危机。

不了解消费者和品牌深层次的关系是一个常见的错误。尽管针对品牌属性重要性的量化研究通常是有价值的，但量化研究很少能为构建强有力的品牌识别提供有益见解，并且还会将品牌识别工作引入产品属性的定位陷阱。类似地，聚焦群组研究虽然有助于避免整体性错误的产生，但通常也过于肤浅，以至于无法揭示品牌与消费者关系的基础。幸运的是，仍然有一些方法能够产生新鲜与切题的洞见。以下罗列了几条建议[3]。

- 在消费者购买和使用产品的环境内进行单一的深度访谈。例如，宝洁公司的调研员为了深入观察消费者对其产品的使用情况，有时会花一整天待在消费者家中。他们请被访者戴上麦克风，并一同讨论消费者在日常活动中使用产品时会遇到的问题和反馈。李维斯的市场调研人员带着录音机跟随购物者逛商场，购物者对所浏览和购买商品的评论对市场调研是非常有价值的，这种价值部分是因为此类评论的即时性，并代表了消费者的真实体验。
- 对于问题的研究能够得到深刻的见解。与产品特定使用经历相关的问题有哪些？其中某些问题是否有足够的代表性和普适性，进而能够为品牌战略提供决策基础？一项针对有代表性客户的抽样调查能够对一项客户需求解决方案具有怎样的价值，以及对所包含的市场区隔范围有多大等问题进行量化。例如，一项对狗粮问题的研究最终引导出根据狗的年龄和体形大小开发生产相应的产品。
- 原型法采用的是由医学人类学家拉派里博士主创的激进技法。实验者躺在一个灯光幽暗、音乐轻柔的地方，思考自己感兴趣的问题。该方法认为在这种环境下人的防御性认知心理会减弱，各种情感联想更有可能涌现出来。福爵咖啡使用原型法，让被调查者将回忆追溯到童年时光，回忆咖啡是如何与他们的生活相互融入的。调查结果表明，咖啡的香气与人们对家的感情密切联系，这一结论使福爵围绕"早晨起来最美妙的事情莫过于来杯福爵咖啡"这一宣传口号成功地找到了品牌定位。

- 另一种消费者洞见的产生方式是通过产品使用体验来获取相关情感。针对产品使用体验的研究发现，消费者在使用产品的过程中经常出现20种情感：愤怒、郁闷、焦虑、悲伤、惧怕、惭愧、内疚、嫉妒、孤独、浪漫、爱恋、平静、放松、满足、渴望、乐观、愉快、兴奋、惊讶和自豪。[4] 在这些情感的基础上进行的测试能用来调查消费者，或为情感研究提供量化数据支撑。

- 企业利用阶梯研究法能呈现出与消费者购买和使用某品牌商品相关联的情感性和自我表达型利益。该研究过程从询问消费者决定购买或品牌偏好的理由开始，答案通常会涉及某一产品属性。下一步接着追问他们为什么看重该属性。一连串的"为什么"会引出一些基本的情感性和自我表达型利益。例如，飞机乘客可能会被问到为什么会喜欢像宽大机身这样的飞机属性，如果回答是"身体感觉舒服"，那就接着追问为什么喜欢这种感觉，对这一问题的回答可能事半功倍，基于此另外一个"为什么"可能会引出一个情感性利益"自我感觉比较好"。同样地，针对航空公司"地面服务"属性的发问可能会引出一系列诸如"节省时间""降低紧张感""感觉可控"和"觉得安全"等答案。

- 从忠诚顾客入手洞见品牌。这些核心顾客与品牌所保持的关系值得我们去了解，因为这种关系蕴含着该品牌所能够获得的潜能。问题的关键在于，如何强化这种关系，并扩大忠诚顾客人群。

5. 了解竞争对手

另一个在品牌建设过程中常见的问题是对竞争对手的忽视。人们总是习惯性地聚焦自身（包括品牌和企业）所擅长的和客户所需求的事物。但问题是强劲的或潜在的竞争对手也必须引起我们的重视。创建一个有别于竞争者品牌的关键是要了解竞争对手构建品牌的方式，这通常可以从分析他们品牌的现有或历史定位战略开始。

- 一个行之有效的方法是，收集每个竞争对手有代表性的广告（包括一些过去的广告，如果其战略发生了变化的话）以获取他们的品牌传播费用，然后将广告进行分类。例如，保险公司的广告通常可划分为以下三种类型：
  - ✓ 展现实力型（如保诚集团、福尔图斯、旅行者保险、美国西北互助人寿保险公司）。
  - ✓ 竭诚服务顾客型（如好事达保险、州立农业保险和西格纳集团）。
  - ✓ 着眼未来，为您提早打算型（UNUM、麻省人寿、公平人寿）。
- 当然，也有超出以上三种类型的广告，例如全美人寿保险（泛美金字塔）（美国）和大都会人寿保险（史努比及花生家族卡通形象）。掌握竞争对手的品牌定位及其相关品牌的传播预算，能为自身的品牌建设提供战略指导和现实比较。毕竟，在知道自身品牌建设与竞争对手旗鼓相当时，妄想能够在竞争中脱颖而出显然是不切实际的。
- 还有一种办法是去查阅竞争对手近四年内的年度报告。一项品牌识别陈述通常会在报告中有所反映，特别是像索尼这样的公司型品牌。另外，竞争对手隐藏在品牌背后的未来战略部署和组织承诺也会在年度报告中有所体现。
- 对竞争品牌的形象调查也很有价值。消费者如何看待竞争品牌？他们喜欢这些品牌吗？这些品牌的个性有哪些？组织联想是什么？有哪些象征标识？尽管针对竞争者品牌形象的定量研究可以提供参照标准，但使用隐喻创造法（例如，如果品牌形象是一种动物，那么哪种动物最合适）进行的深度定性研究通常也十分有效。

记住，进行竞争品牌调查的范围应包括所有竞争对手——当前以及未来将抢占你客户的同行——这一点十分重要。聚焦家用市场的计算机企业要留心考察戴尔、康柏、捷威、IBM、苹果和帕卡德·贝尔等主要竞争者。而对家用计算机市场正跃跃欲试的还有索尼、柯达、微软、TCL 和任天堂公司等，所有这些企业都正在为争夺数字化界面和互联网接入市场做充分准备，因为该市场是未来数字化家庭业务的核心所在。任何计算机企业在做品牌识别和未来构想时都不能对这些竞争者掉以轻心。

6. 允许多元品牌识别共存

一家企业当然最想能够在其所有产品和市场中采用单一品牌。可口可乐就长期在不同细分市场和国家成功地使用一个品牌核心识别。英国航空也希望自己的宣传口号"全球最好的航线"和相关支持性品牌识别内容能行遍全球。潘婷洗发水在一头乌黑亮丽秀发的品牌视觉形象的支撑下，在任何国家采用的都是相同的品牌识别、定位和宣传口号。当某单一品牌识别能适用于各种市场时，无论是组织内部还是外部的品牌传播工作，不仅会变得更加容易实现、成本更低，而且也更有可能与企业文化和经营战略有效相融。

通用识别应该成为品牌战略的基点和目标。对于那些以其所处的国家或产品类别不同为由，不肯去尝试适应环境变化的差异性品牌建设实施方式（如对生活方式的不同解释，对情感性利益的不同表现等），而仅一味要求为其设计特殊品牌识别的管理者，我们应该予以坚决拒绝。偏离基本品牌识别的做法几乎得不到任何理论或数据的支持。

当然，最为首要的任务是创建一个在所有环境中都能发挥作用的强势品牌。如果确实需要多个不同识别来创建强势品牌的话，那么也应予以考虑。例如，由于惠普产品线的概念较广，工程师购买的是其工作站，商务人士需要的是微型计算机和激光打印机，普通消费者购买的是笔记本电脑，因此，惠普需要分离品牌识别内容来适应不同的购买环境，这时单一的品牌识别就远远无法满足这些要求了。

有时，单一识别也可以延伸至差别很大的环境中。进行品牌识别延伸的方法之一是在使用同一识别时强调不同市场的不同要素。例如，在某个市场中品牌个性可能在识别第一线，而在另外的市场中市场联想体现得会更加明显。另一个方法是虽然采用同一个品牌识别，但在不同的市场对其做出不同的解释。例如，一家银行的关系核心识别在面向家庭市场时可以表现出更多亲和的人际接触，而在面向商务领域时则更多地表现出其专业水准，但无论怎样，品牌精神和文化无须发生任何变化。

当企业需要实施多元识别时，应采用一系列通用的品牌联想，其中一部分联想是属于核心识别的。尽管可以对不同市场中的识别进行雕琢，但必须保持与通用品牌元素的协调一致。即便是那些相互独立的联想也要尽可能地避免相互冲突。

当品牌识别内容被适当扩展后，它可以适用于新的环境。某大型石油公司针对一些南美市场需要进行品牌识别内容的适当扩展，增加一项关于油表刻量精确度的内容，因为当地的一些石油公司常以不提供量度的方式欺骗顾客。索尼随身听为了更好地贴近其产品发展，为索尼品牌增加了数字科技和娱乐等功能性利益的内容。

有些个案表明，在进入某些新市场时，对品牌识别的重新诠释或扩展有时还无法适应新环境的变化，这时甚至连核心识别都需要进行调整。例如，李维斯在欧洲和远东市场是个高档品牌，代表着最棒的美国产品，价格相对昂贵。但在美国本土市场，李维斯的品牌识别则更多地体现了其产品的功能性利益和牛仔裤的历史传承。同样，花旗银行也需要区分其在远东和美国两个市场的核心识别，在远东地区花旗银行算是个业内的高端品牌，但在美国本土则更加侧重功能性利益。

当多元品牌识别可行时，有两种实施方式可供选择。一种是自上而下的方式，先为整个组织制定品牌识别，再分别运用到不同的市场。此种方式的优点是先确保有一个通用的品牌识别，这样品牌识别在不同的市场中不易发生太大的偏离。

另外一种是自下而上的方式。该方式先以产品或市场界定组织单元，不同组织单元将根据其特点自由创建品牌识别，然后将这些不同的识别加以综合，这项工作可以由每个组织单元选派的代表共同完成。哈雷－戴维森在做这项工作时发现，不同的组织单元制定出的品牌识别几乎一致，结果表明，某一品牌识别得到了整个企业的支持与认可。在某计算机公司中，四个不同的产品事业部分别制定了各自的识别，但在协调会上，有三个事业部认为一个统一的品牌识别就能适用于本单位，剩下的一个事业部也只需要进行一些微调。重申一下，对统一品牌识别的支持与认可之所以这么强烈，是由于品牌识别的制定来自下层具体操作者，而不是上层管理者。

7. 让品牌识别驱动执行

在品牌识别成为品牌战略的基础之后，下一步就是对品牌战略的执行。然而由于组织问题，品牌识别的制定和执行有时会发生脱节。例如，一家广告代理公司可能设计出无法为品牌识别所驱动的品牌定位，或者是负责品牌传播的团队与负责经营战略的人员联系并不紧密。

解决这些问题的办法是确保整个组织对品牌识别的认可与支持。前面举过的例子介绍了取得这种认可与支持的方法，就是让负责品牌战略执行的组织和个人参与到品牌识别的制定工作中来。另外一个解决方法是要确保品牌识别的充分沟通，对识别内容的详细说明能够在此起到重要作用。如果没有与广告代理商或举办赞助活动的公司进行充分的品牌识别沟通，那么当他们根据自己的理解重新诠释品牌识别时，悲剧就会发生。

还有一个有效的方法是在战略执行的环境中开发与提炼品牌识别内容。战略重在执行，在创建品牌识别的过程中同时形成一些有关执行的粗略概念，是确保两者有效结合的方法。这会涉及品牌的视觉识别和确定某种或多种备选执行要点的工作。

8. 精练品牌识别

品牌识别通常是模糊的，特别是当其陈述缩减至几个词或几句话时更是如此。在这种情况下，品牌识别常常无法对品牌进行有效传播，无法激励员工和合作伙伴，也无法有效指导战略决策。这时，对品牌识别的详细诠释将十分有用且必要。第3章将探讨诠释品牌识别的几种途径。

思考题

1. 设计几个备选的维珍大西洋航空的品牌精髓陈述。
2. 对本章中罗列的品牌精髓陈述进行评价。哪些检验标准是适合的？哪些是最好的？收集一些能够很好地体现其品牌精髓的宣传口号，并说明理由。
3. 你的品牌是否在功能性利益方面具备强有力的定位？是如何开发出来的？你的品牌是否已经超越了产品属性和功能性利益？是怎么做到的？
4. 哪种消费者观念驱动着你的品牌战略？
5. 以广告、视觉形象或战略陈述来描述竞争者的品牌定位。你的品牌是如何与竞争品牌产生差异的？
6. 你的品牌有多元识别吗？为什么？怎么做的？
7. 你的品牌制定与执行相一致吗？列举你的品牌或部分品牌在符合战略和背离战略方面执行的事例，并加以分析。

BRAND LEADERSHIP

第 3 章

对品牌识别的阐明与诠释

CEO 如果不能清晰地说明其品牌的无形资产价值，或者无法理解品牌与客户的联系，他将陷入困境。
——夏洛特·比尔斯，智威汤逊广告公司

经历是领导者最强大的武器。
——霍华德·加德纳（Howard Gardner）
哈佛大学教授，《领导者心智》一书的作者

土星汽车和捷威计算机的品牌核心识别都包含一个"关系"维度——品牌是其客户的朋友。但这是一种怎样的朋友？是派对朋友、铁哥们、旅伴、和你一起打棒球的朋友，还是生意上的合作伙伴？这种朋友关系如何区分于伙伴关系（如雪佛龙）或者一般关系（如 Chase 银行）。怎样的角色模式、视觉形象和象征符号能够代表这种朋友关系？

核心识别往往可以概括为几个词或词组，比如土星的世界级轿车，把客户当作朋友，而美孚则象征着领导地位、伙伴关系和相互信任。品质、创新、令人振奋、充满活力、富有品位、使用便捷以及各种关系（友谊、领导、合作和信任等）等概念都是著名品牌核心识别的关键要素。然而遗憾的是，虽然这些表达十分简洁且便于传播和记忆，但仍会引发歧义，从而无法提供开展品牌工作所需的指导和激励。

延伸识别有助于化解这样的歧义，虽然有时不是太直接。例如，如果将基于朋友关系的品牌个性具体化，就可以判断出朋友的类型。虽然还是有歧义存在，但这对于清晰地诠释代表核心识别的词语和短语还是很有用的。诠释还可以用于阐明延伸识别的要素（例如，幽默感或可靠性这样的品牌个性。）

对品牌识别进行清晰的诠释有三大目标。首先，要能够对品牌识别要素进行解释和细化，减少歧义，从而便于制订能强化品牌的决策和方案。其次，要能够强化决策者评估品牌识别维度与消费者产生共鸣的程度及品牌差异化的能力。最后，品牌诠释会产生一些有用的想法和理念，这有助于制订有针对性且有效的品牌创建方案。

定义"领导者"

许多品牌，尤其是企业品牌，都有充分的理由把"领导者"作为核心识别的一部分。领导者的品牌识别往往描绘出品牌创建的宏伟蓝图，进而激励企业员工和合作伙伴。领导者力争上游的志向使得品牌创建工作更有激情和价值。领导者形象对客户而言意味着信任与保障，而对其他品牌而言，则意味着将品质和创新转化为丰厚利润的理念传递。购买和使用真正的领导者品牌也是一种自我体现——自我重要性和自身价值得到认同后的心理满足。

"领导者"这一概念囊括了广泛的视角和多样的行为。内涵丰富固然对品牌有益，但也有可能过于宽泛而导致迷失方向——当太多的传播手段都适用时，反而令人无所适从（甚至无法选择）。

看看下列对领导者的解释（括号中是例子）：

- 强力型领导者，具有高超管理艺术（花旗集团）。
- 权威型领导者，令行禁止（微软）。
- 支持型领导者，用正向强化进行鼓励（诺德斯特龙）。
- 教练型领导者，提供方法和技巧完成任务（嘉信理财）。
- "打破常规"型领导者，总有些不寻常，有时甚至是出格的方案和举动（维珍）。
- 创新尖端型领导者，不断突破技术的极限（3M）。
- 成功型领导者，占据了很大的市场份额（可口可乐）。
- 品质型领导者，设定卓越的标准（雷克萨斯）。
- 激励型领导者，宣扬价值观和使命感（李维斯）。

在乔·普拉默（Joe Plummer）的领导下，DMB&B广告公司对23个产品类别进行了调研，结果进一步证明领导者品牌这一概念的内涵十分丰富。在调研中，他们首先询问受访者某种产品类别的领导者品牌是什么？为什么选择该品牌？随后对选出品牌的策略进行深入研究。

研究发现，消费者之所以认可领导者品牌，并不是因为其市场占有率高（当然，有些领导者品牌的市场占有率的确很高），而是因为它们所体现的可信度和感知质量。另外，研究也发现有以下四种不同风格的领导者品牌：

（1）实力型品牌，拥有核心产品类别的利益，并不断进行改进，以保持领导地位。例如，吉列（最贴近肌肤的剃须刀）、佳洁士（最健康的牙齿）、联邦快递（迅速可靠的投递）以及沃尔沃（安全第一）。

（2）探索型品牌，利用人们成长和学习的愿望，帮助他们开发潜能。例如，微软（今天你要去哪里）、耐克（Just do it）、美体小铺（the Body Shop）（表达社会意识）。

（3）象征型品牌，将人们对国家形象和历史的情感认同符号化，并转化为品牌内涵。例如，迪士尼（童年魔法）、可口可乐（四海一家）、万宝路（美国西部的自由奔放）以及麦当劳（孩子是家庭的珍宝）。

（4）识别型品牌，通过客户的想象力建立起连接，帮助人们表现自我。例如，李维斯（城市嬉皮士）、宝马（功成名就、品位高雅的鉴赏家）、勃肯（Birkenstock）（崇尚自然的价值观和生活方式）。

在同样的研究中，当研究人员要求受访者列举新兴的领导者品牌时，他们给出了两种不同类型的品牌。

直面挑战型品牌，它们直接跟随领导者品牌，模仿其战略但做得更好，价格更便宜。在一定程度上，这些品牌的与众不同之处在于，它们更富有攻击性且积极进取。例如，美国世通公司（相比AT&T，更实惠、更创新）和百事可乐（百事挑战"新的世代"）。

另辟蹊径型品牌，它们基本上无视领导者品牌的存在，视其为与"新模式"无关。例如，嘉信理财（无须经纪人的证券交易）、美国西南航空（提供最经济、最有价值、最有乐趣的城际航空旅行）、亚马逊（网上书店）。

有关领导者品牌的论述远比我们刚才所提到的要多。品牌面临的挑战是对这一概念进行精炼和诠释，使其更能发挥指导作用。尽管不同的经营单位要从不同的视角看待同一概念，但概念的清晰化还是很重要的。本章就旨在完成这项工作。

定义品牌个性：里昂比恩公司的故事

里昂比恩（L. L. Bean）公司创建于1912年，其创始人里昂·里昂伍德·比恩（Leon Leonwood Bean）是一位户外运动爱好者，家住缅因州的弗里波特（Freeport）。公司的第一款产品是一双防水胶底、轻便皮面的鞋。和当时厚重的皮靴相比，这可以说是一大进步。但是最初100双邮寄的鞋子存在缝纫质量问题，于是比恩决定退款给客户，并重新返工。正是这一决定才有了里昂比恩"保证百分百满意"的佳话和品质信誉的传统。接下来公司又为爱好狩猎、钓鱼和野营活动的人们推出了一系列产品。直到20世纪60年代，比恩本人一直都非常热衷于对自己公司的产品进行尝试和推广。

里昂比恩的业务一直以产品目录册为销售模式，目前年收入已超过10亿美元。1917年这家零售小店成立于弗里波特的中心干道上，当时以招徕路过的客户为主，如今它已发展为一家展示品牌的旗舰店。这家店一天24小时营业（为了更好地服务于出行时间较早的狩猎者和捕鱼者），如今它已经成为缅因州著名的旅游景点，每年吸引350万人次的参观者。虽然里昂比恩一直都侧重于野营、狩猎和钓鱼，但多年以来公司已经将业务领域扩展到休闲和运动服饰以及其他户外运动产品上。其核心识别包括高品质的产品、周到的服务、热衷户外运动的客户和员工。

和其他历史悠久的公司一样，里昂比恩也希望更新其视觉形象。过去公司的视觉形象总是与配备着原始古老设备的传统钓鱼者和野营者联系在一起，如今公司希望其视觉形象能反映出更丰富多彩的户外活动和人们回归山林与自然的热情。图3-1中的产品目录封面就体现了这一追求。

里昂比恩对其品牌个性的阐释旨在支持其品牌创建工作。其品牌个性包括以下维度：友好、诚实、乐于助人、为全家服务、实用和实惠、幽默感、优秀的向导以及拥有健康的生活方式。结果证明，这些词语过于抽象，无法展现里昂比恩品牌的实质内涵。因此，公司逐步对其做出如下诠释。

图 3-1　里昂比恩——拥抱户外生活

友好——里昂比恩平易近人，关心客户。它不故作姿态，让客户觉得舒心、亲近。

诚实——里昂比恩坦诚开放，从不误导客户。一直以来都以实事求是、不欺诈的方式展现自己和产品。

乐于助人——里昂比恩的客户服务有口皆碑。自从公司成立以来，善待客户就是其经营之道。无论是帮助选择最合适的产品还是解答有关户外运动的疑问，里昂比恩的员工都竭尽所能地为客户提供帮助。

为全家服务——由于公司的传统是提供狩猎和钓鱼产品，加上受到其创始人酷爱户外运动的影响，公司的企业形象颇有些男性化。而如今，里昂比恩则是为热爱户外运动的全体家庭成员提供产品和服务。

实用和实惠——里昂比恩注重产品多样性和改进产品性能。其产品设计体现着美国人的心灵手巧，而且价格公道，风格平实，不花哨。

幽默感——里昂比恩一直在客户的生活中扮演着非常适宜的角色，从不过分突出自己，保留着美国人传统的幽默感。

优秀的向导——里昂比恩体现了一个经验丰富、熟知地理的向导所具有的特征。

健康的生活方式——里昂比恩的客户和员工一直都坚信户外活动和锻炼能带来持久的好处。他们相信，户外运动能够促使人们身心健康，从而提高整体的生活质量。

这些经过诠释的个性维度揭示了里昂比恩品牌所代表的内涵，为品牌创建活动指明了方向。例如，"友好"决定了商品目录和商店里陈列的商品要让人舒心亲近，不能故作姿态；"诚实"意味着实事求是、不欺诈的经营之道；"实用和实惠"则要求在设计产品及其特性时，增强产品性能；最后，"优秀的向导"是一种象征，说明该品牌有着丰富的专业知识，这也是沿袭公司传统的表现。

品牌个性诠释也决定了里昂比恩的形象需要进行怎样的拓展。公司品牌形象非常男性化，但品牌个性的诠释却说明它需要囊括全部家庭成员。此外，公司的平实风格也不允许其太过突出自我。最后，该品牌有着新英格兰传统，但这并不象征老迈过时的乡下佬，相反代表着热衷户外运动的现代人。

品牌识别诠释方法

在表述品牌识别，尤其是对核心识别和品牌精髓进行诠释时，人们通常使用单个的词语或精炼的短语来进行概括。实际上，详细地诠释品牌识别可以使识别少一点歧义多一些实用，从而更有效地引导品牌创建工作。

接下来的部分将描述有关品牌识别诠释的几个方法。可以让员工代表或合作伙伴代表来使用这些方法，因为他们理解品牌内涵，而且参与了品牌识别的执行。

图3-2概括了四种方法。识别支撑计划审核回顾了品牌识别理念背后的物质基础，品牌识别角色模式说明了品牌传播的行为和方案，视觉象征的开发使得识别更加鲜活，品牌识别的优先排序决定哪个维度是品牌定位和创建工作的焦点。

图3-2　品牌识别诠释

最后介绍的几种传播途径可以被称为品牌识别说明手册。这些工具可以是图书、视频、视觉图案或者手册。在本章的最后，我们将讨论如何使用这些工具。

识别支撑计划审核

品牌识别必须以企业实际为基础，反映企业真实情况，不能仅仅是简单地创建一个品牌然后做做广告推广。仅仅有效地传播清晰、独特的品牌形象是不够的，企业需要在品牌创建的实际工作中以切实的投入支持品牌识别。围绕品牌创建的活动和项目非常多，管理者要通过认真审核来确定其中真正能支持开展品牌工作的活动与项目。这个步骤也有助于具体、形象地解释品牌识别的内容。

有两类项目和投资能够支撑品牌：规划中的和既有的。第一类包括战略职责，以及为表达品牌识别而开发的未来项目。第二类是对现有的支持品牌工作的规划、提议和资产等项目的可行性论证。

战略职责：连接品牌识别和经营战略

品牌识别的内容蕴含着企业对客户的承诺。战略职责是对完成这种承诺的关键资产和项目进行的一种投资。[1] 品牌识别体现了怎样的公司实力和资产呢？要履行对客户的承诺，需要进行怎样的投入？以下将对这些问题逐项进行说明。

一家区域性银行品牌：

核心识别包括：与每位客户的个人和业务关系。

战略职责包括：①客户数据库。为每一位客户配备联系人，联系人可以查看所有客户资料，进而把对一个客户的管理融入整个客户关系管理体系中。②客户服务。制订并实施培训计划，用以改进客户联系人的人际关系技巧，包括对培训效果的评估体系。

一个新的音响设备子品牌：

核心识别包括：优秀品质，技术领先。

战略职责包括：依靠内部生产部门而非外包来控制质量；拓展数码技术研发项目。

家用清洁产品的高附加值子品牌：

核心识别包括：高附加值子品牌和有竞争力的品质。

战略职责包括：成为低成本的制造商，建立具有成本意识的下属业务单元。

战略职责说明了企业为完成品牌识别的基础工作所需要进行的行动步骤，很显然，这些行动步骤是品牌创建工作的一部分——事实上，有时最好推后重塑品牌或品牌重新定位工作，这样就能和战略部署同步实施。无论在何种情况下，品牌创建都不能仅仅凭空想，或仅仅传播和包装方案，它需要切实的投入计划，要有时间表和预算加以支撑。

战略职责体现了对实际情况的检查，旨在弄清所需投入和评估品牌战略的可行性，这一点十分重要。战略职责是否有可以动用的资源？企业是否真的做出了承诺？企业是否有能力执行所需要的新项目？如果对以上问题的回答是否定的，则意味着企业无法或者不愿兑现对品牌识别工作的承诺。那么，承诺将变成一句空洞的广告词，即使在最好的情况下也会造成资源浪费，最糟的情况则是产生品牌负债而非品牌资产。

在上述例子中，如果那家区域性银行不愿投入上千万资金建立所需要的数据库以方便与客户保持恰当的互动，那么就需要重新考虑"关系银行"这一概念了。如果那家音像设备企业不愿意加大投入产品设计和生产制造，那么一个高端品牌将注定夭折。如果那家家用清洁产品制造商不愿设立具有真正成本意识的子公司，那么它也无法进入高附加值市场。

利米特公司（The Limited）的埃德·雷斯克（Ed Resic）曾经指出，企业不能靠生产某件相似的产品来抗衡领导者品牌并指望由此打击行业领导者，它要做的必须是采取果断且具有实质性的行动展开竞争，而竞争行动中所涉及的投入必须以战略职责为指导。仅仅依靠新的品牌名称、定位和个性或增加广告投入是远远不够的，品牌竞争的胜负取决于谁的品牌识别更具有实质性。

战略职责概念表明，品牌识别应该推动经营战略。这似乎有点扯远了，但有时战略职责是对经营战略的精准描述。当然，最佳情况是战略职责所包含的计划已经付诸实施，这样品牌战略和经营战略是否相容就一目了然了。如果企业的经营战略设定得不够清晰，那么重要的品牌识别开发工作往往就承担起促使企业经营活动更加趋于集中的"催化剂"重任。战略职责的作用是关键性的，因为它让企业面临艰难抉择，促使企业去考虑发展中的关键选择和核心问题。

当强势文化对清晰的企业经营战略形成支撑时，往往容易制定并实施品牌识别和品牌战略。如果企业经营战略和企业文化模糊不清，那么进行品牌识别工作将十分困难。在这种情形下，品牌识别的任务不仅是要激发而且要阐释清楚企业经营战略和企业文化的主要构成部分。

验证点

由于战略职责是需要进行大量投入的组织基础性条件，验证点其实已经蕴含于品牌识别的各维度之中。验证点是已经就位的项目、方案和资产，是核心识别的物质基础，有助于传播品牌识别的内涵。战略职责往往在数量上有限，成本通常较高且具有风险性。而验证点则数量庞大且具有实际操作性。品牌识别如果仅仅基于未来情况是有风险的，原因有二：战略职责得不到资金注入或者得不到正确执行，即使能得到，客户感知也可能无法改变。因此，验证点是品牌识别工作的必要基础。

例如，诺德斯特龙的核心识别维度可能是客户关注度，那么验证点则可以是所有支持客户关注度的资产、技术、计划或项目，具体如下：

- 客户服务的现有信誉。
- 众所周知且可信的现行退还政策。
- 奖励客户服务的补偿计划。
- 当前员工的素质和聘任制度。
- 以创新方法解决客户问题的授权政策。

里昂比恩就拥有切合户外运动爱好者的品牌识别维度。在这种情况下，验证点就包括品牌的积淀、资产、政策以及让里昂比恩在该维度上区别于其他品牌的内容：

- 旗舰店 24 小时营业，方便热衷户外运动的客户。
- 具有专业知识和职业精神的客服人员，为户外运动提供有价值的建议。

像 GE、惠普或者索尼这样的大型企业都是一个品牌下涵盖多种经营业务，当它们在判定某项核心识别要素（如领导者）是否能用时，会与不同产品部门或不同区域的人员探讨验证点。如果所有参与人员所提供的验证点都显示领导者作为一种品牌识别要素是可靠的，那么企业就会倍感信心，并以此作为定位的基础。

品牌识别角色模式

将品牌识别列成要点进行传播最终可能会产生歧义，而且形式也枯燥乏味，因为这样的列举无法体现品牌的情感内涵和视觉形象。确定角色模式则可以赋予品牌意义和情感，从而推动和指引品牌创建工作。接下来，我们将讨论两种模式——内部角色模式（源于企业内部）和外部角色模式。

内部角色模式

内部角色模式是指那些能切中要害且完美体现品牌识别的故事、项目、事件和人员。虽然有五个验证点支撑一个品牌识别，但其中可能只有一个能最贴切地体现该识别。例如，诺德斯特龙的退款政策或许最能生动地反映客户的关注。土星公司每年在田纳西州斯普林山赞助举行的车友聚会活动最有力地说明了公司与客户的关系，该公司确实是一家与众不同的公司。

公司的经典故事能传播品牌识别，给人以激励和感动。有些故事已成为传奇，成为品牌积淀的一部分。例如，土星公司的一位工程师飞往阿拉斯加去更换一个座椅的故事，就体现了该公司对客户的尊重。3M 公司便利贴的概念源于一位工程师，这名工程师在参加合唱团时需要一种不会掉到地上的提示标签，于是就有了便利贴，该故事反映出 3M 公司品牌核心识别的重要部分——创新。强生在处理"有毒泰诺"事件时，将其从药店撤下并重新设计包装，这清楚地表明了公司非常重视在诚信和安全方面的信誉。

故事和其他内部角色模式都可以成为强大的传播手段。心理学家告诉我们，故事所传播的信息量是采用列举清单方式的三倍以上。故事可以使内容更丰富，歧义更小，而在列举清单中通常很难看出产品质量。尽管如此，绝大部分经理人仍然选择以清单作为传播手段。故事所表达的情感是很重要的，因为品牌执行人员必须知道并关注品牌所涵盖的内涵。实际上，故事不仅体现品牌，而且影响文化。传奇研究所（StoryWork Institute）的所长理查德·斯通（Richard Stone）对此说道："改变一个企业需要改写它的传奇故事。"[2]

有时，特别是当需要改变品牌形象的时候，必须建立新的角色模式。作为识别这些模式的一部分，美孚公司组织了一项竞赛，要求其员工列举出最能体现领导者、合作者和信任这些品牌核心识别要素的项目和活动。优胜者可在现场观看由公司赞助的赛车活动。该竞赛收到了 300 多件来稿，全公司人员都参与进来。通过这项活动，公司建立起一套有效的内部角色模式，使得对品牌识别的诠释更具有深度和情感。

品牌人格化

人员，像对品牌有清晰见解的创立者或者强势知名的 CEO 这样的人物，也可以成为强有力的品牌识别角色模式。威廉姆斯－索诺玛公司（Williams-

Sonoma）的创始人查克·威廉姆斯（Chuck Williams）和霍华德·莱斯特（Howard Lester）对公司内涵有着清晰明了的构想——烹饪专家、专业厨师、一流服务，在时尚口味、情调、烹调、服务和娱乐等方面的不断创新。威廉姆斯－索诺玛公司认为口味是第一位的，不能掺一点虚假。将品牌识别人格化能传达给员工和合作伙伴清晰的品牌内涵和丰富的情感承诺：查克或者霍华德履行承诺或者走偏了吗？如果经常提出这样的质疑，许多问题就能被及时发现并得到解决。

如果将创始人的形象作为品牌象征，那么创始人的影响力可以更加鲜活。查尔斯·施瓦布（嘉信理财总裁）、诺顿软件以及史密斯兄弟（止咳药）都是这样的例证。当创始人姓名和照片出现在醒目的地方时，不仅能在精神上激励员工，还能起到监督的作用。有些创始人，如微软的比尔·盖茨和维珍的理查德·布兰森虽然没有正式出现在品牌形象当中，但人们对他们的长相已非常熟悉（不仅是公司员工，公众也是如此），其效果也一样。

创始人在威廉姆斯－索诺玛公司留下的印记仍然清晰可见，而在里昂比恩则更多的是以一个传奇而非实体存在。不管怎样，里昂比恩的品牌识别依然根植于其创始人的价值观：实用、创新型户外运动装备、保证百分百满意、品质和诚实。以创始人为中心进行品牌识别聚焦，使得里昂比恩品牌变得更加可靠和清晰。

Bath and Body Works（BBW）公司没有像查克·威廉姆斯或里昂比恩那样与品牌密切关联的创始人，于是他们就创造了一个典型用户：凯特，一名32岁的妇女，有两个孩子，家住乡村，喜欢做手工活（手工制作、贴合心意就是BBW品牌核心识别的组成部分）。凯特是俄亥俄州迈阿密大学的毕业生，保持着健康的生活方式和典型的美国中西部人的价值观。BBW以凯特是否会喜欢作为其产品的试金石。另外一家公司"维多利亚的秘密"用一个名叫"维姬"（Vickie）的虚拟替身来代替原来的创始人，公司以"维姬会这样做吗"这个问题引发下文。这样的品牌人格化使得严格执行战略变得更加容易。每个人不仅知道要做什么（不做什么），而且受到创始人或虚拟人物人格魅力的影响，会更加信任并关注该品牌。

品牌人格化的方法有很多。当加利福尼亚大学橄榄球队用一名球员来代表他们想表达的一切事物时，他们就是在用这名球员作为角色模式来指引未来的招募计划。企业也可以用和品牌有着多年密切关系的某知名发言人来对品牌进行人格化。这样的例子包括美泰克公司的修理工、吉露果冻（Jell-O）的比尔·科斯比（Bill Cosby）、耐克的迈克尔·乔丹、富达基金（Fidelity）的彼得·林奇（Peter Lynch）。同样，员工也可以作为品牌的代表，土星公司就以装配线上的工人作为广告，展现公司打造世界级汽车的承诺以及对客户的尊敬。

确定内部角色模式要从物色候选人入手。候选人通常必须是公司知名人物，尤其对老资历员工来说要很熟悉。如果确定这样的角色模式出现困难，则表明企业上下缺乏推进企业发展的有效驱动力。

外部角色模式

由于内部角色模式已经存在于品牌背景之中，所以其功能相当强大。尽管如此，但也只限于企业内部已经完成的工作。放开视野，以几十甚至上百家企业作为考察对象，通常能发现更具有影响力和想象力的角色模式。

不同行业内强势且定位准确的品牌都可作为角色模式，也就是说可以成为品牌的有效参照物。对外部角色模式的搜寻范围可以很广：你欣赏怎样的品牌？怎样的品牌最贴合你的感知习惯？

如果一家银行有志成为值得信赖的顾问，以友好、专业的态度提供广泛的金融服务，那么不妨参照家得宝（Home Depot）作为角色模式。家得宝业务种类广泛，形象平和友善，为客户提供专业而务实的服务。如果另外一家银行力图以团队工作方式向客户提供多种金融服务，或许应该学学扬罗必凯公司，扬罗必凯公司以客户需求为中心，组建多功能团队，提供有效的沟通和服务。

当安东尼·布莱尔当选为英国首相之后，他提出了"新英国"的品牌概念。其识别包括开明政治、立足欧洲、重视技术、多元文化以及妇女权益[3]。布莱尔的幕僚也在寻找最能体现"新英国"的品牌。那些上规模顶级品牌的识别［哈根达斯、川宁茶（Twinings herbal tea）、Hooch、New Govent Garden Soup、琳达·麦卡特尼餐点（Linda McCartney Meals）和Shape酸奶］不仅阐明了"新英国"品牌，而且为交叉促销的品牌创建工作指明了方向。

体育器械品牌如果想成为户外运动爱好者的首选，可以从里昂比恩或REI身上汲取品牌创建的灵感；香水品牌如果希望塑造一种成熟的感觉，可以借鉴《时尚》杂志或蒂芙尼；冷冻食品想找到一个有益健康的定位，则要多观察健身俱乐部。

一旦确定了外部角色模式之后，下一步就是进行深入的了解：为什么这个模式好？它如何给人以真实感和可靠感？它有哪些故事和内部角色模式？它的验证点有哪些？它代表什么样的文化？它有什么值得人们学习和借鉴的吗？

接下来是聚焦品牌的核心识别要素，然后看看还有哪些品牌也关注着同样的方面。这些品牌应选自多种产品门类，这样才能更全面地从不同背景考察核心识别要素，才有可能塑造受欢迎的品牌形象。

现在你要问问自己：哪些品牌是正面角色模式？哪些品牌对核心识别要素的解释是你的品牌正在寻求的？哪些能有效传播品牌识别？例如创新是3M、花王、索尼、惠普和威廉姆斯－索诺玛这些品牌的核心识别要素，这些公司能够从相互的品牌识别举措中学到什么？像这样的提问往往会使你产生新的想法和见解。

同样地，你还需要知道，哪些品牌尽管可能也强调相同的核心识别内容，但不是好的角色模式。为什么会这样？哪些品牌无法有效传播品牌形象，原因又是什么？确定哪些有关品牌识别的观点（如领导者或创新）不适合你的品牌，这样有助于使正确的观点更加清晰。

边界

不仅要确定作为参照目标的外部角色模式，还要确定品牌识别的边界，这样才有效果。在既定的角色模式类别中，要清楚对品牌个性而言哪些要素"太多"，哪些要素"不足"。比如，某种快餐食物品牌通过参照其他品牌、篮球运动员、冰激凌口味以及电影明星来定位其识别[4]，表3-1对此进行了进一步说明。

表 3-1 品牌个性

	不足	正好	过多
软饮料	可口可乐	百事可乐	激浪（Mountain Dew）
糖果	原味 M&M 豆①	花生味 M&M 豆①	彩虹糖（Skittles）
篮球运动员	大卫·罗宾逊	迈克尔·乔丹	丹尼斯·罗德曼
冰激凌	香草	巧克力脆饼	Chunky Monkey②
影星	汤姆·汉克斯	梅尔·吉布森	金·凯瑞

① 原味 M&M 豆和花生味 M&M 豆都是玛氏公司旗下的巧克力品牌。
② 一种冰激凌品牌。

在另一个例子中，某商场的经理认为商场需要注入活力，以此来抗衡正在侵蚀其市场的专卖店。显然，该商场需要更有生机和活力的形象。为此，相关方案也已准备就绪，其中包括增加体育用品区和现场互动参与、视听区域及演示、时尚区域和真人表演等。虽然品牌识别增加了生机和活力的内容，但问题是要做到什么程度？表3-2说明的是一些零售店品牌定位给人的印象。

表 3-2 店内体验

无聊	赛百味（Subway）、史泰博（Staples）、好市多（Costco）、阿尔迪（ALDI）、凯马特公司、CVS 药局
高兴	梅西百货、玩具反斗城（Toys-R-Us）、必胜客、伊桑·艾伦（Ethan Allen）、Shellshop、贝纳通（Benetton）

（续）

喜悦	萨克斯第五大道精品百货店（Saks）、沃尔玛、Foot Locker、麦当劳、宜家、贺曼
兴奋	诺德斯特龙、Gap、维多利亚的秘密、滚石餐厅（Hard Rock Cafe）、威廉姆斯-索诺玛、巴诺①
棒极了	耐克城（Nike Town）、Urban Outfitters②、星巴克、Crate & Barrel③、Virgin Megastore④、哈罗德精品百货店（Harrod's）

① 美国最大的实体书店。
② 美国平价服饰品牌。
③ 一家美国本土家居连锁店。
④ 维珍音乐零售店。

"棒极了"应该是大胆无畏、鼓舞人心的目标，但是随着时间的推移，这可能显得不太现实，因为为了保持"棒极了"，商店必须不断更新。另外，"让客户喜悦"似乎又显得雄心不足。因此，"兴奋"是个合适的程度。体验程度量化表以及角色模式在其中的定位有助于商店经理重新规划其品牌识别方案如何执行。

一个叫"Red Envelope"的在线礼品配送品牌把"权威性"包含进其核心识别要素之中。为确切理清在该背景下"权威性"的含义，Prophet铂慧咨询公司制作了一个量化表，从个人双向传播到专业单向传播来考察人们对"权威性"的认识。量化表排列了七个角色模式并说明了每个角色的特征（见表3-3）。结果显示，有见地、有远见、平易近人、言出必行是人们认为的"权威性"应具备的特征。有趣的是，这些特征并未在表上得到集中体现。

表3-3 "权威性"量化表

角色模式	个人双向传播			专业单向传播			
	同辈	导师	老师	专家	创新者	机构	宗教
例证	凯特	利内特·简妮斯	比尔·沃什	玛莎·斯图尔特	乔布斯	格林斯潘	教皇
特征	言出必行、平易近人	激励、有智慧	知识渊博、受崇敬	有技巧、可靠	有远见、创新	逻辑性强、有力量	受尊敬、有精神力量

视觉象征的开发

核心识别是用语言来定义的,也就是说,用少量的词语和语句来概括品牌所蕴含的内涵。让我们来看一下哈佛大学著名消费者行为学家杰拉德·扎特曼(Gerald Zaltman)在心理学和语言学研究的基础上提出的假设[5]:

- 大多数传播活动(估计有70%～90%)是非语言传播。视觉形象在很多情况下比语言传播更能影响人的感知和记忆。
- 象征(用一件事物来解释另一件事物,例如像猫一样优雅)是体现思想的基本方式。语言学家认为象征是非常强大的传播工具。扎特曼认为:"这一假设意味着,利用系统阐释和分析象征的方法能够比利用以文字为中心的研究方法获取到更多的知识。"

这些观点说明"一图胜千言"的说法确有其科学道理。因此,为什么不尝试把语言表达的核心识别转化为视觉表达呢?

假设一家财务服务公司的核心识别是"实力",那么可行的视觉标识可以是一个钢制大梁、一位重量级拳击手、一座埃及金字塔或一座堡垒。虽然,所有这些都象征着实力,但其中有些可能更符合公司所要求的形象。视觉标识往往能揭示出一个简单概念后面所隐藏的丰富含义。

符合品牌策略的视觉象征能向品牌识别的实施人员有效传播核心识别。此外,品牌识别团队成员在参与设计视觉象征的过程中,也能进一步思考什么才能真正代表他们的品牌。

定义相关象征

第一步是确定视觉象征,这种象征要么体现品牌或品牌识别,要么体现其相反含义。例如，可以要求客户列举体现核心识别要素（如友谊或领导者）的视觉意象。这些从杂志或者其他来源截取的形象可以包含很广的内容，诸如动物、图书、人物、活动或者风景；也可以给参与者一部相机，要求他们拍摄他们认为最符合品牌战略的事物。此外，他们也可以收集与品牌核心识别含义相反的形象——他们能找到的最偏离品牌战略的形象。

如果不想通过客户的参与来获得视觉象征，那么可以考察与所需象征接近的其他品牌的视觉象征。哪些视觉线索和这些品牌相关联？有哪些色彩、图形、标识或感觉？比如，在绝大多数情况下，金黄色和奖金红利相关联。Gap 用简朴的白色设计和布局来展现时尚和清新，Eddie Bauer 使用大量土色调配合风光、雪景和激情来表现户外生活。

接下来，要把大量视觉象征删减成可供管理的项目并进行分类，再用它们与品牌识别要素的相近程度对每个类别的代表性元素进行排列。

分析视觉象征

下一步是分析你所收集的各种视觉象征。是什么使得这些象征符合品牌或偏离品牌战略？其中哪些特质是关键的？最终目的并不是要尽可能多地确定关键象征，而是要从中了解象征是否符合品牌战略及其传播。

视觉定位

SHR 是一家坐落于斯科茨代尔的设计公司，它采用视觉定位的方法来开发和解释视觉象征。它从战略性的核心识别要素（如实力、温馨、领导者或硬朗）入手，然后找出与这些概念相关联但有着不同主题和基调的视觉形象。接着让受访者从最能体现到最不能体现本品牌的内容对这些形象进行排序，并让他们解释这样排序的原因。这种方式不仅能为品牌战略的制定提供更开阔的思路，还提供了一系列视觉刺激物，从而为后续的创造性工作指明方向。

当然最好但也是极为难得的结果是，从中发现能够应用于品牌的独有视觉象征。

品牌识别的优先排序

作为对品牌多方位的展示，品牌识别是十分复杂的。品牌可能有其关联物，这些关联物反映出产品属性、品牌个性、组织性关联、标识和用户印象等。这些概念如此凌乱，如何进行优先排序呢？下面将进行讨论。

核心识别和品牌精髓（体现品牌内涵的字词或短语）在促进品牌识别聚焦中发挥着重要的作用。进行优先排序的另一种方式是将形象和识别进行对照，评估其对识别的影响力，这种方法一直都很有效。

运用或改变关联

品牌识别的每项要素都要与现在和以前的品牌形象进行比较，从而清晰地确定品牌传播工具。哪些关联物需要修改或增加，或者还是继续保持？在确定品牌识别各要素的优先次序时，关键要决定是充分挖掘、运用现有关联物，还是修改这些关联物以推动新的品牌战略。

以一家提供创新性解决方案的行业内最优秀的石油开采和生产公司为例。一种可行的品牌传播方案是反映公司的优良业绩和杰出的人员，像"不负所望""创新和品质"这样的品牌精髓可以更加真实，还可以不时地向服务人员传递公司高品质服务的传统。假设将来公司需要更具有凝聚力，需要许多涉及不同客户和不同部门的跨职能团队参与运营，尽管公司尚未具备此种实力，但品牌精髓能反映这种新的战略思想吗？在这种情况下，具有激励性的品牌精髓如"团队协作"就应该被纳入企业文化改造计划之中，而不仅仅是停留在口头。

许多历史悠久的品牌，如西尔斯、约翰迪尔（John Deere）、奥兹莫比尔、AT&T、美泰克、美林证券、柯达都让人产生以下联想：值得信赖、高品质服务和坚实的技术基础，但同时也显得有点老套和迂腐。大多数这类品牌都可以产生以下关联内容：

- 需要保持的——值得信赖、反应灵敏、可靠、品质出众、有道德感。
- 需要强化的——技术基础坚实、知识丰富和全球化经营。
- 需要减弱和消除的——老套、迟缓、昂贵和迂腐。
- 需要增加的——现代感、充满活力和创新精神。

遗憾的是，能一次性达到所有这些要求的品牌识别几乎没有。那么，哪些关联应该优先呢？重申一次，要做出选择并不容易。

要决定是否挖掘、利用现有关联或开发新关联，这样的决策取决于两个方面。其一，现有关联能否承担参与当前竞争的重任，或者是否迫切需要开发新关联？其二，能否为开发新关联找到充足的理由，或者开发新关联的理由是否缺乏可信度或者缺乏基础（这有可能损害核心关联）？

以现有关联作为品牌的基础意味着强化和提醒客户已经知道与信任的东西——这显然相对容易，而为品牌铺设一个新的基础则要劳心劳力得多。如果现有关联仍然有效，那么首选应该是利用现有关联。如果现有关联很强大，但是略显陈旧和老套，那么可以更新其内容和实质，创造新的竞争优势。例如，IBM采用电子商务子品牌使其现有的关联（技术领导者）更具有活力、更符合品牌战略、更有现代感。

但在有些情况下，新的关联在市场上有可能成为品牌未来的核心，因此发展新关联至关重要。例如，美洲银行要使自身形象更加人性化，TCI需要技术更具有创新性，智威汤逊广告公司要能彰显出提供多种传播方案的实力。这样一来，企业就值得去强调具有激励和启发作用的关联，尽管短期内企业还无法贯彻这些想法。

聚焦新的关联还涉及可信度问题。是否有可能以令人信服的方式证明开发新的关联是值得的？在一定程度上，答案在于子品牌。那么，计划和资金是否已到位来支持这样的证明？如果没有，则需谨慎。即使有必要，也要等到计划和资金落实以后再开始下一步。同时要以新关联为基础制订内部品牌传播计划，在基础工作和内部品牌创建计划收到成效之后，再将新关联纳入品牌的外部传播计划。

当然，品牌在进行延伸并纳入新关联时，其核心形象的定位可能会受到威胁。雷克萨斯汽车"不懈地追求完美"对其现有的品质、平稳和舒适驾乘的关联形成支撑。但公司认为，缺少活力和激情制约了品牌的发展。于是，公司冒险从舒适安全的概念转向更刺激的驾驶体验，这倒更像宝马，其广告也随之改为"不懈追求激情体验"。雷克萨斯假定，在产品和形象延伸的同时，品牌依旧能保持其品质和舒适感，而且这种延伸是可靠的。沃尔沃也曾做过类似的冒险，将品牌识别从安全性扩展到一些更时尚的东西，以此吸引更多用户。不过，这些冒险一般不会走得太远，而是与传统的核心识别保持一致。

内部品牌形象

品牌识别需要引导内部传播工作，所以企业员工和合作伙伴都是传播对象。如果品牌识别缺少共识且不够清晰，那么就难以进行传播。硅谷营销界的宗师雷吉斯·迈肯纳（Regis McKenna）曾谈起苹果公司的一段关键时期，当时公司内部正在为是效仿索尼（活泼有趣）还是学习IBM（商业企业严肃的伙伴）陷入争论抉择之中[6]。品牌创建要在这种二分法中选择其一实在是进退两难。

要知道你的内部品牌形象是否需要支撑，试试以下旧金山广告战略专家林恩·阿普绍（Lynn Upshaw）建议的方法就知道了。可以向员工和品牌传播伙伴提两个问题：

- 你知道品牌代表着什么吗?
- 你关心品牌吗?

如果要实现品牌识别承诺,上述两个问题的答案必须都是肯定的。

品牌的新关联在内部传播工作中应享有更高优先权,因为新关联在被外界认同之前首先要在内部得到推广。但问题是如何传播、激发和鼓励员工及合作伙伴了解与关心这些新关联。品牌识别类似于北极星,内部认知的偏差足以误导战略的实施,消除这种偏差理应成为企业首要考虑的问题。

发现能够产生差异性和共鸣的关联

对识别要素进行优先排序时需要考虑它们能否使品牌区别于竞争对手,能否与消费者产生共鸣。在决定是以现有关联为基础还是开拓新方向时,需要权衡识别的各个维度对消费者兴趣和忠诚度有多大影响力。这种影响力反过来又取决于每个维度在多大程度上能区别于竞争对手并与消费者产生共鸣。因此,以这两个标准来衡量识别维度是非常有效的方法。

有些识别要素是品牌战略重要的支撑,但是它们既不能区别于其他品牌,也无关消费者决策。它们只是所有品牌都希望体现的特征。例如,质量水准要同时能为消费者所接受和保持稳定,这十分关键,但这并无助于形成差异。难度在于要确定或创造出能形成差异或与消费者产生共鸣的关联。

差异性

扬罗必凯公司的品牌资产评估数据库从 35 个方面对 33 个国家的 1.3 万个品牌进行了评估。扬罗必凯的资深研究人员斯图尔特·阿格雷斯(Stuart Agres)运用这些数据得出了令人信服的结论:差异性是成为强势品牌的关键[7]。成功的品牌如金考公司(Kinko's)、特瓦鞋业以及斯沃琪在差异性上的得分都很高，而在关联性（个体品牌的适当性）、推崇度（感知质量和知名度）以及熟悉程度（受访者对该品牌了解多少）上的得分相对偏低。最先失去差异性的品牌最终被市场淘汰或出局。一些品牌随着差异性的丧失，即使在推崇度和熟悉程度上得分很高，也会变得不堪一击。总之，差异性是品牌发展的关键动力。

通过不同的解释和相应不同的关联，即使是拥有相同品牌识别要素的竞争性品牌也可以找出相互间的差异性。"关系"是许多金融服务机构经常采用的核心识别要素，某个品牌的"关系"概念可能意指成为支持者，而另一个品牌则可能意指成为有实力的专业人士。同一概念，可以有两套截然不同的方案或品牌个性。

品牌不仅要能够让自己与众不同，还要能够长期保持差异性，否则差异性就失去了价值。因此，每项品牌内容都应从差异性的角度做出评估：

- 这个关联能产生差异点吗？
- 品牌能长期保持该关联吗？

消费者共鸣

某关联能与消费者产生共鸣，是因为它与品牌相关且有意义。这样的关联对于品牌创建的潜力巨大。最终，品牌需要传达一种价值主张——功能性利益、情感性利益和自我表达型利益。因此，如果一个识别维度能提供相关且有意义的利益，那它就应该在品牌创建工作中发挥核心作用。Spectracide（一个领先的除草剂品牌）和吉列就属于那种由于自身的价值主张与消费者密切相关，所以能产生高度共鸣的品牌。

因此，具有优先权识别维度的第二个特征就是能够与消费者产生共鸣：

- 这个关联是否与消费者产生共鸣？

- 它是否传达了功能性利益、情感性利益和自我表达型利益，从而有利于品牌创建呢？

差异性和消费者共鸣

强势品牌往往有多种关联，在差异性和消费者共鸣方面做得都很出色。以维珍的品牌识别为例，其挑战者的角色、提供创新的客户服务、富有情趣以及物超所值都具有高度的差异性，并且能打动消费者。如果一种关联只具有差异性和消费者共鸣两个特性中的一个，那么其品牌不会很强势。尽管福特的"质量是首要工作"的关联对消费者来说可能很重要，但是当其他公司也改进产品质量时，福特的产品就不具有差异性了。反之，一个走极端路线的乐队或者像劳斯莱斯这样的高端品牌或许是与众不同的，但缺少与消费者的关联。所以，在对品牌识别进行优先排序时，目标是确定的关联既要有差异性，又能和消费者产生共鸣。

传播已诠释的识别

实施品牌识别的关键步骤是向组织成员和合作者传播品牌识别。有效传播需要进行接触，加深了解，产生鼓动和激励。这样的传播可以采用多种形式，如品牌发言人演示、研讨会、录像、图书或手册。

制作录像

录像可以非常方便地传播品牌识别。利米特公司拥有包括 The Limited、维多利亚的秘密、捷运（Express）和 Bath and Body Works 在内的 10 多个零售品牌。营销团队意识到公司员工（以及合作伙伴的员工）需要加深对各商店品牌识别的了解。相应地，他们为每个品牌制作了一份录像，录像里没有对话，只有音乐和体现品牌内容的图像。在向员工，特别是向新销售人员宣传品牌内涵时，录像起到了巨大的作用。

土星公司制作了一份长达两个小时的录像，展现品牌识别和品牌历史。公司 CEO、公会领袖、代理机构主席、生产工人和工程师等对公司发展做出贡献的人也出现在录像中，他们体现了公司的品牌哲学（与众不同的公司、与众不同的汽车）。而实际上，土星公司的这一做法有些夸张，因为这个品牌十分年轻，还谈不上什么历史积淀，所以它是通用品牌里最不用担心员工不了解公司历史和理念的了。不过这段录像更有助于确保土星公司不会遇到这样的问题。

编写一本书

沃尔沃想超越家用汽车安全性的概念进而扩展其品牌识别，于是编写了一本正文内容有 30 页的书，书名叫作《传播沃尔沃汽车：世界上最伟大的汽车之一》。该书还有 30 页的附录，列举了各种定义和指南。该书旨在阐述沃尔沃的品牌内涵，并向涉及品牌传播工作的人员和组织介绍如何进行品牌识别传播。

沃尔沃这本书的开头描述了该品牌的现状，包括其在安全性、品质和环保方面的良好声誉；接着说明品牌的目标客户是"富裕的新潮派"，他们摩登、受过良好教育、社会责任感强，具有全球性视野、积极主动、表达自我的愿望强烈，但漠视传统礼教和阶层区别。书中没有关于家庭的意象，公司想要改变其品牌识别的意愿由此可见一斑。第三部分讲述的是出身斯堪的纳维亚血统的品牌联想——自然风景、人性价值、安全与健康、优雅简洁的风格、创新型设计以及时尚潮流精神。

该书介绍了沃尔沃新品牌识别的七个要素，并对各要素进行了详细的阐释（见表3-4）。

表 3-4 沃尔沃新品牌识别的七个要素

品牌识别要素	体现方式
安全性能方面的领袖	敬畏、尊敬生命、爱、关怀他人、心灵的平和
世界级品质	可靠、正直、自尊
环保领袖	责任、关怀他人、自尊
有魅力、别具一格的设计	个性、成熟、品位
驾驶的乐趣	舒适、控制、自由、享受
拥有的乐趣	心灵的平和、方便
最大的感知价值	经济富足、满足感

沃尔沃的品牌识别可以归纳为："在尊重人性价值和爱护环境的同时，为拥有者倍添尊贵感受，让驾车成为时尚而愉快的人生体验。"这种品牌识别已远远超过了安全可靠性要素。

该书还为品牌传播设定了基调，所有的传播活动都必须以"热爱生活、人性化、温馨、智能化和诚实"作为沃尔沃战略的一部分，从而完善"时尚、温馨以及愉悦驾驶"的表达。该书的信息传达也不仅仅依靠语言，在30多幅照片中大约有2/3的画面里并没有出现沃尔沃汽车。

编写品牌手册

有些企业不是编书而是编写详细的品牌手册，对其品牌在世界范围内的传播途径进行详尽的说明。某品牌手册长达350页，详细说明了传播守则，包括目标受众特征、品牌识别、核心识别、品牌精髓、识别诠释，以及商标和其他标识的表现方式——色彩、字体、布局等，还对哪些视觉图形可以使用或禁止使用进行了说明。针对全球性品牌创建工作，手册中还对拥有自主品牌的经理提出了三项指导准则：

（1）不可商讨的准则：如商标图案——无自主权。

（2）可商讨的准则：地区广告的执行——有一定的自主权。

（3）地区自主项目：特定范围内的促销计划——有很大的自主权。

这样的手册为全球性品牌管理设立了最终的指导准则。然而，这是一个持续、长久的工作——随着市场的变化以及新的最佳实践的出现，全球性品牌经理必须与时俱进。如果品牌还没有找到真正有效的策略，手册也不用说得那么准确。只有当品牌的标识、定位以及执行都走上正轨之后，制定详细的手册才有意义，因为此时手册能反映企业的发展轨迹和原则，保证品牌标识传播的一致性。

整理故事

故事是生动传播品牌识别及品牌历史的有效途径。很多经典故事流传下来成为传奇，但还有一些故事如果企业不主动加以整理的话，就会慢慢遗失。基于由家庭电影、幻灯片和录像带剪辑而成的 70 多个小短片，[8] 普华永道（Price Waterhouse Coopers）开发了一种数字化故事叙述模式，演示者利用该数据库以有趣的方式向员工讲述品牌识别方面的故事。

家庭学习材料

贝伦德森（Berendsen）是一家丹麦公司，它买下了几十家小型洗衣店，正在组建一家全国性的连锁机构，该机构不但提供洗衣服务，还储藏和销售纺织品。新的经营理念要求员工了解新的品牌识别、企业的价值主张以及消费者关系。为此，贝伦德森公司开设了一个为期 4 周的家庭学习课程。在课上，公司向员工发放课本和图片等简单的学习资料。员工每周学习这些资料，然后进行测试，通过测试就可以获得奖励。该课程使得贝伦德森能够面对所有员工，并让他们有效地参与到品牌识别完善活动中来。

修改品牌识别

为了有效地传播品牌,品牌识别必须要有冲击力、便于记忆、重点突出、具有激发性。太过简洁的描述会产生歧义,而且会使品牌无法发挥其应有的指导作用。另外,如果缺少和品牌识别之间的必然联系,从识别设计直接进入传播阶段也容易导致方案偏离整体战略。通过对品牌识别进行延伸和诠释,企业能够丰富其组织、优化其结构,从而使传播方案更高效、更协调。

思考题

1. 关注某个识别定义得较好的品牌。用各种解释方法来理解其识别内容。哪种方法最有效?
2. 用同样的方式思考你自己的品牌。
3. 注意某个品牌识别要素,如信任,确定其角色模式和视觉象征,对其进行分类,并解释分类原因。
4. 设计一套品牌识别诠释演示。

BRAND
LEADERSHIP

第三部分

品牌架构：获得清晰的协同与延展应用

BRAND LEADERSHIP

第 4 章

品牌关系谱

每个人都以同一音调歌唱则无法得到和谐、美妙的乐章。

——杜格·弗洛伊德

高楼必有深基。

——托马斯·肯皮斯（15 世纪奥古斯丁教教士）

GE 家用电器的故事

许多主流和高端品牌都面临着产能过剩,以及在主要市场中零售商势力不断增强的挑战,进而导致这些品牌的利润不断减少和争夺市场份额的压力持续增大。敌对市场对品牌架构带来的极大挑战之一,是如何将品牌垂直地扩展到超高端市场(super-premium arena)或价值群体⊖(value segment)。GE 家用电器(GE Appliances)的品牌战略为我们提供了很好的借鉴,并使我们认识到子品牌在此背景下的作用。

在通常情况下,随着高端市场逐渐趋于成熟,在超高端市场上就会出现具有吸引力的新增长点。这部分市场的利润更高,并能为已疲软的产品品类带来新的利益和活力。微型酿酒厂、专人设计的咖啡、高品质的饮用水、豪华轿车和精品杂志等,这些商品所代表的是极具吸引力的目标客户群体的需求,这部分客户比市场上其他消费群体更少关注价格。高端品牌会努力与其他品牌形成差异化,借此不断向目标客户群体传递高端的消费信息。

当 GE 在竞争激烈的高端电器市场遭遇利润下滑时,曾考虑过几种进入超高端市场以获得更多利润的途径。其中之一是创建一个新品牌(像丰田创建雷克萨斯那样),但这样的想法不太可行,因为在这种市场环境中无法判断创建新品牌所需资金量的大小。另一个选择是将 GE 品牌进行向上扩展(比如通过 800c 模型),但这样无法体现产品的独特性和影响力。GE 最终决定引进两个新的电器子品牌来拓展原有品牌,即 GE Profile 系列产品(定位高于 GE 的高端电器品牌)和专供建筑师和设计师使用的 GE Monogram 系列产品。

公司企图通过子品牌来获得市场地位的提升时需要冒一定的风险,该风险可能来自主品牌并没有足够的信誉和声望在超高端市场中参与竞争。事实上,GE Monogram 系列产品起初因为把 GE 品牌提升得过高而遇到过一些麻烦;与之相反的是,GE Profile 系列产品一开始就受到了市场的欢迎。

⊖ 主要考虑商品或服务价值的顾客群。——译者注

以下三个原因能够解释 GE Profile 系列产品的出色表现。首先，这一新产品线并没有试图去彰显高端特征，而是在原有及相关产品线上做出适度提升和改善。通过基于现有的品牌进行定位，GE 减少了新产品线在信誉方面可能会遭遇的困难。其次，GE Profile 的产品显然不同于 GE Appliances 的高端产品，其部件和特征更为优良，设计、外观和触觉也都很独特。如果产品之间的差别像胶卷、化肥或汽油这类产品一样难以分辨，子品牌战略就会更难执行。最后，这三类 GE 产品系列的目标市场都非常清晰，因此减少了在非目标市场中出现混乱的可能。例如，GE Profile 系列产品的高价位及其营销策略使它在主流消费者群体中不会太引人注意。

GE 在寻求电器市场向高端拓展的同时，也需要向下进行品牌延伸。像电路城市电器连锁店（Circuit City）之类的零售商在价值产品市场中份额的增长迫使 GE 参与到不断成长的价值市场竞争中。在这个市场中使用 GE 品牌，即便使用的是子品牌或背书品牌，也会碰到同类相残的危险（把原本属于 GE Appliance 的高端客户吸引到较便宜的品牌上来），并破坏品牌形象。鉴于此，为价值市场专门创建一个新品牌必须非常谨慎。在价值市场中产品成本构成趋于同质，行业利润很薄，导致新的价值市场品牌往往难以负担建立品牌所需的开支，所以在价值市场中建立新品牌比在超高端市场中更难。

通过使用现有品牌，GE 克服了上述困难。例如，之前 GE 对 Hotpoint（由海尔和 GE 共同开发推出的一个家电品牌）的收购就是很好的例证。Hotpoint 是一个高端品牌，并拥有巨额资产。GE 通过将 Hotpoint 重新定位成二级产品或价值产品，成功地进入了目标市场，同时又没有对 GE 自身品牌构成任何威胁。虽然这样做的结果会使消费者对 Hotpoint 的品质认可有所降低，Hotpoint 将来也较难再回到高端产品的地位，但即便如此，进入价值市场还是为 GE 创造了一个更强大、更完整的电器产品线。Hotpoint 的例子说明了进入价值市场时使用现成品牌的功效，不管这个品牌是自有的，还是收购的，或是租借的。

为建立一个比 Hotpoint 定价更低的品牌，GE 再一次使用了现有品牌，这次采用的品牌是 RCA。这一举动比较不合逻辑，因为 RCA（虽然在娱乐业名声在外）在电器领域并没有什么信誉度。如果 GE 把 RCA 打造成电器领域的一个低价品牌，就要冒着可能会严重损害 RCA 在其他市场中的品牌价值的巨大风险，因此，人们对 GE 这个决策一直持着怀疑的态度。也许是因为运气好，由于 RCA 的产品体量较少，由此所造成的损失也比较小。但 GE 最终还是放弃了 RCA 这条产品线。

如表 4-1 所示，在新增了两个子品牌和一个独立品牌后，GE 电器产品线由四个品牌层次构成。

表 4-1 GE 家用电器纵向品牌架构

品牌		目标市场
GE Monogram	Monogram	设计师/建筑师
GE Profile	Profile	高端、高收入人群
GE Appliances	GE Appliances	大众主流——关注品质者
Hotpoint	HOTPOINT	大众主流——关注价值者

万豪国际集团的故事

万豪品牌起初在市区旅馆的高端市场中拥有稳固的连锁经营地位，随后横向发展了万豪酒店系列、旅游胜地与套房系列和万豪居家旅馆系列。万豪国际集团和 GE 一样面临着品牌如何纵向延伸的问题，正因如此，万豪品牌战略几乎是 GE 品牌拓展路线的翻版，这也为我们提供了一个更好地洞察品牌纵向延伸问题的素材。

"万豪国际"尽管高端，但尚未跻身于酒店业的顶级品牌行列。超高端酒店市场涉及品牌的声望和自我表达型利益，而要把万豪品牌提高到这个层次是非常困难的。皇冠大酒店（Crowne Plaza）就是个先例。该品牌原先由假日大酒店（Holiday Inn）背书，但它始终无法割断同面向低端市场的假日酒店品牌之间的联系，尽管努力多年，但假日大酒店最终仍不得不取消背书。

而且，就算万豪能够在市场上成功晋级，该品牌现有系列酒店的价格预期也许还会受到影响，原有的客户群体可能会由于价格因素而放弃选择万豪酒店。因此，万豪选择通过收购丽思卡尔顿酒店（Ritz-Carlton）来进入豪华酒店市场，特别值得注意的是，尽管将这个知名品牌与万豪品牌联系起来会对万豪品牌的整体运作起到正面推动作用，但万豪还是选择了割断其间的联系。

20世纪80年代早期，万豪面临一个挑战，它需要通过建立新品牌来实现扩张，从而把对价格更为敏感的旅客吸引过来。价值市场规模的扩大比万豪赖以生存的高端市场更快。鉴于价值市场的诱惑，也因为完善的产品线将更加有益于预约服务和会员奖励机制的整体协同运作，成功进入价值市场成为万豪的战略需要。

最好的选择是通过建立新品牌，或像GE一样采用现有品牌进入价值市场。但是，价值市场上现有的品牌却是一片混乱，没有清晰的定位，也缺乏一致性。由于旅店业的价值市场非常混乱，创建新品牌将会极其困难且成本高昂。因此，万豪最终审慎地决定，通过背书给两个新的价值品牌——万怡和万枫，来实现对万豪品牌的深度挖掘与拓展（由此形成的品牌架构如表4-2所示）。

表 4-2　部分万豪品牌架构

Marriott Residence Inn	
Marriot Hotels · Resorts · Suites	
Courtyard by Marriott	
Fairfield Inn by Marriott	

在对商旅人士的需求做了大量调查之后,万豪在 1983 年推出了一种大多坐落在郊区,餐饮设施也相对有限的商旅酒店万怡。1987 年万豪根据万怡的概念又推出了万枫,这是坐落在郊区但离主干公路很近的家庭式旅馆,主要面向大众市场。这次品牌背书行动很可能会损害到万豪的品牌形象,但影响品牌形象的因素非常多,所以很难去单独确定背书所带来的影响。相反,万豪通过背书对这两个品牌所产生的价值是显而易见的,开发商、旅馆经营者和社区居民都很乐于接受万怡和万枫,因为他们意识到万豪是这两个品牌的幕后支柱。而且,万豪的背书降低了背书品牌在客户心目中成为陌生品牌的风险,因此吸引新客户来这些酒店进行体验要花费的成本和难度也随之得到降低。

背书给低端旅馆品牌可能会对万豪品牌造成损害,但有三个因素可以降低这种损害。首先,在以上两个案例中,背书品牌旅店所提供的服务与万豪的旗舰店有显著差异。因此,顾客对酒店的期待值也可以通过不同的地点、娱乐设施、外观和感觉来调节。其次,万豪有两个品牌——万豪酒店和万豪集团。背书举措清楚地表明万怡和万枫的幕后支柱是万豪集团(而不是万豪酒店)。最后,万豪品牌的核心识别是规范统一且亲切友好的服务,这在各层次市场中都行之有效,进而成为各品牌之间联系的桥梁。

设计品牌架构:背书人和子品牌

品牌架构通过明确品牌角色定位,界定品牌之间以及不同产品-市场背景(如福特卡车和福特轿车)之间的关系,对品牌组合进行组织和结构化。一个构思巧妙且管理完善的品牌架构能够产生清晰性、协同性和品牌延展性的效果,而不会引起焦点模糊、市场混乱和资金浪费。第 5 章将对品牌架构进行界定、阐释、讨论和应用。

本章将着重讨论品牌之间的关系，这是构建品牌架构的关键基石；还将讨论背书人和子品牌在界定这些关系时所起的作用。万怡和万豪、GE 和 Profile、GE 和 NBC（GE 拥有的公司）之间究竟是什么关系呢？接下来，我们便要正式地介绍背书人、子品牌和驱动者角色等概念。

背书人

知名品牌的托权为背书品牌带来了信誉和支持。在上面的例子中，万豪集团是万怡的背书人。一般而言，这种背书意味着万豪集团确认万怡会实现它的品牌承诺（这与万豪酒店的承诺是有区别的）。背书人品牌通常代表的是企业而不是产品，在背书的情况下，人们由企业所联想到的创新精神、领导者地位和信任感等是互相联系的。而且，由于背书人在某种程度上独立于它们背书的品牌，背书品牌的表现也很难影响到背书人品牌。

子品牌

子品牌与主品牌（或母品牌、庇护品牌）是相联系的，子品牌可以增强或改变主品牌的关联物。主品牌是主要的参照系，子品牌通过增加关联物（例如索尼随身听）、品牌个性甚至活力（例如耐克 Force）使主品牌获得扩展。子品牌的一个共性是它们能将主品牌扩展到一个新的、有意义的市场领域，例如 Ocean Spray Craisins 使 Ocean Spray 从专门生产果汁扩展到生产小零食。

描述性子品牌（也称为描述者）只说明商品的内容。在 GE Appliances 这个品牌中，"Appliances" 是描述者，虽然它是一个品牌，但作用有限。类似地，在 Fisher-Price All-In-One Kitchen Center 这个品牌中，子品牌 "All-In-One Kitchen Center" 也只说明了商品的内容。

驱动者角色

驱动者角色所反映的是品牌在多大程度上促使消费者决定购买和进行体验。当人们被问及"你买（或使用）哪个品牌"时，答案就是那个在做决定时起到主要驱动作用的品牌。尽管有时候作用不明显，但背书人、子品牌和描述性子品牌都可以承担驱动者的责任。例如，ThinkPad 是 IBM ThinkPad 手提电脑的驱动者。因为研究结果显示，使用者会说他们拥有（或使用）一台 ThinkPad 而不是 IBM。类似地，Hershey's Sweet Escapes 的购买者会说他们买过（或拥有）一块 Sweet Escapes 而不说一块 Hershey's（这时 Hershey's 的驱动者作用变得很小）。万怡是万豪国际的驱动者，因为它的品牌联想物是消费者进驻旅馆的主要影响因素（同时也通过增加情感性或自我表达型内容来加深消费者的体验和感受）。

子品牌和背书人也许是最重要的关系变量，因为它们从根本上确定了在产品-市场背景下两个品牌关系的实质。这些背景概念非常有用，因为它们可以：

- 解决品牌战略的冲突问题。
- 通过挖掘利用现有的品牌资产来保留品牌创建资源。
- 保护品牌，避免因过度扩展而对品牌造成削弱。
- 表明所提供的商品或服务是崭新且独特的。

如果没有以上这些工具，对新提供的商品或服务的品牌选择就会在很大程度上受到限制，要么只能建立新品牌（这个工作花费不少工夫且困难重重），要么只有扩展现有的品牌（因此会遇到削弱品牌形象的危险）。

本章的后半部分将集中讨论品牌关系谱。品牌关系谱是一个有助于理解和选择产品-市场环境的工具。第 5 章将讨论品牌构建所带来的挑战并介绍品牌构建的审计方法。

连接品牌：品牌关系谱

如图 4-1 所示的品牌关系谱有助于对各种产品 – 市场内容角色的选择进行定位。这是一个包含四个基本策略和九个子策略的连续体。这四个基本策略是：

- 多品牌组合体。
- 背书品牌。
- 主品牌下的子品牌。
- 品牌化组合。

以上四个基本策略在图 4-1 中的品牌关系谱上的定位，反映了在策略执行中以及最终在顾客心目中品牌（如主品牌与子品牌，背书人品牌和背书品牌）被分离的程度。最大的品牌分离现象出现在关系谱右端的多品牌组合体中，在这里各品牌各自为政（如 GE 和 Hotpoint）。向关系谱左侧移动，展现在眼前的是背书人品牌和背书品牌之间的关系，但品牌仍分离得很开——例如，万怡与其背书人品牌万豪之间有很大不同。进一步向左移，主品牌和子品牌的关系就逐渐变得紧密：子品牌（如 GE Profile）可以改善和扩大主品牌，但不能距离主品牌识别过远。在最左端的品牌化组合中，主品牌是驱动者，而子品牌通常是驱动责任很小的描述者。

如图 4-1 所示的关系谱是同驱动者角色相联系的。在最右端的多品牌组合体中，每个品牌都有自己的驱动者。而对于背书品牌，背书人品牌的驱动作用相对来说比较小。如果是子品牌，主品牌和子品牌则是共同驱动的。在关系谱最左端的品牌化组合中，通常是主品牌起驱动作用，而所有描述性子品牌很少甚至不负有任何驱动责任。

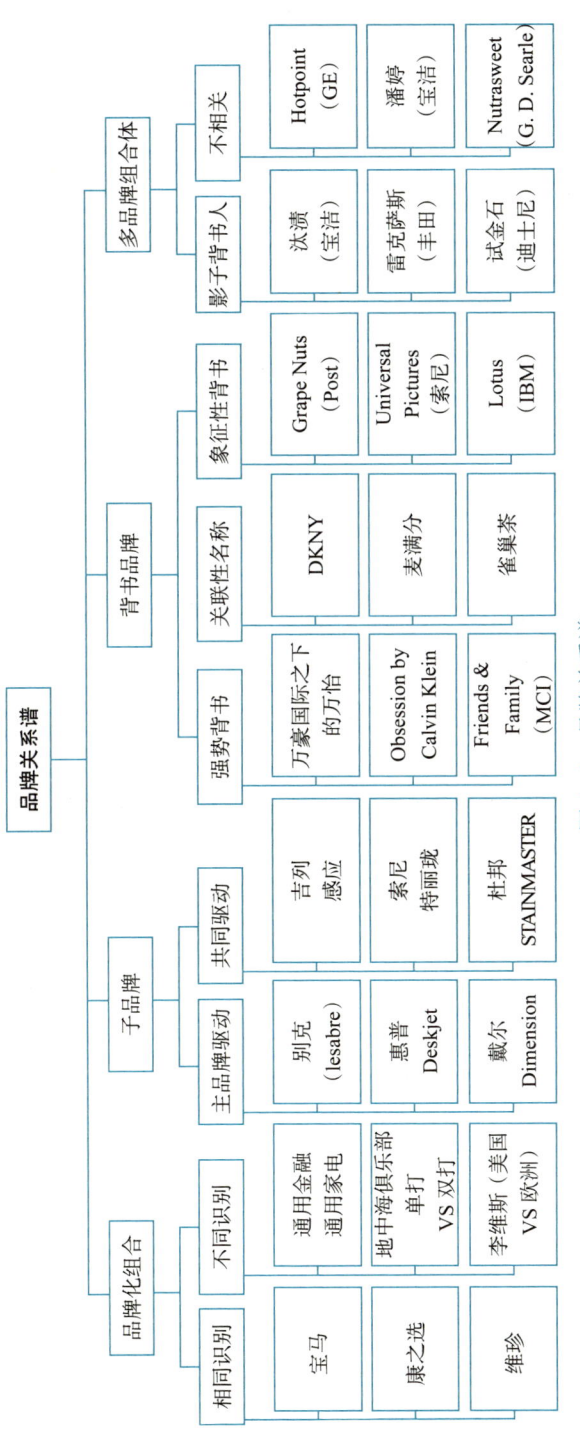

图 4-1 品牌关系谱

九个子策略

图4-1显示了在四个品牌关系策略下有九个子策略,每个子策略都是基于其所反映的品牌分离程度来进行定位的。

要构建出有效的品牌策略,必须理解品牌关系谱上的四个品牌策略和九个子策略。接下来本书将对每个策略逐一进行回顾和讨论。

多品牌组合体

多品牌组合体与品牌化组合之间的对比生动地表现了具有互换性的品牌架构的两种极端情形(见图4-2)。品牌化组合以单一的主品牌(如卡特彼勒、维珍、索尼、耐克、柯达以及康之选等)贯穿一系列具有描述性子品牌的商品,而多品牌组合体则包含了许多独立的、彼此没有关联的品牌。

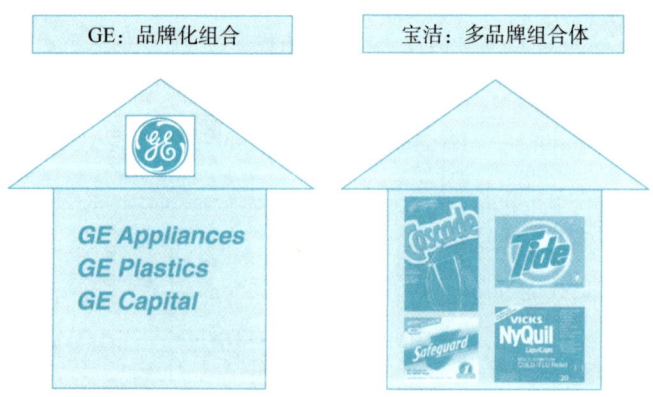

图4-2 品牌化组合与多品牌组合体

在多品牌组合体的策略中,每个独立的品牌都会在某个市场将自己的影响力最大化。宝洁是拥有80多种主品牌的多品牌组合体,这些品牌与宝洁以及它们彼此之间都没有太多的联系。这样,宝洁放弃了在多种业务中使用同一品牌可能带来的规模经济性和范围经济性。此外，那些入不敷出的品牌（尤其在某产品品类中排名第三或第四的品牌）本身就有停滞和衰败的危险，但由于这些独立的品牌都只能占有一个狭小的市场，因此宝洁只能放弃对这类品牌的深挖利用。

然而，多品牌组合体策略使宝洁公司可以根据品牌的功能性优势来给品牌进行清晰的定位，从而控制相应的细分市场。在为某个品牌定位时，不需要过多地考虑其在其他市场中的延展性，因为与其建立直接联系的顾客群体都有十分明确的品牌价值预期。

宝洁在洗发护发产品领域的品牌策略就是一个很好的例证。海飞丝主导着去头屑洗发水市场；乐活（Pert Plus）是极有活力的开创者，针对的是洗发与护发二合一的产品市场；潘婷（头发健康亮泽）有良好的技术传统，聚焦于保持秀发活力的细分市场。如果这三个品牌没有独立分开，而是共用一个品牌或者定义为宝洁去屑系列、宝洁护发系列、宝洁健康系列，那么这三个品牌的总体影响就会被削弱。同样，宝洁的清洁剂系列也根据各自所服务的细分市场进行了定位：汰渍（适合难清洗的工作）、Cheer（适合在各种温度下使用）、Bold（含有衣料柔软剂）和Dash（浓缩粉）。这些品牌提供了多种特定的价值预期，这也是单独一个宝洁清洁剂品牌所无法做到的。

以功能性利益定位于利基市场并不是使用多品牌组合体策略的唯一原因。其他原因还包括：

- 避免与所提供的商品或服务产生不协调的品牌关联物。百威与啤酒味道的关联物会阻碍百威可乐的成功。同样，如果大众与保时捷、奥迪联系起来，也会对后两个品牌产生负面影响。

- 展示新商品或服务的突破性优势。丰田决定以独立的雷克萨斯品牌开发豪华轿车，使这种轿车区别于它的其他产品。GM决定起用土星这个与现有 GM 没有任何联系的品牌，也是为了避免削弱土星所传达的新信息（"不同的公司，不同的轿车"）。

- 通过使用能够传递关键收益的强大名称来建立新的产品品类关联物，如 Gleem 牙膏或 Reach 牙刷。
- 避免或尽量减少渠道冲突。兰蔻是欧莱雅专门为百货商店和精品店而推出的品牌，这样的销售渠道是不会在杂货店和折扣店里出售商品的。当通过竞争性渠道来销售互不关联的品牌时，通常不会产生任何渠道冲突问题。

无关联品牌子策略是一种最为极端的多品牌组合体策略，因为其将品牌分离得最为彻底。例如，很少有人知道海飞丝和潘婷是同属于宝洁公司的产品。

影子背书人

虽然影子背书人品牌并没有与背书品牌建立视觉上的联系，但多数消费者还是很清楚它们之间的关系。影子背书人这项多品牌组合体的子策略为品牌所带来的优势在于知名企业的背后支持，同时又能尽量减少关联物的干扰。即使品牌之间的关系已为人们所知，各品牌并未有任何视觉上的联系这一事实也已经可以作为各个品牌独立的佐证。这一现象所传递出的信息表明，企业已经意识到影子背书品牌所代表的是完全不同的产品和细分市场。

Lettuce Entertain You（餐饮集团，集团总部设在芝加哥）就是有关影子背书的一个很好的例子。自从 1971 年 Lettuce Entertain You 的第一家餐馆 R. J. Grunts 开业以来，已经发展出了约 39 种不同概念的餐馆，每家餐馆都有自己的形象、个性、风格和品牌名称。从 Shaw's Crab House 到 Tucci Benucch，从 Brasserie Joe's 到 The Mity Nice Diner，每家餐馆都是独特且成功的。其中许多是非常时尚，而且绝对是非常棒的餐馆。

起初在餐馆内外部的标识上并没有出现主品牌 Lettuce Entertain You，因此，从通常意义上讲，Lettuce Entertain You 并不能算作背书人。在这种情况下，顾客需要自己去发现这种影子背书行为，这实际上增加了品牌的影响力。同时，由于并未公开，所以影子背书这件事成为一种内幕消息，这更增添了其神秘感。在 Lettuce Entertain You 集团前 25 年的经营过程中，其信息沟通主要还是依靠口头传播和积极的公关政策作为辅助。由于 Lettuce Entertain You 的背书活动是细微的或者说像影子一样无声无息，这就避免了其可能成为品牌链条中的污点。在这个案例中，没有类似万豪或威斯汀（Westin）一样总向顾客强化其品牌联想物的集团品牌。

然而，现如今无论是老主顾还是潜在消费者，当他们进入一家 Lettuce Entertain You 餐馆时，通常都知道这些品牌之间的联系。20 世纪 90 年代中期，集团在芝加哥餐馆的顾客中进行了一次调查，结果发现 Lettuce Entertain You 这个品牌在知名度、品牌忠诚度和品质认可方面蕴含着很大的资产。于是，他们通过进行广告宣传、制订常客计划，以及在每家餐馆放置商业推广卡片以突出展示旗下所有餐馆，将 Lettuce Entertain You 这个品牌从幕后推向台前。如今，每家餐馆在保持自己独特之处的同时，还能享有该强大背书人所带来的利益。

雷克萨斯是影子背书品牌行之有效的另一事例。当人们知道雷克萨斯是丰田公司的汽车时，往往心里感觉很踏实，因为他们知道雷克萨斯的背后是丰田强大的财力和名誉的支撑。然而，雷克萨斯也努力驱动着自我表达型利益，这种利益有可能通过与"丰田"产生明显联系而被削弱。割断雷克萨斯与丰田之间的联系，可以使雷克萨斯品牌独立于丰田，让人们的记忆中不会留下两个品牌之间的任何线索，这样，品牌联系影响背书品牌的可能性就很小。

影子背书的其他例子还包括得伟（Black & Decker）、Mates/Storm（维珍)、香蕉共和国 / 老海军 (Gap)、土星 (GM)、Docker(李维斯)、激浪（百事）和试金石（迪士尼）。所有这些影子背书人对所背书的品牌形象的影响都极小，但却为某些顾客提供了信誉和保证。这种作用在那些不是顾客却在其他方面与品牌相联系的人中也非常显著。例如，当被问及有哪些趣味性餐馆可供选择就餐时，受影子背书人的影响，芝加哥一些大旅馆的礼宾员很可能推荐的是一家 Lettuce Entertain You 餐馆；迪士尼对试金石的影子背书使其更易获取到非常好的剧本；基于百事的影子背书，山露在零售商和其他商业伙伴处也获得了更多的关注。

背书品牌

在多品牌组合体策略里，各个品牌是互相独立的。背书品牌（如万怡或万枫）也是独立的，但它们通常还有集团性品牌（如万豪）的背书。虽然背书活动有助于改善背书品牌的形象，但其主要作用还是为背书品牌提供信誉，为买家和使用者提供保证。

背书人品牌的驱动作用通常很小。例如，在恒适（Hanes）这个针织袜品牌背书给致力于改善腿部健康的透明袜品牌 Revitalize 的活动中，驱动品牌很明显是 Revitalize，因为顾客相信他们购买和使用的是 Revitalize，而不是恒适。然而，作为背书人品牌，恒适向消费者予以承诺，保证 Revitalize 的质量和功效具有恒适水准。

背书人还可以影响人们对背书品牌的认知。即使人们购买和使用的是 Obsession，Calvin Klein（CK）的背书也使顾客觉得所买到的商品不太可能品位低下。背书就像是向顾客使了一下眼色，告诉他们品牌名称只不过是一场游戏，自我表现一下罢了，仅此而已。

背书人能给背书品牌带来提升吗？一项对英国糖果品牌的调查研究为集

团性品牌背书的效用提供了实证支持。调查中顾客被要求对 9 个背书品牌糖果进行评价，这些品牌都受托于 6 个集团背书人中的一个（吉百利、玛氏、雀巢、特利司、和路雪以及一个没有背书的控制变量）。结果表明所有的集团背书都产生了显著的价值增值，即使是和路雪这个品牌联想物不是同类产品的冰激凌品牌也不例外。在所有集团背书人当中，吉百利得分最高，该品牌一直背书给一系列主要的糖果产品。排名第二的是玛氏（其仅对旗下少数几种糖果品牌进行了背书），第三名是雀巢（其所背书的产品线较为宽广）。结论显而易见，背书对品牌是有明显效用的，最好的效果是在产品品类中具有信誉的集团背书。

要使背书品牌策略奏效，就必须了解集团性品牌的作用。比如霍巴特这个品牌，它可谓是大型餐馆和面包店使用的工业搅拌器品牌中的"奔驰"。购买霍巴特的产品给想使用最好牌子的厨师带来明显的自我表达型利益。为争夺原本由海外供应商占据的新兴价值市场，霍巴特引入了 Medalist 这个品牌，并进行了背书。需要注意的是，现在市场上有两个霍巴特品牌——霍巴特产品品牌和用来背书给 Medalist 的霍巴特集团品牌。

由于产品品牌与集团性品牌截然不同，霍巴特产品品牌的整合型和自我表达型利益得以保持。与此同时，霍巴特集团品牌成为品牌架构中的重要组成部分，需要施加积极主动的管理。特别地，霍巴特集团品牌将会发展和维持自己的识别与组织关联物。通过将其描述为"来自霍巴特"或"一家霍巴特公司"，背书人作为集团性品牌就显而易见了。但这并不总是必要的，因为背书品牌这个角色本身就含有集团性品牌的内涵。

另一个进行品牌背书的驱动因素是为背书人提供一些有用的关联物。例如，一种成功的、有活力的新产品或者市场领导者地位都可以提高背书人的形象。当雀巢收购了奇巧（Kit-Kat）这个英国著名的巧克力品牌之后，雀巢获得了一个强有力的背书品牌。与有助于提升奇巧的竞争力相比，这一收购更加侧重于通过奇巧将雀巢自身与高品质和领导地位的巧克力进行关联，进而提升雀巢在英国市场上的品牌地位。在另一个行业中，3M 背书给 Post-it Notes 为 3M 和 Post-it Notes 都带来了同样的好处。

象征性背书人

另一种背书策略是使用象征性背书人（通常是指横跨多个产品－市场环境的主品牌），其远没有背书品牌那么突出。可以通过像 GE 的灯泡或贝蒂·克洛克汤匙一样的商标，或"索尼公司"这样的陈述等多种途径对象征性背书人进行标示。无论在何种情况下，象征性背书人都不会占据中心地位，背书品牌才是主角。例如，雀巢在美极产品包装的背面都印有一段承诺："所有美极的产品都获益于雀巢在全球生产高品质食品的经验。"象征性背书人的作用就是要让品牌之间的关系明朗化，并为背书品牌，尤其是新背书的品牌，提供信誉和保障，同时仍允许背书品牌享有创建自身关联物的极大自由。

象征性背书人对新的或尚未建立的品牌尤为有用。如果背书人具备以下特点，象征性背书活动的影响力将会更大：

- 非常著名（如雀巢或 Post）。
- 反复出现（例如视觉标识，如 GE 的灯泡或贝蒂妙厨的汤匙不断出现在广告、包装或其他媒介的同一位置）。
- 有一个视觉隐喻象征（如旅行者保险的伞）。
- 出现在被广为认可的系列产品上，如纳贝斯克（Nabisco）的产品线，从而使品牌在拓展产品范围时获得信誉保证。

当背书品牌需要与背书人深度分离时，象征性背书更倾向于强势背书。背书人可能有一些不受欢迎的关联物，或者背书品牌可能会成为企业的一项创新，进而需要更大的独立性使其定位更加可靠。

有时，象征性背书是逐渐改换品牌名称的第一步：象征性背书先是转变成强势背书，然后成为联合品牌，最后成为主驱动品牌。这个过程涉及从背书品牌向背书人转移品牌资产。

当背书人并不出名或市场认可度不够好时，或者是当背书品牌已被广泛认可以至无须背书人保障时，一个通常易犯的错误是去夸大象征性背书的影响。下面两项调查证实了这一观点。

普罗威登（Providian），一家大型金融服务公司，曾经是由一个极易被忘却的词语（类似"资产控股公司"）以背书形式关联起来的多业务组合体。对1000名多次接触该词语的顾客的调查显示，其中仅有3个人——不是3%，而是3个人记住了这个背书人。这一令人失望的调查结果促使公司改名为普罗威登，并建立起新的品牌架构。

雀巢曾在美国做过一项针对"雀巢咖啡"这个象征性背书（雀巢咖啡在海外较为知名，但在美国本地没什么影响力）对 Taster's Choice（一个美国本土的强势品牌）影响的调查研究。由于 Taster's Choice 品牌的强势地位，这次象征性背书在对品牌形象和购买意向方面的影响呈中性。然而，当将"雀巢咖啡"背书人品牌提高到联合品牌的地位后，便出现了负面影响。

关联性名称

另一种背书方式是关联性名称，具有通用元素的名称以暗含或暗指背书人的方式创造一组品牌，从而使诸多差异性品牌拥有自己的个性和关联物，同时又与主品牌（或庇护品牌）保持着微妙的联系。

例如麦当劳有麦香猪柳蛋（Egg McMuffin）、巨无霸（Big Mac）、麦乐鸡（Chicken McNuggets）等。尽管这里没有传统的品牌背书形式，但在每个产品名称里的"麦"（Mc）字样都暗示着麦当劳的背书。关联性名称比描述性品牌策略允许更多的所有权和差异化。

类似地，惠普公司有 Jet 系列产品：LaserJet、DeskJet、OfficeJet、InkJet 等，所有这些产品涵盖了各种价位。LaserJet 是所有品牌中最具实力的（其他品牌几乎没有什么资产），但其优质、可靠和创新的关联特征也传递给了其他 Jet 系列产品。从这个角度上讲，事实上 LaserJet 背书了所有其他品牌。同样，作为网景（Netscape）的电子商务品牌，网景 CommerceXpert 对与其相关联的子品牌 ECXpert、SellerXpert、BuyerXpert、MerchantXpert 和 PublishingXpert 也都起着如同惠普 LaserJet 品牌的作用。雀巢公司的雀巢咖啡、雀巢茶和 Nesquik（英国）与雀巢的关系同样十分紧密。尽管拉尔夫·劳伦对拉尔夫和劳伦两个品牌进行了背书，但它们的名称关联的事实同样也对背书产生了强化作用。

关联性名称可以在无须重新设计一个名称并将其与主品牌联系的情况下，给单独名称提供价值。例如，万豪需要建立起万怡品牌（这是一个昂贵且困难的过程），然后再把它同万豪关联起来（这也不是件容易的事）。而与之相反，DeskJet 这个名称本身就完成了 80% 的关联任务，进而把产品与知名品牌 LaserJet 联系起来。此外，人们对 LaserJet 的认知也部分地传达了 DeskJet 的产品信息。比较"DeskJet 来自 LaserHet"与单纯的"DeskJet"就可以知道，关联性名称显得更紧凑。

强势背书人

强势背书人通常会用粗体标示得很醒目。强势背书人的例子包括金宝汤的 Simply Home、3M 的 Highland、拉尔夫·劳伦的 Polo 牛仔、优派的 Optiquest、杜邦的莱卡（Lycra）和派拉蒙的 King's Dominion。一个强势背书人通常比象征性背书人或关联性名称具有更强大的驱动作用，因此，它在产品－市场背景中应该具有信誉度和合适的关联物。

子品牌

子品牌是另一个强有力的品牌架构工具,它能够通过增加与顾客有关的关联物进而起到品牌驱动作用。例如,像道奇蝰蛇(Dodge Viper)这样的子品牌可以创造出使主品牌更具有差异性,对顾客更有吸引力的关联物。子品牌还可以有效拓展主品牌,使其可以在本不适合的领域展开竞争——例如 Uncle Ben's Country Inn Recipes 就为 Uncle Ben's 提供了一个向上升级的工具。最后,子品牌能够传递出这样的信息,即新提供的商品或服务是新颖且具有新闻价值的。英特尔开发奔腾子品牌的部分原因,就是为了展示新一代更先进的芯片。

此外,正如以下所列,子品牌可以通过多种途径改变主品牌形象,比如为主品牌增加某一属性或有益关联物,增加活力和个性,或与用户建立联系等。

- Black&Decker Sweet Hearts 华夫饼干烘炉(制作心形华夫饼干)和 Black&Decker 便携式蒸炉(用于蒸新鲜蔬菜)在为 Black&Decker 品牌提供情感性利益的同时,也增加了品牌差异性特征。
- 斯马克(Smucker)的 Simply Fruit 加强了主品牌与新鲜、健康和优质的关联。
- 微软办公软件为微软操作系统品牌增加了应用性关联。
- 奥迪 TT 为奥迪这个成熟主品牌增加了活力与个性关联,奥迪一直被认为是一个优质可靠,但也有德国式呆板的品牌。
- Revolutionary Lipcolor 和 Fire and Ice(香水)都为露华浓这个品牌增加了活力和生命力。

子品牌与主品牌之间的联系比背书品牌和背书人品牌之间的联系更为紧密。由于这种紧密性,子品牌对主品牌的关联物影响巨大,这对主品牌来说可能既是风险又是机遇。此外，与背书人品牌不同，主品牌通常承担着主要驱动者角色。因此，如果 Revolutionary Lipcolor 是露华浓的子品牌而不是背书品牌（Revolutionary Lipcolor 属于露华浓），其在建立差异化品牌形象时就会受到较多的限制。

子品牌可以作为描述者，或是驱动者，抑或兼而有之。在规划子品牌策略时，认清子品牌在描述性/驱动者关系谱上的位置是非常重要的（见表 4-3）。如果子品牌是纯描述性的，由于主品牌是主导性驱动者，这个策略可被称为品牌化组合体。如果子品牌能发挥有价值的驱动作用，该策略就包括了一个真正的子品牌。如果子品牌和主品牌一样重要，就出现了共同驱动的情况。如果子品牌成为主导的驱动者，它就不再是子品牌而是背书品牌了。

表 4-3 描述性/驱动者子品牌关系谱

	子品牌角色		
	纯描述性	有意义的驱动者角色	平等的驱动者角色
情况	主品牌作为主导驱动者——品牌化组合	主品牌作为基本驱动者	主品牌与子品牌共同驱动
举例	GE 喷气发动机	康柏 Presario 产品	索尼随身听

像 Spicy Honey 或微型卡车（Minivan）这样纯描述性的名称很少会有驱动作用，然而，在某些情况下有时描述性品牌并不适合，这时需要使用暗示性的名称（如"捷运""金色""奖励"或"顾问"等）。暗示性的名称更有可能激发情感回应，因此也将会发挥更大的驱动作用。

子品牌作为共同驱动者

当主品牌和子品牌都起主要驱动作用时，就可将它们视为共同驱动者。主品牌所发挥的不仅仅是背书人的作用。例如，顾客同时购买和使用吉列和 Sensor，但这两个品牌谁都无法主导另一方。在这种情况下，主品牌通常在这一产品品类中已经建立起一定的信誉。经过多年的不断创新，吉列已经成为剃刀产品中享有品牌忠诚度的品牌，而 Sensor 是一个非常具有创新性的剃刀品牌，因此它也值得和赢得顾客的青睐。

化妆品"Virgin Vie"用子品牌 Vie 作为共同驱动者，尽管维珍品牌给人有风度、出类拔萃、很优雅的感觉，但它使人联想到的是比 Virgin Vie 目标客户更老的一代顾客。使用 Vie 子品牌而不是子品牌描述者（如维珍化妆品），这一策略使该品牌在化妆品市场上更让人信赖，并有助于进入更年轻的目标市场——年龄约 20 岁上下的客户市场。在 Virgin Vie 广告中使用的英国年轻精英形象，更进一步地把该品牌同维珍和创立者理查德·布兰森分离开来。

如果作为共同驱动者的两个品牌所代表的产品质量不相当，它们之间的联系就可能会损坏名气比较大的那个品牌。当万豪（高端酒店品牌）背书给万怡品牌时，由于万豪是背书人品牌，因此损害其市场地位和感知质量的风险就相应得到了减少。相反，如果万豪同万怡品牌是共同驱动者（也就意味着它的招牌也要打在显眼的地方），万豪品牌就会被认为是在向下扩展，作为产品品牌，它的感知质量也会处于更为危险的境地。

主品牌作为主要驱动者

当主品牌是主要驱动者时，子品牌出现了另一个变体。子品牌不仅仅是描述者，但在客户的购买过程和使用体验中只能起很小的作用。例如，尽管 Dimension 这个子品牌标示了产品的特别样式，对购买也有影响，但戴尔 Dimension 的客户相信其购买和使用的是戴尔电脑，而不是戴尔 Dimension。

当子品牌的驱动作用很小时，这暗示着企业不应在子品牌中投入大量的资源，而是应将重点应放在主品牌上。人们经常会错误地认为子品牌也拥有品牌资产和共同驱动者的地位，特别是当它在市场上已经存在很多年的时候。然而像德尔蒙（Del Monte）的 Fresh Cut、Celestial Seasonings 的 Mint

Magic 或康柏的 Presario 等子品牌的资产价值都比通常预计的要少。因此为了避免建立没有潜力的品牌，在整理品牌架构时确定哪些子品牌有可观的资产价值是很重要的。

品牌化组合

在品牌化组合策略中，主品牌从基本驱动者转变为主导驱动者，与此同时，描述性子品牌的作用从较小到微小甚至全无。维珍使用品牌化组合策略，是因为维珍的很多商业活动都可以在其主品牌的庇护下进行，其结果便出现了维珍航空、维珍快递、维珍广播、维珍铁路、维珍可乐、维珍牛仔、维珍音乐等诸如此类的品牌。其他品牌化组合还包括康之选、卡夫、本田、索尼、阿迪达斯和迪士尼等提供的产品或服务。品牌化组合策略可以充分挖掘、利用已经成熟的品牌，而且可以最小化在每一项新产品或服务上所需的投资。

但这种策略也有一些限制。当诸如李维斯、耐克和三菱这样的品牌横跨多条产品线时，这些公司服务特定消费群体的能力就受到了限制，这时必须做出一些折中。此外，如果主品牌发生衰退，企业销售额和利润就会受到很大影响。就如同一艘大船或一辆大卡车，一旦其势头有所变化（品牌失去力度），一个广泛延伸的品牌是很难逆转的。但是品牌化组合的确强化了品牌清晰度、协同性和渗透性，这正是品牌架构的三个目标。

像维珍这样的品牌化组合架构通常能使品牌清晰度最大化，因为顾客能够确切地了解企业所能提供的产品或服务。维珍品牌代表了企业的服务品质、创新精神、富有情趣、物超所值和黑马精神以及风趣和出人意料的传统。同时，描述者对特定业务内容进行描述，如"维珍铁路"是维珍集团所拥有并运营的一条铁路。从品牌命名的角度看，这是最简单不过的了。比起多个独立的、有各自关联物的品牌，一个历史悠久的跨产品类别的单一品牌更容易被客户理解和记忆。企业员工和品牌传播伙伴同样能从一个更为清晰且聚焦的单一主导品牌中获益。品牌化组合中品牌的地位高低是无须质疑的，同时保护品牌也是非常重要的。

此外，当在某一产品市场中的品牌活动所产生的关联物和视觉效应能够对另外的产品市场产生帮助时，品牌化组合通常能使协同效应最大化。在维珍，其某项业务的产品和服务创新能够同时提高该品牌在其他业务中的形象。而且，品牌在一个环境中的展现会增强品牌在其他所有环境中的视觉识别度。

两个 GE 的事例向我们展现了在某一项业务创建品牌的过程中所形成的协调价值，是如何对另一项业务产生影响的。首先，在 GE 退出小家电市场多年后，它仍被看作是这个市场的领导者（地位远远高于其他品牌），其中部分原因是 GE 在大家电市场的广告和市场份额。其次，在一次调查中，80%以上的被访者说他们见过 GE 塑料制品的广告，实际上 GE 当时并没有做这种产品的广告，有的只是 GE 其他产品的广告。很明显，经过不断地累积，品牌长时间跨行业广告的影响比预想的要大得多。

最后，品牌化组合策略起到了渗透作用，使得主品牌在更多产品背景中发挥更大的作用。例如维珍的品牌资产价值就在多种环境中被充分利用。

如果当一项新的产品或服务需要一个品牌名时，默认的选择就是把它归类在现有品牌名下，这将为其带来协同、清晰和渗透效应，如果采用其他策略就要找到更充足的理由。

品牌相同但识别不同

当同一个品牌在不同的产品类别、市场层次和国家地域使用时，尽管都不利于建立一个完善的品牌架构，但人们还是通常会做出两种设想。第一种设想是使用同一个品牌，但在不同环境背景里各自有各自的品牌识别和定位。但是，使用过多的品牌识别会导致品牌混乱，并使品牌建立的过程变得效率低下，而且收效低微。第二种设想是在任何背景下都采用同一个品牌识别和定位，但这样做会有一定风险，即强制使用单一品牌识别会由于低效的折中而使品牌在很多环境中都没有说服力。事实上，在多数情况下是需要有数量适中的不同品牌识别的，它们既包含共同的元素又相互有区别（如 GE Capital 需要的某些关联物并不太适合 GE 家用电器）。我们在第 3 章中已经讨论了如何解决这个问题。

在品牌关系谱中正确定位

市场环境的千差万别让我们很难去概括什么时候使用品牌关系谱上的哪一种子策略，如何把各种品牌以及它们的关系融合成复合的品牌架构等。然而，对表 4-4 中所总结的四个关键问题的解答，可以使我们对这些问题进行结构化的系统分析。对表左边两个问题的肯定回答意味着在品牌关系谱上要向品牌化组合一端左移，而对右边两个问题的肯定回答则意味着要向多品牌组合体一端右移。

当有新的产品或服务加入到现有品牌中时，品牌架构问题就最清楚不过了。因此，在接下来有关决定是在品牌关系图谱上左移还是右移的讨论中，新品牌的市场前景将是主要的参照框架。但是，当对现有品牌架构进行评估进而决定需要做出怎样的调整时，也会遇到这类问题。

表 4-4　在品牌关系谱中定位

针对品牌化组合	针对品牌组合体
通过增加以下选项，主品牌是否为产品或服务产生利益	对独立品牌的迫切需求是由以下原因吗
• 起到强化价值预期作用的关联物	• 创建并拥有关联物
• 基于组织联想的可信赖性	• 代表新的差异化产品
• 市场识别度	• 避免某项关联
• 传播效率	• 保留或抓住客户与品牌的联系
	• 处理渠道冲突
通过与新产品相关联，主品牌能够得到强化吗	该业务是否支持新品牌

主品牌是否对商品有益

主品牌需要通过附着于品牌化组合所提供的新产品来增加自身价值,增值的方式有多种,既可以是增加有利于价值主张的关联物,也可以是为产品提供信誉保障,还可以通过分享主品牌的识别度,或者通过提高传播效率以获得成本优势等。

强化价值主张的关联物

最为核心的问题是,主品牌是否使产品在顾客的心目中更有吸引力?主品牌的积极关联物是否能转移到新的产品环境里,即便转移了过来,这些关联物与新环境是否相关以及适合?如果答案是肯定的,品牌资产就可以在新的环境里得以加强。例如,CK 牌香水就得到了其主品牌联想物的强化,使其与一位权威、穿着性感时尚的设计师形象关联到一起。要决定一个品牌是否有能力把它的关联物转移到新的领域,需要对此进行品牌延伸分析,这将在第 5 章中讨论。

组织联想的可信度

一个品牌,尤其是一个新品牌,通常有两项任务。第一,必须建立一个相关的、令人信服的价值预期。第二,这个价值预期必须是可信的。如果这项价值预期包含创新,并有可能给客户带来风险——例如以电池为动力的汽车或太阳能住宅,那么将很难让价值预期具有可信度。但通过把品牌与强有力的组织联想联系起来,可信度问题就会变得简单甚至根本不存在了。最重要的组织联想包括(括号里是例子):

- 优质(惠普家庭电脑)。
- 创新(资生堂护肤产品)。
- 关怀顾客(诺德斯特龙的美容院)。

- 全球化（AT&T 的新闻频道）。
- 可靠性和可信性（西尔斯的器械业务）。

可见性

品牌，尤其是新品牌，需要经常露面，这不仅是出于对产品的考虑，也是为了表明它有一套积极的产品和组织特性。像花旗集团一样的知名品牌也许早已为人所熟知，但问题是如何把它与公司新的经营业务（如经纪人业务）联系起来。相反，当某个新品牌并没有与成熟知名品牌产生任何联系时，为其创建市场可见度是耗资巨大且困难重重的。

传播效率

品牌创建的各个方面都需要巨额的固定成本，这些成本可以分摊到该品牌涉及的所有环境中。为新品牌进行广告、促销、包装、展览和制作宣传册等工作耗时耗力，相反可以改用或直接使用原有品牌创建措施将其高效地推入新的市场环境。在采取行动的过程中，更为重要的是通过媒体宣传对邻近市场的溢出效应来获得品牌协同优势。GE 喷气发动机和电器的两类潜在客户都同时看到两类产品的广告和宣传，这使 GE 比广告内容较为集中的竞争对手多了一个优势。各种事件赞助活动（如运动会和音乐会）和公关宣传相比传统媒体更为有效，这类活动对品牌的传播效应更为显著。

在下列情况下，品牌将可能获得更强的规模经济性和范围经济性。

- 用以支持作为驱动者品牌的宣传总预算非常大。而作为背书人品牌的传播预算却产生比较弱的规模经济性，因为此时其他品牌也同样需要资金支持。
- 媒体工具通用于各种品牌环境。例如，对奥运会的赞助活动可能需要涵盖好几个不同的业务领域才会变得可行。
- 有意义的品牌创建预算。随着预算数目的减少，协同的潜力会随之下降。

主品牌能否得到加强

品牌延伸（如维珍可乐）或品牌背书（索尼旗下的公司）对主品牌资产的影响往往被忽视，而这很可能是至关重要的。一些企业允许下属业务单元使用集团品牌，但这些业务单元往往只关心能否通过集团品牌获得更多的消费者信任，却对主品牌资产漠不关心。如果有帮助，这些业务单元就会使用该品牌，但不会顾及在使用过程中有可能对品牌产生的形象削弱。如果集团的各业务单元不能阻止对品牌延伸或品牌背书的滥用，结果就会导致对主品牌资产的破坏。

品牌延伸或品牌背书应支持和加强主品牌的关联物。例如，康之选所提供的服务应能反映和加强康之选的核心识别。如果康之选所促销的不是健康食物，那么即使是高质量产品，其品牌形象也会遭到破坏。不管在哪个市场中，只要新奇士（Sunkist）产品传递的是健康、活力和维生素 C，它们就是在提升新奇士的品牌形象；如果将新奇士用于糖果或苏打类产品，那么就会威胁到该品牌的核心识别。这里的风险在于，顾客不会把带有橘子口味的糖果或苏打与真正有橘子成分的其他新奇士产品区分开来。

懂得说"不"很难，却十分重要，要始终保持对品牌边界的清晰认识，抵制住一切将其过度扩展的诱惑。Clorox 代表漂白，把 Clorox 移用到没有漂白粉成分的清洁产品是非常冒险的做法。李维斯代表休闲服装，界限鲜明。相反，拜尔（Bayer）把"拜尔"这个名称用于非阿司匹林产品，结果削弱了其在阿司匹林产品领域的主导地位，损失惨痛。

是否迫切需要建立独立品牌

开发新的或单独品牌是昂贵且困难的。多个品牌使公司和顾客都会感觉到品牌架构的复杂性。相比而言，使用品牌化组合策略中的成熟品牌可以减少所需的投资，并能够加强品牌所覆盖的所有产品或服务之间的协同性和清晰度。因此，不到万不得已，一般不要去开发或支持独立品牌。

有些人认为（通常是理想化的）新产品就要有新名称，因此，他们会极力鼓动去建立新品牌。为避免此种情况的发生，企业需要制定出相应的规则，确保任何新品牌的建立都要有充足的理由。该规则体系应该包括有终止行动决策权的高层委员会，以及一系列能证实建立新品牌必要性的具体条件。尽管这些规则会随环境的不同而变化，但总体来说，新品牌必定都需要创建或获得品牌联想，展现全新的概念，避免不利的联想，维系与客户的关系，或者要解决严重的渠道冲突问题。这些规则的"充分必要性"十分重要，其不仅能为整个活动设定基调，而且还可防止品牌经理们的吹毛求疵。

建立和拥有某项关联

建立新品牌的理由之一是能够获得某产品种类的某项重要关联。如果把潘婷（"头发健康亮泽"）归类于海飞丝或Pert品牌之下，潘婷就不会如此成功，因为潘婷独特的优势在现有的其他品牌联想中无法得到体现。如果一个产品能够主导某个功能性利益（如宝洁的许多品牌），建立新品牌的理由就充分了。然而，类似的观点并不适用于GM，其希望成为由33个品牌组成的品牌集合体，因此对主要关联物的划分动机显得模糊且复杂。总的来说，GM的品牌缺乏有明显驱动力的价值预期。

代表新的差异化产品

新的品牌有助于彰显新产品的差异化特性和其突破性优势。这是因为所有负责新品推广的产品经理都相信他们所主管的是非同寻常的商品，需要从更大的视角看问题。细微的创新或让产品恢复活力的空洞尝试多半是没有说服力的，新的品牌名称应代表技术和功能上的巨大进步。例如，Viper（道奇蝰蛇品牌汽车）、Taurus（福特汽车品牌）和Neon（道奇汽车品牌）都值得冠以新的品牌名，因为它们标新立异的设计和极具个性的特征与其他汽车产品完全不同。

避免某种关联

与已有品牌发生联系是否就意味着可靠？土星汽车刚刚上市时，调查表明任何与 GM 的关联都会影响顾客对其高品质的认可度，因此 GM 决定割断这两个品牌之间的所有联系。微型酿造的啤酒通过强调其独特性和精湛的个人工艺而独树一帜，任何来自大型酿酒商的背书或成为联合品牌都会让这一差异化优势大打折扣。虽然两者都属于同一家公司，但 Clorox 和 Hidden Valley Ranch 色拉调味料之间能够产生的任何联系，都会让人联想到像漂白粉的色拉调料。因此，Hidden Valley Ranch 色拉调味料商标上所注明的商品所有人是 HVR 公司，甚至在包装背面都没有提到 Clorox。

与已有品牌建立的联系会伤害到这个品牌吗？Gap 为其三个主要品牌选择了多品牌组合体策略，"香蕉共和国"定位高端，Gap 定位中等，老海军（Old Navy）定位为价值品牌。老海军（从销售额的增长来看，曾是最成功的零售案例之一）通过以适合的价格销售有品位且时髦的服装，向消费者传递出其商品的活力、情趣、创造力和价值特征。管理层认为，如果当初将这些概念冠以"Gap 仓库"这一品牌名称，就会威胁 Gap 品牌，将会导致销售额遭到蚕食，更糟的是，会使人们把 Gap 与低档次服装联系起来。类似地，雀巢割断了与其宠物食品品牌如 Alpo 或珍致（Fancy Feast）的任何联系，如果不这样做，就会使顾客在购买雀巢食品时联想到宠物食品。

保留或抓住顾客 / 品牌联系

公司在实施收购时，是否保留所收购的品牌是需要考虑的问题。对此问题的决策，既要考虑被收购品牌的实力——识别度、关联物和品牌忠诚度，还要考虑实施收购的公司品牌实力。顾客与被收购品牌的联系往往是影响这一决策的关键，如果该联系很强且很难转换，保留被收购品牌将会是一个正确的决策。下列情况会增加品牌资产转移的难度：

- 企业不具备改变所收购品牌名称所需要的资源（或所需要的充分理由）。
- 被收购品牌的关联物非常有力，会随品牌名称的变换而消失。
- 由被收购品牌的组织联想所建立起的情感联系极难转移。
- 匹配性问题，实施收购的企业品牌不适合被收购品牌的环境和定位。

斯伦贝谢是一家油田服务公司，它保留了好几个收购过来的实力品牌，包括 Anadrill（一家石油开采公司）、Dowell（油井建造和生产）和 GeoQuest（软件和数据管理系统）。在大多数情况下，这些品牌都成为斯伦贝谢的子品牌，与其享有共同驱动者的地位。这三个品牌都有各自的文化、运营模式、产品范围和品牌个性，这些共同构成了它们各自强大的顾客关系基础。如果某多元大品牌（如斯伦贝谢）突然或逐渐地对这些品牌名进行取代，无论操作有多谨慎，都只会浪费资产。雀巢虽然有时会加上背书标识，但通常会保留所收购品牌的名称。在大部分情况下，企业改变被收购品牌的名称是出于自负或运作上的方便，而非出于对品牌架构的理智分析。

当然，在有些情况下改变被收购品牌的名称是明智的，这一般出现在涉及强大的品牌化组合时。多年来，惠普实施了上百次收购，并将所有收购过来的品牌名称都更改为惠普，即便原先的品牌名称有较高的认知度，具有吸引力的关联物和较大基数的顾客群，惠普也一样对其品牌名称实施统一化转变。惠普的这一品牌策略是否在所有情况下都正确并不得而知，但惠普强有力的品牌联想和品牌化组合策略优势为其提供了很好的证据。

避免渠道冲突

渠道冲突会对给新产品赋予成熟品牌的操作造成阻碍。这个问题有两层含意：第一，由于排外性的存在，因此现有渠道倾向于对特定品牌形成支撑和促销。如果一旦所支撑的品牌内容发生了变化，渠道的这种支撑作用就会消失。第二，现有渠道能够对更高价位的品牌形成支撑，部分原因在于其为品牌提供了更高层次的服务。假如这一高端品牌同时也出现在价值市场的渠道中，该品牌维持高利润渠道的能力就会受到威胁。

例如，香水和服装这样的商品需要不同的品牌来进入诸如高端零售店、百货商场和廉价折扣店等不同层次的渠道。因此，欧莱雅旗下有兰蔻、巴黎欧莱雅和美宝莲等不同品牌与不同层次的销售渠道相对应。威富（VF）公司支持Lee牌、威格（Wrangler）、Maverick 和老斧头（Old Axe）四种不同的品牌，这样做的部分原因就是为了解决渠道冲突问题。Purina 则将 ProPlan 品牌商品分销到精品宠物店，而把 Purina One 品牌商品分销到杂货店。

业务是否支持新品牌名

无论其他理由如何，只要某业务的体量过小或生命周期过短，它就无法支持必要的品牌创建，在这种情况下引进新品牌名称显然是不可行的。建立和维持品牌的开支与所遇到的困难要远比预想或预算多得多。通常当人们为某一新产品和品牌正激动不已时，往往会对支撑该品牌的能力和意愿做出不现实的设想。对品牌的建设意愿尤为重要，许多企业在这方面都显得十分小气。如果仅仅对品牌做出规划，但无法提供规划实施或维护品牌的预算，这就是毫无意义的。

本章小结

品牌关系谱显然是个有力的品牌管理工具，它虽然具有四条不同的品牌构建路线，但几乎所有的企业都在综合运用这些路线，多品牌组合体或品牌化组合很少被单独使用。例如，GE 看起来是一个品牌化组合，但 Hotpoint 和 NBC 这两个品牌却不在其中。此外，GE Capital 本身就有一系列子品牌和背书品牌。企业品牌管理的挑战在于，如何建立一个品牌集合，使其中所有的品牌和子品牌都能适应且卓有成效。

企业的经营战略在很大程度上驱动着有关品牌架构和品牌关系谱的决策，因此，市场环境同样对品牌架构决策起着重要的驱动作用。万豪国际在价值市场中所发现的重要机会促成了万枫和万怡品牌；而其在长期居住的旅行者市场中所发现的机会促成了 Residence Inn 和其他相关品牌。品牌战略家对市场的假设（市场趋势、未被满足的需求、不同的市场划分方法和产业市场结构等）是需要我们进行评估和澄清的最基本问题。

思考题

1. 选择两个多元化公司，一个接近于品牌化组合，另一个接近于多品牌组合体。仔细研究它们的品牌商品，并识别出它们所代表的品牌关系谱上的子策略。
2. 分析你所在企业的背书人品牌，是否该增加或减少。在每个销售渠道中，它们所起的驱动作用是什么？占多大百分比？在多大比例上背书人品牌促进了购买和客户体验？
3. 分析你所在企业的子品牌。它们为品牌架构增加了什么？这些子品牌是否混乱、复杂？能将它们简化处理吗？在驱动者／描述性子品牌关系谱上按顺序排列（见表 4-1）。
4. 在你的企业所提供的产品或服务中，有多少适合于多品牌组合体策略？为什么？哪些属于品牌化组合？为什么？在什么情况下额外的子品牌或背书人品牌是有帮助的？
5. 建立一份品牌架构决策指南，具体指出在哪些情况下，新的或已有的产品或服务可使用现有的主品牌、子品牌、背书品牌或新品牌。

BRAND LEADERSHIP

第 5 章

品 牌 架 构[1]

我们雇用老鹰,并教它们如何列队飞行。
——D. 韦恩·卡洛维(D. Wayne Calloway),
百事可乐前 CEO

团队协同作战的方式决定其能否成功。或许你拥有一个由世界上最伟大的明星球员组成的球队,但如果这些球员之间不能协同一致,这支球队就一文不值。
——贝比·鲁斯(Babe Ruth)

保罗·拉尔夫·劳伦传奇

多数品牌面临的一个核心问题是如何进入新的细分市场,并在引入新产品的同时避免创建新品牌的风险和支出。保罗·拉尔夫·劳伦(Polo Ralph Lauren)创造性地开发了一套相互关联的品牌组合,从而解决了这一问题。这些品牌也成为当今世界上最为成功的服装品牌之一。

1968年,设计师保罗·拉尔夫·劳伦创立了自己的公司,以保罗·拉尔夫·劳伦品牌销售高品质男装。马球运动爱好者的贵族形象恰好符合保罗·拉尔夫·劳伦这一品牌的核心识别,即高品位、经典、优雅、内敛的服饰以及杰出的品质和手工。拉尔夫·劳伦的背书不仅使该品牌更显个性且与众不同,而且得益于拉尔夫·劳伦这个名字,该品牌还成为一个横跨其他领域的更具有价值的品牌。

1971年,拉尔夫·劳伦先生凭借其在女装时尚界的名望,推出了女装品牌拉尔夫·劳伦。没有使用Polo品牌是由于Polo是专属男装的,进入女装市场可能反而不利。这显示了以背书品牌Polo而非拉尔夫·劳伦作为男装品牌的前瞻性,避免了在时尚女装市场中使用这位设计师的名字所受到的限制。

1974年拉尔夫·劳伦背书引入只在百货商场销售的新品牌Chaps,从而打入了中等价位的男装市场。Chaps品牌体现的是平易近人的美国个性,并以此与高端的Polo品牌形成差异。这次背书之所以成功,是因为Chaps的产品从此具有了人们所期许的拉尔夫·劳伦经典风格。这一新品牌不仅打入了中端细分市场,也进入了中端零售商店。假如当时不是背书Chaps而是扩展Polo品牌,恐怕会带来严重的品牌弱化问题。

20世纪80年代,拉尔夫·劳伦品牌垂直延伸到高端时尚女装市场。拉尔夫·劳伦的Collection品牌向顾客承诺最前沿的时尚以及拉尔夫·劳伦特有的风格,另一个姊妹品牌拉尔夫·劳伦Collection Classics的服装设计风格面向的客户群体更为广泛,也略微保守。这两个新品牌只通过高端时装精品店和本公司的专卖店进行销售，这使得拉尔夫·劳伦品牌在不必过度垂直延伸的情况下就能维持多种价位。它们还为拉尔夫带来了时装设计师的声誉，从而强化了拉尔夫·劳伦品牌（这种强化是高端子品牌的一项重要功能）。20世纪80年代，拉尔夫·劳伦还以拉尔夫·劳伦品牌将其设计原则运用于家居装潢领域，不过这种延伸对于品牌是有点风险的。

20世纪90年代，拉尔夫·劳伦将拉尔夫·劳伦拆分成拉尔夫和劳伦两个品牌，并试图提供不那么高端的产品。和Chaps品牌一样，"劳伦"品牌只在百货商场而非高级精品店销售，它面向的女性客户和拉尔夫·劳伦Collection相似，这些客户的收入都不高。相对而言，"拉尔夫"的目标客户则是那些年轻、聪明、干练、追赶潮流且有品位的时尚女性。他对这个品牌的描述与Collection Classics有所不同——在剪裁上更贴身，在细节上更大胆。拉尔夫品牌在拉尔夫·劳伦Polo店和高级百货商场中进行销售。1999年秋，拉尔夫更名为RL。拉尔夫/RL和劳伦这两个品牌使拉尔夫·劳伦能参与较低价位的市场竞争，面向新的细分市场，同时还能利用拉尔夫·劳伦的品牌资产。

同样在20世纪90年代，由英国制造的高级定制式男装上市销售，这些男装都贴有拉尔夫·劳伦签名的紫色标签。这是首次以拉尔夫·劳伦品牌销售男装，这种尝试很值得关注。该系列产品将高端、时尚以及英伦要素结合起来，使人们感觉以这位设计师的名字作为品牌很贴切，相反，与休闲服饰相关联的Polo品牌就无法达到这种效果。在拉尔夫·劳伦品牌因广泛背书而陷入被削弱的危险时，紫色拉尔夫·劳伦男装品牌扮演着"银色子弹"的角色，强化了原品牌的高端形象。

20世纪90年代，拉尔夫·劳伦最重大的改革之一就是将Polo延伸到以年轻人为目标、更有现代感的领域。拉尔夫·劳伦的Polo牛仔系列提供当代男式和女式牛仔服饰，拉尔夫·劳伦的Polo运动系列提供男式时尚运动装，同类型的拉尔夫·劳伦Polo运动女装用Polo运动子品牌将拉尔夫·劳伦品牌扩展到休闲、年轻的女式运动装领域。Polo 运动装系列和 Polo 牛仔系列扩大了拉尔夫·劳伦的潜在顾客基础，大大增加了 Polo 的品牌资产。这种品牌策略使拉尔夫·劳伦品牌能有效面对日益休闲和健康的生活趋势，使 Polo 品牌更显年轻和活力。在女装市场使用 Polo 品牌将高端服装（拉尔夫·劳伦）和中端休闲装市场（Polo）清楚地区分开来，也使得拉尔夫·劳伦品牌在女装市场中形象受损的风险降低。

在其现代男女装系列中，拉尔夫·劳伦于 1993 年推出了复古风格的高端牛仔装 Double RL。该品牌识别融合了户外生活的原始、粗犷以及美国式的折中主义。但由于 Double RL 与拉尔夫·劳伦的关联不大，而且进入市场太晚，该品牌也只局限于利基市场之中。

为了将体现现代生活的服装系列（Polo 运动装和 Polo 牛仔装）结合起来，并将它们与古典品牌区分开，公司重新设计了单独的品牌标识来代替骑马的马球手形象。这个标识是一面美国旗，用缩写 RL 代替了国旗上的星星——这显然不同于英伦风格。这个标识用在体现新生活方式的品牌商标中，表明了这些品牌都具有同一种品牌识别，即休闲加现代。这一识别也使其区别于 Polo 和拉尔夫·劳伦系列。这些新品牌之间也有明显差异。Polo 牛仔系列更加新潮、时尚。Polo 运动系列更加高端，具有拉尔夫·劳伦 Polo 系列的品质，但设计和风格更加现代。1999 年春，公司推出 RLX Polo 男女运动系列，包括功能性运动装和户外装，该系列通过运动装专卖店进行销售。

图 5-1 展示了保罗·拉尔夫·劳伦各品牌是如何按逻辑组合起来的，总结出了一个复杂但紧凑的品牌架构。拉尔夫·劳伦通过各自不同却又相互关联的品牌（如拉尔夫和劳伦）、子品牌（Polo 运动装和 Ralph Lauren Collection）以及背书品牌（Polo by Ralph Lauren）扩大了销售渠道、细分市场和产品种类。这种策略使新产品可以利用拉尔夫·劳伦和 Polo 既有的品牌资产，同时又可以以不同的个性表现不同的品牌。新品牌和子品牌不仅利用了现有的品牌资产，而且能够为其注入生命和活力。该品牌结构的逻辑和

原则就是：Polo是男装品牌的支柱，而设计师的名字拉尔夫·劳伦则是女装的核心品牌资产。

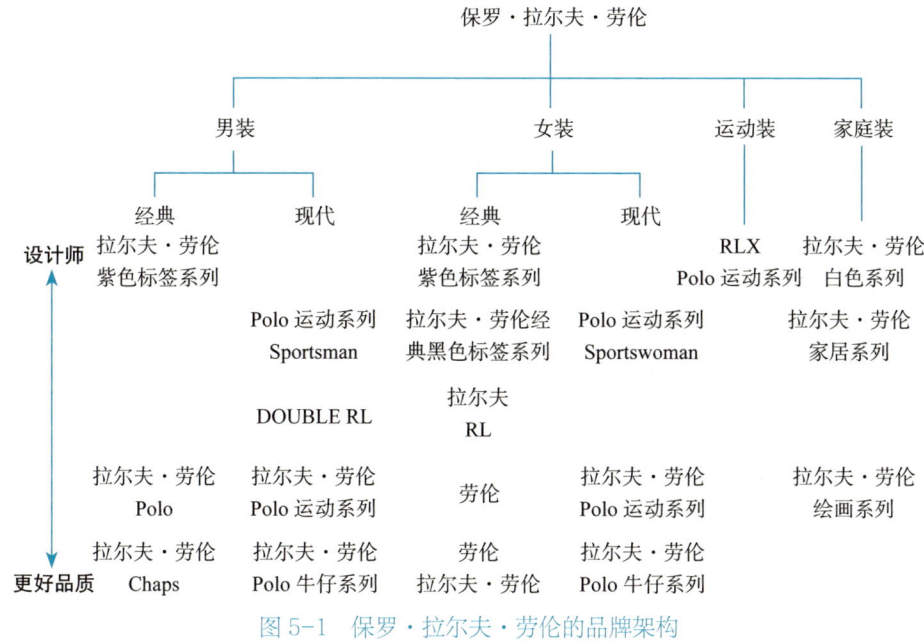

图5-1　保罗·拉尔夫·劳伦的品牌架构

市场复杂性、品牌混淆及品牌架构

"品牌孤岛陷阱"意指一种隐式假设，即品牌战略就是要创建如惠普、IBM、3M或汰渍之类的强势品牌。通过开发清晰、内涵丰富的品牌识别，并制订具有影响力的品牌创建方案来创建强势品牌，这毫无疑问是极其重要的。但事实上，所有公司都有多个品牌，并需要对它们进行团队式管理，使得它们相互协同，避免相互牵制。如果只将品牌视为独立的个体将导致混乱和低效。战略性品牌领导既要优化品牌整体目标，也要优化单个品牌目标。

品牌架构是一种工具。借助这种工具，品牌团队可以进行整体运作，从而使各品牌协同一致，界限分明，并发挥作用。如果把各个品牌看作足球运动员,那么品牌识别和传播方案就是使每个球员发挥得更出色的技巧和实战练习。与此同时,品牌架构起到教练的作用,它把"球员"安排到合适的位置上,使其成为一支协同作战的队伍而非一群乌合之众。

品牌所处的环境变得日益复杂:市场细分多元化、品牌延伸、大批产品、各种类型的竞争对手、错综复杂的分销渠道、更大规模地使用背书品牌和子品牌等。此时,品牌架构显得尤为重要。像可口可乐、花旗银行、耐克、宝洁、惠普、Visa 卡和福特等品牌都在多个市场上运作,有多种(有时甚至是截然不同的)产品和渠道。这如万花筒般纷繁复杂的现象让客户感到混淆迷惑,让品牌管理者工作效率低下,由此制定的品牌战略让企业员工和合作伙伴感到晕头转向、士气低落。因此,面对日益加大的竞争压力,清晰的品牌架构必不可少。

何为品牌架构

品牌架构是指品牌组合的组织结构,这一结构用来明确组合中各品牌的角色和各品牌之间的关系(如福特和 Taurus),以及不同的产品-市场环境(索尼影院 VS 索尼电视,或耐克欧洲 VS 耐克美国)。品牌架构由五个维度决定(见图 5-2)——品牌组合、品牌组合角色、产品-市场环境中的角色、品牌组合结构以及品牌组合图标。下面将逐个界定、解释和讨论。

品牌组合

品牌组合是指附于产品-市场出售物的所有品牌和子品牌,包括与其他公司合作的品牌。当存在多个品牌时,要分辨出所有这些品牌和子品牌有时并不容易,因为其中有些品牌很模糊,甚至是隐匿的。

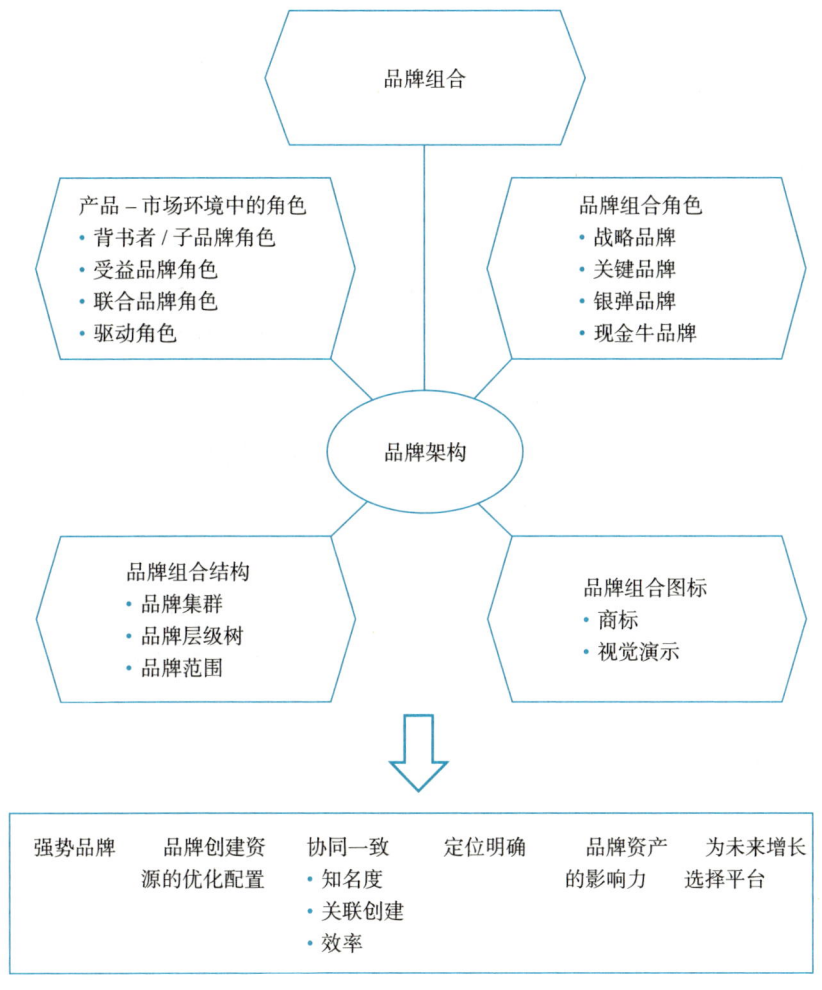

图 5-2　品牌架构

品牌组合的构成是品牌架构的基本参数之一：是否应增加一个或多个品牌？品牌组合有时能够通过添加某些品牌而得到强化，但这必须由具备组合视角的人或团队来决策和执行。如果品牌管理团队权力分散且缺少（或没有兴趣关心）品牌整体意识，那么随意增加品牌反而会破坏品牌的整体运作。而且，应该建立结构性框架，同时利用上一章所讨论的新建品牌标准来思考是否应增加品牌。有时候，还需要制定一份正式的流程图，在每个框中注明各项考察标准。

有时要考虑是否应该删掉一些品牌。每个品牌都需要品牌创建资源的支撑，如果品牌数量过多，或许资源就不足以支撑它们。更糟的是，这样一来多余的品牌本身就会带来混乱，这需要通过删减品牌组合来加以解决，这个过程无疑是痛苦的。

例如，西夫韦公司（Safeway）检查其私人标签业务时发现它有超过25个相关品牌，并且其中大部分品牌都很弱（主要是因为它们缺少品牌创建预算或缺少协调）。西夫韦公司决定只保留4个，其他一概剔除。这4个品牌包括Safeway Select高级品牌（其定位通常相当于或高于该类别中最好的品牌）和"S"系列价值品牌（通常在各自类别中属于定价最低的），另外两个品牌是奶制品的Lucerne和包装类烘焙产品中的Mrs. Wright。保留它们是因为公司认为它们的资产价值较高，而被剔除的品牌则是没有存在价值的。这样的决定是在以下基础上做出的，即对现有品牌资产、面向客户的价值主张、维持其他品牌的经济性，以及在店内的两个基本品牌间产生协同效应等方面的现实评估。

品牌组合角色

将品牌视为个人或者组织所拥有的个体资产会致使资源配置不合理，无法建立和利用品牌间的协同效应。品牌组合是一种更系统地观察问题的工具，它包括战略品牌、关键品牌、银弹品牌和现金牛品牌。这里品牌的角色可以是相互重叠的，一个品牌可以同时是关键品牌和银弹品牌，也可以从战略品牌发展为现金牛品牌。

战略品牌

战略品牌可以预示公司未来的销售和盈利水平，它目前也许只是一个正在计划维持或扩大现有地位的主导品牌（有时也称为超级品牌），又或许是一个正谋划成为未来大品牌的小品牌。对于美国汽车协会（AAA）而言，AAA金融服务是战略品牌，因为公司未来的业务不仅限于汽车服务；耐克 All Conditions Gear（ACG）是战略品牌，它是耐克定位于户外运动市场的基础；Slates 是李维斯的战略品牌，它为李维斯在商务或休闲男士宽松裤市场上的地位奠定了基础。

关键品牌

关键品牌是主要业务领域或公司未来愿景的撬动点；它是使客户保持忠诚度的基础，会对某一业务领域产生直接影响。希尔顿 Rewards 是希尔顿酒店的关键品牌，因为它体现了未来希尔顿在酒店行业中控制关键细分市场的能力。无论出于什么原因，如果竞争对手的类似业务占据了市场主导地位，希尔顿就可能会处于战略劣势。施瓦博共同基金 One Source 是施瓦博这家高级贴现经纪公司的关键品牌。在该品牌下，客户可以交易 900 多种共同基金而不用支付交易费用。在一个竞争对手同质化、价格竞争激烈的行业，One Source 是少有的差异化品牌。

银弹品牌

银弹品牌是指正面影响其他品牌形象的品牌或子品牌，它是创造、改变或维持品牌形象的强大力量。这一类比较成功的品牌包括以下几个：

- IBM ThinkPad。ThinkPad 作为 IBM 的创新产品，在走上正轨之后，大大提升了公众对 IBM 品牌的认知（这是很少见的）。事实上，ThinkPad 的销售额只占 IBM 总销售额的很小份额，这使得这种影响力显得更加非比寻常。

- 嘉露葡萄酒。该品牌代表一种高级酒，采用高级标签并且进行了大量的广告宣传，其唯一的目的就是提高嘉露葡萄酒的市场接受度。
- 圣何塞鲨鱼队（San Jose Sharks）。这支主要的联盟曲棍球队改变了圣何塞的城市形象，而先前这个城市一直处于旧金山的阴影之下。
- 惠普 LaserJet 的 Resolution Enhancement。这一惠普品牌使人们相信惠普在打印机技术上又取得了新的重大突破。
- 德尔蒙精选果园（Del Monte Orchard Select）。德尔蒙推出这一瓶装水果品牌旨在与新鲜水果竞争，它强化了德尔蒙在质量和口味方面的声誉。
- 大众新甲壳虫汽车。该产品是德国大众在美国市场上重新崛起的象征。

一旦将诸如 IBM 的 ThinkPad 这样的品牌或者子品牌确定为银弹品牌，从逻辑上讲，品牌传播战略和预算就不能仅仅依靠负责该品牌的业务经理了。其母品牌集团（IBM 通信公司）也应参与其中，比如确定银弹品牌（ThinkPad）在公司传播活动中的定位，或争取其传播预算等。

现金牛品牌

战略品牌、关键品牌和银弹品牌都必须进行投入和有效管理，这样才能完成其战略使命。相反，现金牛品牌拥有雄厚的客户基础，不像其他组合品牌那样需要大量投入。即使销售额停滞不前或者缓慢下滑，现金牛品牌的产品或服务仍有忠诚可信的客户对该品牌不离不弃。现金牛品牌的作用就是创造富余资源，用以投入到战略品牌、关键品牌和银弹品牌中，这是品牌组合未来增长和活力的基础。

现金牛品牌的一个例子是金宝汤（Campbell）的红白标签。这些汤类产品是金宝汤品牌资产的核心，但品牌真正的活力不在于此。另一个现金牛品牌是妮维雅润肤霜（Nivea Crème），它是妮维雅最初的产品，目前这一品牌已扩展到各类护肤品和相关产品。平衡的品牌组合需要现金牛品牌为前景光明但目前却稚嫩的战略品牌、关键品牌和银弹品牌提供资源。

产品-市场环境中的角色

一般而言，若干品牌结合起来对在特定产品-市场环境中出售的商品特征进行描述。例如，装备有北极星系统的凯迪拉克赛威是具体的商品，而凯迪拉克则是起驱动作用的主品牌；赛威起子品牌的作用，北极星则起到品牌基本要素的作用。通用磨坊（General Mills）的 Apple-Cinnamon Cheerios 是具体商品，Cheerios 是起驱动作用的主品牌，Apple-Cinnamon 起子品牌作用，而通用磨坊则起背书人的作用。产品-市场环境下的四种角色共同界定出某一特定商品，即背书人/子品牌角色、受益品牌角色、联合品牌角色和驱动角色。

背书人/子品牌角色

主品牌（或庇护品牌）是商品的主要指标和参照点。为了确定特定的商品，背书人和（或）一个或多个子品牌可以强化主品牌。背书品牌（如通用磨坊背书 Cheerios）是已确立的品牌，能为商品提供信誉保证和实质内容，而子品牌（如保时捷 Carrera 或 Apple-Cinnamon Cheerios）则可以修订主品牌在特定环境下的关联。每个相关品牌都可以在单独环境下使用，但它们只有整合在一起才能赋予特定商品以意义（这种意义最好是清晰的）。

理解并使用背书人品牌和子品牌是实现品牌组合的清晰界定、协同效应和平衡的关键。第 4 章中讨论的品牌关系谱有助于有效、适当地运用这些强大的概念。

受益品牌角色

受益品牌是能够加强品牌商品的某种品牌化特征、产品要素或服务。以下是一些例子。

品牌化的特征如下所示。

- 密保诺三明治型书包——ColorLoc 拉练。
- Oral-B 牙刷——Power Tip 刷毛和 Action Cup 外形。
- 惠而浦电子炉灶——Whirlpool CleanTop，AccuSimmer Element。
- 锐步——3D UltraLite 鞋底设计。
- 立顿茶——即饮包。
- 王子网球拍——Sweet Spot，Morph 柄，Longbody。
- 露华浓 Revolutionary——不易褪色唇膏。

品牌化的产品组成或要素：

- 康柏——Intel Inside。
- North Face 皮制大衣——Gore-Tex。
- GE Profile Performance 冰箱——Culligan 的 Water。
- Cheer——高级护色。
- 锐步——Hexalite（蜂巢形状的轻软垫）。
- 健伍——杜比减噪。
- 惠普 LaserJet——柯达加色。
- 可口可乐——Nutrasweet。

品牌化服务：

- 美国运通公司——往返旅行（一套为公司旅行办公提供的服务）。
- 福特/水星（Mercury）/林肯——质量保证。
- 美国包裹运输公司（UPS）——私人邮件。
- 联合航空公司——联航 Arrivals、联航红地毯俱乐部、联航里程累计和地面联系。

当品牌能够真正为产品或服务注入一些东西时，品牌带来的利益是巨大的。通常这些东西与品牌承诺相关（或看起来相关），它有助于实现品牌的功能性利益。它还可以起到背书人的作用，为商品提供信誉保证。例如，戈尔特斯（Gore-Tex）就传递出其衣服能在雨天保证防水的承诺。

一直以来，品牌化利益始终促进着品牌的发展，尤其是那些新品牌或刚建立不久的品牌。研究表明，消费者愿意花更多的钱购买具有品牌化元素的服饰，尽管他们并不知道这种品牌元素能起到什么作用。[2] Intel Inside 就是一个经典的品牌化组成要素实例，一直以来它带来的溢价都是巨大的。

其他研究表明，除非品牌化组成要素所依附的品牌已经具有非常有冲击力的形象，否则品牌化组成要素可以增加品牌价值。例如，在对照试验中，品牌巧克力对纳贝斯克（Nabisco）有所帮助，而对培珀莉饼干（Pepperidge Farm）这个高端品牌则起不到什么作用（这可能是因为消费者认为培珀莉当然只使用最好的材料）。

通过借用其他公司已有的品牌化利益（如戈尔特斯），品牌可以获得既有的资产和信誉。这些借用的利益具有更大潜力，因为它们可以体现出商品的差异化，从而获得竞争优势——尽管这些特征、组成要素或服务最终会被他人模仿。例如，惠普 Resolution Enhancement 的重要差异性仅限于这一代打印机产品，但其短暂的生命周期已足够为惠普 LaserJet 带来在创新和品质方面更长久的声誉。

品牌化利益可以起银弹品牌的作用，帮助传播其品牌理念。例如，Oral-B 牙刷的 Power Tip 特征反映了该品牌的创新特色。而且，受益品牌不一定需要传播方案的支持才能建立知名度和传达特定意义，它本身就能产生知名度和特定意义，特别是当品牌名称就能描述其内涵时更是如此——如 Power Tip 和 Resolution Enhancement。

联合品牌角色

当不同组织（或者同一组织内截然不同的业务）的品牌联合起来提供同一

种商品或服务，并且每个品牌在其中都能发挥驱动作用时，联合品牌的情形就出现了。联合品牌可以是组成成分或要素品牌（如雀巢巧克力的Pillsbury Brownies），也可以是背书人（如家乐氏公司的康之选麦片），还可以是由多个主品牌构成的复合品牌，如由三个品牌构成的花旗银行－美国航空公司的Visa卡（Citibank-American Airlines Visa credit card）。

联合品牌的风险和收益并存。好的一面是联合品牌下提供的产品或服务可以获得两个（或多个）品牌资产，从而增强品牌的价值主张和差异性。以福特探险者（Explorer）的Eddie Bauer Edition汽车为例，这是汽车行业中用了15年建立起来的联合品牌。由于Eddie Bauer原本是代表着高品质的户外活动服装品牌，其使用者是具有不同品位和风格的户外活动热爱者，与其共用品牌，使得福特探险者汽车不仅让人感受到车内皮质面料的时尚、高品质和舒适，还反映了使用者的生活方式。

如果每个品牌的关联性都很强而且互补，联合品牌的影响力就会比预期的更大。柯达进行的一项调查表明，对于一种虚拟娱乐设备，20%的受访者愿意购买标有柯达品牌的这种产品，另外20%的人愿意购买标有索尼品牌的这种产品，而有80%的人愿意购买同时带有这两个品牌商标的产品。[3] 这意味着此种结合代表了一种任何一方都无法单独具备的优势。GE Profile家用电器和Culligan Soft Water对其联合品牌Water by Culligan GE Profile冰箱进行的调查也得到了类似结果。[4] 联合品牌的协同效应可以使其更自由地延伸，道理就像把两根橡皮筋绑在一起能弹得更远一样。

实行联合品牌不仅能够加强联合品牌下的商品和服务，还能加强两个品牌的关联。例如，福特探险者Eddie Bauer Edition汽车的广告和宣传方式增加了福特探险者和Eddie Bauer的知名度，并加强了两个品牌的关联。事实上，这种联合品牌的汽车分别是这两个品牌的高端、优质且时尚的银弹品牌。此外，联合品牌不应破坏任何一个品牌的关联。如果人们对某高端品牌的品质和地位的认知度高于其联合品牌，那么就会存在较大的风险。

成功实施联合品牌策略的关键是找到伙伴品牌，通过互补的关联增强商品和服务。这要求企业积极开展系统的调查研究，以寻找最适合的对象，而非仅仅评估摆在面前的候选者。现在比较弱的关联有哪些？哪个品牌具有这样的关联？产品和围绕该产品进行的品牌创建活动如何影响联合品牌下的商品和服务？两个品牌所拥有的资源是否因为联合而得到平衡的分配？两个品牌各自如何受益，将如何适应它们现有的商业模式？

联合品牌策略和其他企业间的结盟活动一样都是有风险的。该策略从长远看能否为两家公司带来（财务和品牌建设上的）可观收益？如果一个合作伙伴对收益不满或者觉得该策略在战略上不可行，他也许就会退缩。更糟的是，有时他虽然能坚持下来，但对合作却可能已经失去了兴趣。而且当牵涉两个不同的组织时，策略的制定和执行会更复杂，进而会导致品牌建设质量低劣和企业关系紧张。当然，只要获得品牌使用许可权（如家乐氏许可使用康之选品牌，或芭比借用 NBA 的名称做 NBA 芭比娃娃），再由一个品牌主控，就可以在很大程度上规避这种风险。

驱动角色

回忆一下第 4 章介绍的驱动角色，它反映了品牌在多大程度上能推动购买决策并影响使用体验。能起到驱动作用的品牌具有一定的客户忠诚度，如果买不到该品牌产品，顾客会感到不安。在设计品牌架构时要选择一组起主要驱动作用的品牌，它们是品牌创建工作的重点。在设计品牌架构时还需要理解在产品－市场环境下每个品牌的驱动职责。例如，保时捷 Carrera Cabriolet 的各品牌驱动责任就相互不同。

一项业务可能会有上百种品牌，但通常仅有一部分承担着主要驱动角色。无论是单独品牌还是品牌群组，这些品牌都是企业需要重点管理的对象。因为对于驱动品牌（起主要驱动作用的品牌）的管理，如果一着不慎就会满盘皆输，因此企业在规划品牌架构时需仔细考虑该品牌群组的构成。哪些品牌从总体上控制着与顾客的关系？是否应该放弃或淡化某些品牌？是否应该增加或提升某些品牌？有些品牌是否应延伸，或者已延伸过度需要收缩？

驱动品牌通常是主品牌或子品牌，但背书品牌、品牌化利益以及二级和三级品牌也可以起一定的驱动作用。事实上，当涉及多个品牌时，每个品牌的驱动作用可以介于 0～100%。品牌架构在精炼驱动品牌方面的能力是灵活且强大的。有时我们可以用百分制给相关品牌打分，以表示它们的驱动作用，这种方法是有效的。

子品牌角色多种多样。一些子品牌如多米诺糖（Domino Sugar）、密保诺三明治型书包、吉百利巧克力饼干和 Tylenol Extended Relief 并没有驱动功能，它们只是描述性品牌。其他如联合快运（United Express）、智选假日酒店（Holiday Inn Express）和 Wells Fargo Advantage 等品牌有一定的驱动功能。还有一些子品牌如福特 Taurus、Calloway Big Bertha Gold Clubs、Iomega Zip driver 和 Hershey's Sweet Escapes 则起到主要驱动作用。第 4 章中的描述性 / 驱动者子品牌关系谱已经向我们介绍了如何决定子品牌应承担多大的驱动责任。

使品牌具有驱动作用是很重要的，因为它对建立品牌资产有直接意义（实际上也是必要的）。驱动型品牌需要重点管理，但如果品牌的驱动作用有限，那么就不应配置太多品牌创建资源，也无须重点管理。

品牌组合结构

在同一组合中的各品牌之间是相互关联的。品牌组合结构有何内在逻辑？它是让客户清楚明白还是使他们混乱模糊？内在逻辑是否促进了协调和平衡？是否使企业井然有序、目标明确、方向清晰？或者以此为指导做出的特定决策会导致战略偏离、品牌混乱吗？有三种方法可以用来讨论和展现组合结构，即品牌集群、品牌层级树和品牌范围。

品牌集群

品牌集群是具有共同特征品牌的逻辑组合。以拉尔夫·劳伦为例，旗下品牌是根据 4 个特征归集的：

- 细分（男装或女装）
- 产品（衣服或家居用品）
- 品质（成衣设计到高级时装）
- 设计（古典或现代）

这些特征构成了品牌组合的内在逻辑，推动品牌组合的长远发展。拉尔夫·劳伦品牌的前三个归类特征——细分、产品和品质，也经常出现在许多其他品牌组合中，这是因为它们是决定产品－市场结构的要素。例如，旅馆业是根据市场细分（如万怡侧重商务旅行，而万枫则专注休闲旅游）、产品（在万豪 Residence Inns 可逗留多日，而万豪只允许单日逗留）和品质（豪华的万豪和经济的万枫）来划分的。根据这些基本的产品－市场划分法归类的组合品牌更容易为消费者所理解。

另外两个有用的归类变量是分销渠道和应用范围。欧莱雅在百货商场和精品店中销售兰蔻和碧欧泉品牌，而在药妆和折扣店中销售巴黎欧莱雅和美宝莲，在美容院中则销售包括 Redken 在内的另一套产品。耐克有一套品牌是根据其在个人体育活动（篮球、徒步旅行等）中的用途来归类的。

品牌层级树

有时，品牌结构的逻辑可以通过品牌层级树（或品牌家族树）来体现，如图 5-3 和图 5-4 所示。层级树结构看起来就像组织结构图，有横向和纵向两个维度。横向维度反映品牌范围，即该品牌涵盖的子品牌和背书品牌。纵向维度体现进入单一产品市场所需要的品牌和子品牌数量。高露洁口腔护理品牌的层级树（见图 5-3）显示了高露洁品牌包括牙膏、牙刷、牙线和其他口腔清洁产品。这张图还显示了高露洁 Plus 有两个不同的子品牌，其产品与牙刷形状有关。

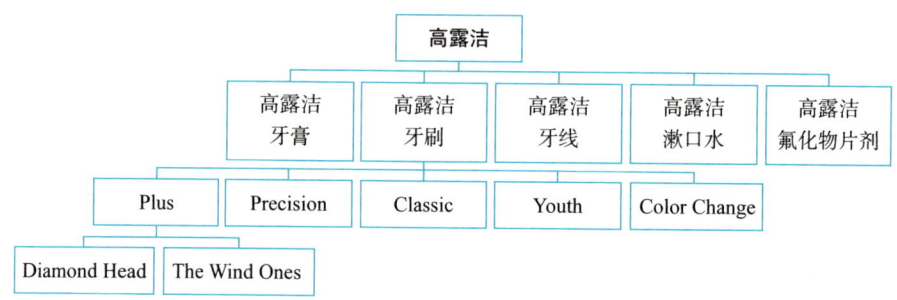

图 5-3　高露洁口腔护理品牌的层级树

一个公司如果拥有多个品牌，每个品牌就需要有一张树形图，事实上也许还需要一座"森林"。例如，高露洁拥有三个牙膏品牌（高露洁、Ultra brite 和 Viadent）以及其他十几个主要品牌，如 Mennon、Soft soap、棕榄（Palmolive）、Irish Spring 和 Skin Bracer。在图 5-4 中，雷克萨斯和丰田体现了两种不同的树形结构。此外，有些树形图太大，无法在一页纸上呈现，必须分解成几个主干。例如高露洁口腔护理产品就很难用一张树形图来表示，因此可以考虑单独形成以牙膏为主干的品牌树形图。

品牌层级树为评估品牌架构提供了观察视角。首先，在考虑到市场环境和支持性品牌的背景下，品牌是过多还是过少？品牌在哪些方面需要加强？新品牌可以在哪些方面增加市场影响力？其次，品牌体系是否清晰并符合逻辑，抑或是混乱特殊的？如果不够清晰，逻辑不明确，要怎样修正才合适、才合算、才有效？

成功的品牌架构使客户和组织内部人员都十分清楚商品和服务的范围。[5]子品牌之间符合逻辑的层级结构有助于达到以上目标。如果每个子品牌都指向同一特征，那么这样的结构看起来就是符合逻辑的。而如果一个子品牌代表技术，另一个代表细分市场，还有一个体现产品类型，那么这种品牌架构的逻辑性就是缺失的，清晰度也会打折扣。

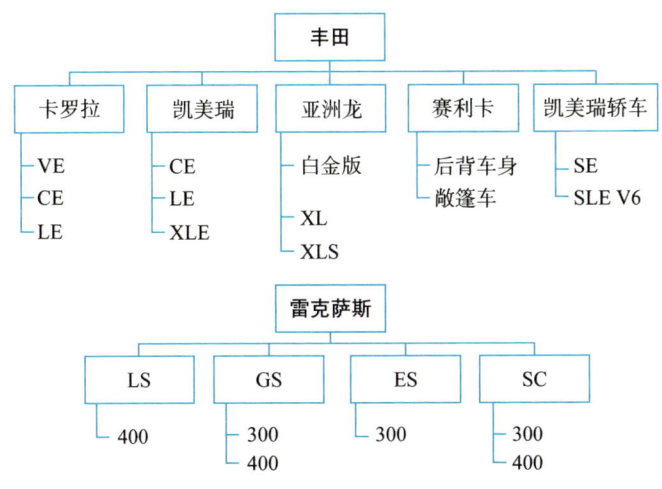

图 5-4　丰田和雷克萨斯品牌层级树

根据逻辑性和清晰度来界定组合品牌的方法有很多。例如，可以按以下特征来界定子品牌：

- 产品家族——欧莱雅 Plenitude（护肤）和 Preference（染发产品）品牌。
- 技术——惠普 LaserJet、InkJet 和 ScanJet 打印机。
- 品质定位或价值定位——Visa 经典卡、金卡、白金卡和签名卡。
- 产品利益——王子的 Thunder（注重力量）和 Precision（注重准确度）网球拍。
- 细分市场 ——Lee Pipes（10 岁或 10 多岁青少年的前卫服饰），Dungarees（适合 10 多岁或 20 多岁的复古和古朴风格的服装），固定的 Lee 牌（适合一般顾客的经典牛仔裤）和休闲装（适合成年女性）。

拓展背书品牌的范围

启用背书有两点原因：首先，为接受背书的品牌提供信誉和关联；其次，增加背书人知名度。这两点原因促使卡夫在 1997 年改变其背书品牌战略。

一直到 20 世纪 90 年代后期，卡夫一直是奶酪、烧烤调料、沙拉酱、蛋黄酱的主品牌，是 Philadelphia、Cracker Barrel 以及 Velveeta 奶酪的背书人。此外，卡夫品牌组合包括十几种独立品牌（如 Minute Rice 和 Post），这些独立品牌分散了卡夫品牌创建的资源。卡夫对这些品牌进行背书，这样的决策是为了深度利用卡夫品名。作为该战略的一部分，这些独立品牌被改造得更贴近卡夫形象：美国家庭每日便捷早餐解决方案，健康、顾家及可靠的卡夫个性。此项强化卡夫品名的大型项目耗资 5000 万美元，以推动这些品牌在卡夫品名下进行整合。

于是，卡夫变成为 Stovetop Stuffing、Minute Rice 和 Shake & Bake 强势背书人。此外，它还成为 Oscar Mayer、Tombstone、Post、麦斯威尔（Maxwell House）、Breyer's、Cool Whip 以及 Jell-O 的象征性背书人。有趣的是，所有这些品牌（尤其是受到强大背书三个品牌）都是全美每日所需产品，并没有从卡夫延伸太多。有些品牌如 DiGiorno 比萨和 Bull's Eye 烧烤调料被留下来作为独立品牌，这样做部分是因为它们定位为高端品牌，部分是因为其副品牌 Tombstone 比萨和卡夫烧烤调料被认为是更接近卡夫的核心识别。其结果就是卡夫品牌和子品牌家族更具有凝聚力，它们可以在跨品牌项目和促销中更有效地产生协同效应。

品牌范围

品牌架构中的一个关键问题是组合品牌的范围，尤其是背书品牌和驱动品牌的范围。它们跨市场和跨产品能够水平延伸多远？垂直延伸到高端市场或价值领域，又能延展得多深？背书品牌和子品牌如何扩大品牌影响力，又如何保护受影响品牌的关联？

组合中的每个品牌都有其范围，它们跨越产品类别或者具备这种潜质，其中的基本问题是目前品牌已经拓展到何种程度，将来应该拓展到什么程度。在分析这些问题时，组织应该区分作为背书人角色的品牌（可以进一步延伸）和起主品牌作用的品牌（可能有更多限制），并认识到子品牌和联合品牌在平衡品牌时的关键作用。

描述品牌范围可以采用多种形式。以卡夫为例，表 5-1 详述了卡夫作为主品牌、强势背书人以及象征背书人三个角色时的范围。左数第二栏的品牌识别强调了品牌范围（品牌所应用的产品）内在逻辑的性质和质量。最右边栏列出了品牌面临的问题和机遇（事件）。

表 5-1 卡夫的品牌范围

品牌	品牌识别	产品范围	事件
卡夫作为主品牌并带有驱动功能	美国家庭每日方便可口早餐的解决方案，个性——健康、可靠	奶酪、蛋黄酱、烧烤调料、沙拉酱	在非脂类调料市场以及高端市场中存在不足
卡夫作为强势背书人	美国家庭每日方便可口早餐的解决方案，个性——健康、可靠	Stovetop Stuffing、Minute Rice 和 Shake & Bake	卡夫作为背书人如何影响卡夫品牌
卡夫作为象征性背书人	（同上）	Oscar Mayer、Tombstone、Post、麦斯威尔、Breyer's、Cool Whip 以及 Jell-O	卡夫的背书是帮助还是伤害了商品和服务

表 5-1 背后的概念是要简洁地展现每个品牌作为背书人或者驱动角色的范围。通过这张表上的信息，企业可以知道品牌目前是延伸过度还是影响力不够。延伸过度的品牌会产生合适与否的问题或产生错误的关联。相反，如果品牌本该在市场上起作用但缺席，这就是影响力不够的表现。

品牌组合图标

组合图标是跨品牌和跨市场环境下的视觉显示模式。通常，最显眼的中心品牌图标是商标，它能在不同的市场环境下体现品牌的不同角色。基本的商标元素、色彩、布局和字体可以各有不同，但都可以体现品牌、市场环境及与其他品牌的关系。组合图标还可以体现为其他视觉形式，如包装、符号、产品设计、印刷广告的布局、广告语，甚至是品牌的外观给人的感觉，所有这些都可以传达品牌组合中各种关系的信息。

组合图标的一个作用就是显示各组品牌的相对驱动作用。在同一商标或标识上两个品牌字体的相对大小和位置反映了它们的相对重要性和驱动作用。例如，仔细看看拉尔夫和Polo运动装各自的商标，就会发现拉尔夫·劳伦的大小和位置清楚地显示其中有拉尔夫的强势背书，这种背书在Polo运动装中则要弱得多。从视觉上讲，万豪对万怡的背书比其对低端万枫品牌的背书更大、更醒目。ThinkPad品名的字体比IBM小，这一事实告诉顾客IBM是该产品的主要驱动者。

组合图标的另一作用是区隔两个品牌或市场环境。以约翰迪尔割草机为例，颜色和产品设计在区分平价产品（品名为John Deere Sabre）与经典高端产品系列上起到了关键作用。由于Sabre产品系列将黄色从客户熟悉的约翰迪尔色系中去除，客户从而获得强烈的视觉信号，即他们并非在购买约翰迪尔的高端产品。同时，该产品从视觉上也很不同，它缺少了母品牌约翰迪尔系列产品的质感。为了区隔家用产品和其他产品，惠普采用了不同的颜色（紫色和黄色）、独特的包装（印有人像，而商业客户的白色包装上则没有）以及不同的广告语（"探索各种可能"）。

组合图标还有一个作用就是指示品牌组合结构，颜色和共同商标（或部分商标）的使用可以说明品牌的归属类别。例如，美极的颜色和包装设计为其主品牌提供了对子品牌的强大影响力，显示出它们归属同一群组，具有共同的品牌联想。

一个很有启发的训练（这是本章结尾品牌架构审核的一部分）就是收集各种环境中的品牌图标，把品牌的所有视觉性形象放在一面大墙上。看看它们的外观和感觉是否相同？视觉上是否协调（也就是说，一个品牌环境中的图标是否支持另一环境中的图标)？品牌外观是否不一致、是否混乱？这种视觉检查是对品牌架构表现形式逻辑测试的很好补充，也有助于与竞争者品牌图标进行比较。

　　Maxfli重新设计其高尔夫球包装盒这一事件，向我们展示了有关品牌图标的问题。Maxfli于1995年的包装更适合录像带而非高尔夫球（见图5-5）。而且，消费者觉得字体很没劲。在一家设计公司的帮助下，Maxfli重新设计了其包装，将高级高尔夫球品牌与主要竞争对手如Titleist、Top-Flite和Wilson区别开来，并在其产品系列（从标准高尔夫球到顶级高尔夫球）中将该品牌区隔开来。作为市场上排名第4的品牌，Maxfli面临的最大挑战是如何打造与众不同的风格，既体现其品牌个性，又能反映产品系列的结构。

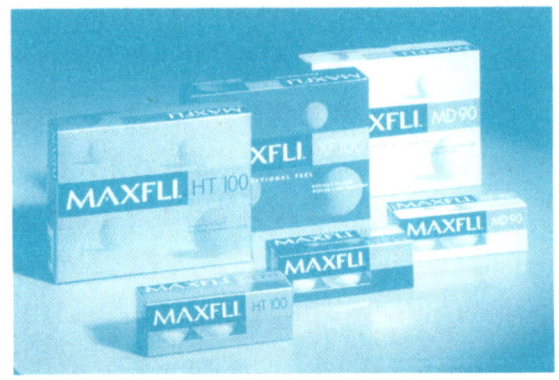

图5-5　Maxfli的前世今生

图 5-5 中下图的包装是改版后的品牌图标。包装上增加了高尔夫球的软焦点单色照片，从而与这一类别的产品产生视觉联系。不同的名称和颜色区分了三种不同功能水准的子品牌。高级系列的产品保留了金色和 HT 名称；中端市场系列重新命名为 X 系列，有三种变体：XD（距离）、XF（触觉）和 XS（旋转），颜色改为纯黑色，暗示着高品质和男性气概；价值品牌系列命名为 MD，白色，供打高尔夫球的一般人使用。[6]

品牌架构目标

本章前面图 5-2 总结了品牌结构的五大维度和六大目标。该系统的目标和单个品牌识别的目标有着本质区别。虽然其首要目的仍是打造有效且强大的品牌影响力，但其他目标在实现品牌领导上也是至关重要的。下面将详述品牌架构的六大目标。

- 打造高效强势品牌。强势品牌的基本要求是能与客户产生共鸣，能形成市场差异性并对客户具有吸引力。新的品牌或子品牌能增加或者提升品牌联想性，从而通常能帮助强势品牌达到这一目标，尽管同时也增加了现有品牌架构的成本和复杂程度。如果不以建立强势品牌作为品牌架构目标的话，是不利于企业自身发展的。
- 配置品牌创建资源。如果每个品牌仅仅根据盈利情况分配资源，那么目前销售平平但却潜力巨大的品牌就得不到合理的资源配置，关键品牌或者银弹品牌也无法获得足够的资源以发挥其在品牌组合中的作用。要制订最佳资源配置方案，关键的第一步就是确定能够起到组合作用的品牌。
- 产生协同效应。精心打造的品牌架构应该能够产生协同效应。特别是在不同的环境中使用品牌应该能加强品牌知名度，产生并强化品牌关联，减少成本（一部分是通过品牌传播活动中的规模经济效应）。在不同环境和角色中相互冲突的品牌识别可能会导致冲突，这也是品牌架构应该避免的。

- 实现商品清晰化。品牌体系应使商品清晰化，这种清晰不仅仅指对顾客，也指对员工和合作伙伴（零售商、广告公司、店内展览公司、公关公司等）。强势品牌向员工和合作伙伴所展现的是清晰的品牌个性。

- 充分使用品牌资产。未能被充分挖掘、使用的品牌是尚未被开发利用的资产。挖掘品牌意味着充分利用品牌——增加其在核心市场中的影响力，并将其扩展到新的产品市场。品牌架构的任务之一就是为把握品牌延伸机遇提供结构和原则。当然，品牌延伸会产生风险，对这一点需要给予关注。品牌垂直延伸尤其敏感，因为往往是最底层品牌决定品牌延伸的成败。

- 为将来发展空间提供平台。品牌架构应着眼于未来，支持新产品市场上的战略拓展。这或许意味着要建立一个具备巨大发展潜力的主品牌，尽管备选品牌可能基于目前的市场表现还不怎么被看好。

很多重要问题都围绕品牌架构的这五个维度展开。有些问题（如背书人和子品牌角色）在第4章中已经提及，另外一些（如银弹品牌和战略品牌组合的角色）在《创建强势品牌》一书中也有详细论述。本章剩余部分将探讨品牌架构的另一个关键问题，即延伸品牌范围，然后将探讨诊断品牌架构中存在的问题和机遇的方法，即品牌架构审核。

延伸品牌范围

一个核心的战略性品牌架构问题涉及每个品牌的范围。延伸有助于实现品牌架构的两大目标：充分使用品牌资产；通过提高品牌在不同环境下的知名度并制造关联，从而产生协同效应。然而，如果对品牌延伸考虑不周就会稀释品牌联想，从而削弱品牌，模糊品牌商品。

品牌是否存在平行延伸的机会

品牌驱动作用的延伸范围有多大？答案很简单，品牌只能延伸到匹配的领域、可增值的领域以及用于强化品牌资产新关联的领域。通过市场调研可以对这三个标准逐一进行研究。

匹配

客户必须对新环境下的品牌保持满意。品牌匹配的基础有多种，包括产品关联（Ocean Spray Cranberry，果汁鸡尾酒）、产品成分（Arm & Hammer，地毯除臭剂）、产品特质（新奇士维生素 C 片）、产品应用（高露洁牙刷）、使用者形象（福特探险者的 Eddie Bauer 版）、专门技能（本田电动割草机）或设计者形象（皮尔·卡丹钱包）。

不管采用怎样的关联，都应该让客户感到满意而非不和谐（如麦当劳的照片冲洗服务会让人联想到油腻腻的炸薯条，而不是迅速、持久、方便的服务）。此类问题可以通过转换视角来化解（例如，可以建立和餐馆形象完全不同的麦当劳照片冲洗店的视觉形象），是否存在上述的反作用关联将直接关系到是否应对该品牌进行延伸。

然而，这种决策规则也并非一成不变。一两次适度延伸可使原先的延伸扩展变得更为可行，也更符合要求。成功的延伸能帮助改善品牌感知，反过来也有助于品牌适应不同的市场环境。维珍最初是一家音乐公司，后来将其品牌延伸到航空领域，这并不是好的匹配。但在其航空公司大获成功之后，该匹配命题便彻底改变。维珍品牌变得更具有个性——它是一匹黑马，充满活力，桀骜不驯，但致力于提供高品质服务——该品牌可以应用于多个领域。

如果品牌与产品类别紧密联系，其延伸潜力就会受限制。因此，即使金宝汤的品名有很多正向关联，但当该品牌偏离汤类产品时其表现并不是很好。类似地，像 A-1 牛排酱、舒洁和高乐氏漂白粉之类的品牌无法离其基本产品领域太远，因为它们与具体产品及其特质相联系。在这种情况下，具有讽刺性的是，越是强势品牌越难以延伸。相反，在无形关联方面拥有良好信誉的品牌——如减肥产品（慧俪轻体）、健康饮食（康之选）以及服饰（拉尔夫·劳伦）更容易延伸到新的商品类别中，因为这些无形关联可在各种不同环境中发挥作用。

因此，扩大市场影响力的秘诀就在于将品牌由专注产品本身转向深化客户关系。美极原先是一家生产汤类和食物调料的公司，它原来非常专注于产品。当公司转型为让烹饪充满乐趣的伙伴和朋友时，其品牌形象和延伸能力也随之得到拓宽。

与品牌之间侧重于功能维系的消费者对品牌延伸的看法，往往比侧重于情感维系的消费者更为负面。对于 Visa 将品牌延伸到支付领域以外的行为，只把 Visa 卡作为有效支付手段（功能性关系）的客户比那些将 Visa 视为基于信息技术的全球性品牌的客户的反应更加负面。

增值

不管品牌如何延伸，它都应有助于旗下商品和服务。因此，当金宝汤、威廉姆斯-索诺玛或土星等品牌进入新市场时，其品名本身就能清楚明白地向客户表明该品牌优于其他品牌的信息。在这种情况下，品牌联想就是相关的、可靠的、为客户所重视的。

品牌不应提供不受客户欢迎的关联从而削弱或损害旗下商品和服务。因此，土星与 GM 的关系在宣传中只是做轻描淡写的处理，因为它会削弱土星品牌，至少在土星刚上市时如此。如果将金宝汤用作意大利食品系列的主品牌或者是背书品牌，那么人们就会觉得这些产品尝起来感觉像汤一样。

强化品牌资产

品牌延伸到新领域,其品牌资产也应随之加强——这不仅因为加强了品牌知名度,也因其所产生的新品牌联想。例如,维珍可乐挑战可口可乐的疯狂计划(用其创造性宣传作为支持)强化了维珍充满活力的黑马形象,这正是维珍品牌的精髓所在。

关于垂直拓展

品牌向下延伸,可以进入巨大且发展迅速的价值市场;或者向上延伸,可以享受高端市场的产品活力和利润。无论是向上或是向下都有不小的诱惑。正如第 4 章开始讨论的万豪国际和 GE 家用电器的案例所显示的一样,品牌垂直延伸过程极其微妙,因为其中不仅涉及客户的认知品质,而且还需要考虑子品牌和背书品牌的使用。因此,较为安全的做法是将品牌商品保持在稳定的品质水平上。

很多品牌在向高端市场拓展时,既缺乏信誉也缺少名气。Black & Decker 是为 DIY 爱好者提供高质量工具的厂家,但它为建筑行业从业者生产的专业产品系列并不成功,因为这些建筑行业从业者"不屑使用家用工具"。该系列产品不得不为此改名为得伟(DeWalt)后重新推出。一般品牌即使向上拓展成功进入高端市场(如 GE Profile 电器),但其本质上也只是一般品牌。这些向上拓展品牌的定位不应追求成为最好,而是应优于目前定位即可。而且,向上拓展应基于功能优势或者产品改良而非名气。此外,新商品和服务通常在视觉上有所不同,并使用子品牌和背书品牌将其与主品牌区分开来。

相反,价值市场则更容易进入——就像骑车爬山一样,下山容易上山难。然而,进入价值市场通常会给品牌名声和客户带来巨大风险,因为现有的客户会被更便宜的商品和服务所吸引。高端品牌的价值承诺可能缺乏信誉，部分原因在于竞争者通常的反应也是进一步降低价格。柯达趣味时光（Funtime）是一种低价胶卷产品，它所吸引的主要是柯达的忠实买主，而非它一贯所瞄准的价值型消费者。成功向下延伸的品牌，如万豪的万怡，往往可以与定位于特定细分市场的产品进行清楚的区分，而且通常作为背书品牌进入价值市场。

品牌架构审核

品牌架构审核提供了一套系统的方法，用于审查当前的品牌架构，发现需要进一步分析的问题和应对方案。图 5-6 列出了 20 多个问题，为审核工作提供了框架和步骤。每个问题都具有潜在的重要性，能启发针对问题的进一步思考和变革。但是这并非包括所有的问题，随着审核工作的开展，还会出现其他相关问题，对这些问题的思考也是有益的。

业务分析
- 在品牌产品组合中，当前和潜在的销售、利润与增长是怎样的？
- 有怎样的战略举措？
- 从当前和今后的财务以及战略上看，有哪些重要的业务？
- 从当前和今后的财务以及战略上看，有哪些重要的细分市场？

品牌架构

品牌组合
- 确定组合中的品牌及子品牌

品牌组合角色
- 哪些品牌是战略品牌（未来能带来巨大利润的品牌）？
- 是否有（或者应该有）影响重要业务领域的关键品牌？
- 哪些品牌或者子品牌起到（或应该起到）银弹品牌的作用？是否需要再增加银弹品牌？
- 目前战略品牌、关键品牌和银弹品牌是否有支撑并且是不是重点管理的对象？
- 怎样的品牌应该起到现金牛品牌的作用？对它现在的资源配置是否合理？

图 5-6 品牌架构审核

产品－市场环境中的角色
- 确定品牌和子品牌的实质性驱动责任。它们有多少资本？与客户的关联有多强？哪些品牌需要重点管理，开展品牌创建？
- 确定子品牌，在描述性/驱动者子品牌关系谱上对其进行定位。基于以上定位，对这些品牌配置的资源和管理是否合理？
- 作为背书人，现有背书人品牌是否增值？是否偏离主品牌？其识别是否适用于其角色？作为背书人，在有些环境下其作用是否削弱或者无法发挥？是否存在应该增加或者更加强调背书人的信息？
- 确定联合品牌。联合品牌是否经过精心策划？是否应该考虑新的联合品牌？什么类型的伙伴能强化该品牌？
- 确定品牌化成分、特征和服务。其功能应加强还是削弱？
- 是否需要对其他成分、特征和服务进行包装，打上品牌烙印？

品牌组合结构
- 用以下一种或多种方法描绘品牌组合结构：
  ——使用逻辑性主题词，例如细分市场、产品类型、应用或渠道等，来描述一个品牌集群
  ——描绘所有的品牌层级树
  ——确定产品/市场范围和所有主要驱动者品牌与背书人品牌的可能边界
- 评估品牌组合结构（或其中有意义的某部分结构），审核其结构是否清晰，目标是否明确，方向是否准确，或者结构是否杂乱，决策是否混乱，以及战略是否发生偏移
- 在当前环境下，是否应弃用现有品牌或者加强或削弱其影响力？是否应该创建新的驱动品牌或者子品牌？
- 有些品牌是否过度延伸？其形象是否正在遭受损害？
- 对驱动品牌和子品牌的影响是否恰当？品牌可能进行怎样的水平延伸？品牌是否存在垂直延伸的潜力（有或者没有子品牌）？

品牌组合图标
- 列出品牌图标，包括商标和宣传材料。这些图标是否清晰、协调、具有逻辑性或者混乱、冲突？每个品牌的相对重要性是否显示在了图标上？图标是否具有视觉冲击力？
- 跨组合品牌的图标是否支持组合机构？是否支持其环境角色？是否支持其品牌识别？

管理品牌架构
- 在组合中添加品牌或子品牌有怎样的程序？应采用怎样的标准？
- 是否定期对品牌架构进行审查？
- 谁负责品牌图标管理？品牌图标管理有怎样的程序？

图 5-6　品牌架构审核（续）

业务分析

在审核品牌架构的五个维度之前，首先需要确定公司的业务范围，并

就其对公司的重要性进行评估。有两个方面的业务分析对品牌架构审核至关重要,其一是对当前和计划中的业务领域进行评估,其二是理解市场细分策略。

多数品牌架构的核心问题是评估哪些业务领域对组织财务的意义最重大。品牌架构的关键问题之一是制定战略品牌、关键品牌和驱动品牌的规划,因此了解每个业务领域的潜力是非常重要的。该领域商业前景如何?可采取哪些关键的战略举措?从竞争的角度如何界定市场?目前的市场结构如何,该结构会怎样发展?各种细分市场的相对吸引力何在?

因为细分策略需要以品牌组合结构作为支撑,所以理解市场细分和细分策略也同样重要。(例如,市场细分对拉尔夫·劳伦的品牌组合结构有着重大影响。)要建立品牌组合结构,就必须确定细分变量、最重要的细分市场、这些细分市场上客户未被满足的需求,以及如何将品牌与这些需求相联系。

品牌架构

品牌组合

在完成业务分析后,审核工作便进入编制现有品牌、子品牌的品牌架构目录阶段。此时需要确定在品牌组合中有哪些待选品牌需要删除。

品牌组合角色

确定品牌组合中的战略品牌、关键品牌、现金牛品牌或者银弹品牌。战略品牌、关键品牌和银弹品牌是否配置了所需资源,或是资源严重短缺?这些品牌是否成功,对它们配置的资源是否反映了其作用的重要性?对现金牛品牌配置的资源是否合适,抑或因其当前的销售和利润水平而获得了过多的支持?是否每个品牌在组合中都应占据一席?特别地,是否需要额外增加银弹品牌帮助解决品牌形象问题?

产品-市场环境中的角色

接着，审核会转向背书品牌、子品牌、品牌化利益、联合品牌和驱动品牌。何为驱动品牌，是否获得了足够的支持？背书品牌是起到增值作用还是阻碍作用？是否有品牌起到背书人的作用？子品牌是否有足够的贡献使其获得所需资源？当前品牌化利益是否得到充分的开发？是否需要更多的品牌化利益？与其他组织共建的联合品牌合作关系是否起到作用？

品牌组合结构

品牌组合结构审核开始要解决的问题是品牌组合是否具有逻辑结构，可以称为品牌集群、层级树或者品牌范围规格？品牌组合是否井然有序、目标明确、方向清晰？品牌组合是否需要削减？有些品牌是否过度延伸？而另外一些是否影响力不足？还有一些是否应该再做延伸？

品牌组合图标

分析品牌组合图标最好的办法是对所有环境下品牌的外观进行视觉汇总——这可能需要用一面很大的墙。跨组合的品牌视觉外观是清晰还是混乱？是否支持组合结构？是否支持环境角色？是否支持品牌识别？对以上问题如果出现否定的回答，就意味着需要设计图标体系，也可能意味着图标管理失控，因此应该检查管理系统。

管理品牌架构

企业必须要有一套能正常运转的程序和组织结构，用来创建、检查并改良品牌架构；必须定期进行品牌架构审核，发现其中的问题；另外，在考虑推出新产品或进行收购时，也必须对品牌组合的所有部分进行审核。事实上，企业在通过收购将新品牌引入品牌组合中的时候，几乎总会引发严重的架构问题。

对于品牌架构审核中发现的问题要尽快分析，并制订行动方案。例如，如果品牌架构混乱，则应找出导致混乱的架构要素（如品牌数量、子品牌水平），并制订应对方案。

品牌架构管理还包括建立沟通机制，向企业内部影响品牌架构的决策者传播品牌架构，特别需要传播品牌的视觉外观。然而，安排专人监督商标使用情况并不意味着就是在管理品牌架构了，还需要关注品牌的使用方式：怎样的产品延伸是目前正在考虑的？有什么新市场？新商品或服务如何品牌化？品牌架构包括品牌视觉外观，但又远远不止这些。

思考题

1. 进行一次品牌架构审核。
2. 制订方案，解决出现的问题。

BRAND
LEADERSHIP

第四部分

创建品牌：超越广告

BRAND LEADERSHIP

第 6 章

阿迪达斯与耐克

品牌创建的经验

你不是赢得了银牌,而是失去了金牌。在你的前方没有终点。

——耐克广告

每位选手,每个级别,每场比赛,都要争取。

——阿迪达斯广告

从阿迪达斯和耐克的故事中，我们可以得到很多值得学习的经验。阿迪达斯主要是在欧洲发展，经过20世纪50～70年代的不断创新，阿迪达斯在市场上已经成为占据统治地位的品牌。20世纪80年代，某种程度上由于在欧洲这一关键市场上遭到了耐克的激烈竞争，阿迪达斯的发展有过一些挫折，但在那之后阿迪达斯励精图治，在90年代终于又东山再起。在美国，耐克成功地建立起品牌形象，20世纪70年代是其发展的初期阶段，到八九十年代，耐克逐渐从同锐步的竞争中恢复元气，并以令人惊叹的速度飞快发展。阿迪达斯和耐克的品牌创建策略及其实施达到了令人着迷的境界。

本书并不想为这两个品牌写详细的传记，只是想把它们在品牌创建中的得失放在特定的历史背景下做一些探讨。我们不仅研究它们所做的，还研究它们为什么这么做以及这么做成功的原因和经验，目的是希望获得一些对其他品牌的有益借鉴。

本书用4个章的篇幅来讨论在做品牌创建计划时所面临的挑战，本章是其中的第1个章。第7章将讨论如何通过商业赞助来支持品牌创建；第8章将讨论网络在创建品牌中的作用。许多公司不知道该不该通过赞助和网络的形式来创建品牌，因为与广告和促销不同，这些公司还不能完全理解这两种新方式在品牌创建中如何起作用以及该如何管理。此外，在这两个特定的环境中讨论品牌创建所涉及的问题和原则也能应用于其他环境中。最后，第9章的案例研究将介绍其他一些成功进行品牌创建的途径，并对品牌创建的最高层次，即建立深层次的消费者－品牌关系和维系有品牌忠诚度的核心客户群体等相关问题进行讨论。

我们将在每个章后列出该章的主要观点、启示和原则。其中一个重点就是品牌创建并不只是做广告，所以品牌的管理工作不能由广告代理商全权负责，而是要以品牌识别和品牌定位为指导，建立一个整合信息和建立可联想的媒介，从而使它们共同达到整合的效果。但在目前的现实情况下，由于理念和组织结构等缘故，要做到这一点并不容易。

阿迪达斯：发展阶段

德国人阿迪·达斯勒创建了阿迪达斯。他不仅是一个鞋匠，还是一个田径运动的业余爱好者。1926年他开办了第一家工厂，专门生产轻质的田径运动鞋和足球鞋，从此走上了经商之路。由于家庭纠纷，1948年达斯勒将公司一分为二，把其中一家叫"彪马"（Puma）的公司分给了他的哥哥，另一家就是阿迪达斯。

阿迪·达斯勒对于阿迪达斯就像后来的菲尔·奈特对于耐克一样重要，甚至还超过后者。他不但是田径运动员和体育爱好者，而且是重视技术、质量并致力于创新的发明家和企业家。他不仅同最优秀的运动员们交流，还参加田径运动会，坐在板凳上向运动员们了解他们对运动鞋的真实需求。阿迪达斯的经营宗旨是"功能至上"，口号是"运动员们的最佳选择"。久而久之，阿迪达斯获得了很高的声望，被认为是真正为运动员生产鞋子的公司。

从一开始，阿迪达斯就以产品创新作为企业的发展动力。阿迪·达斯勒实现了许多技术突破，其中超过700项都获得了专利。世界上第一双冰鞋、第一双多钉鞋、一种特殊材料的轻质跑鞋、胶模足球钉鞋都出自阿迪达斯。阿迪达斯足球鞋上的旋入型鞋钉设计是一个具有革命性意义的设计，甚至被认为是1954年德国足球队赢得世界杯冠军的关键因素之一。

从很多方面综合考量，阿迪达斯的运营管理更像是一家家族企业，阿迪·达斯勒的妻子管理着公司，他们的五个孩子也都在公司里工作。长子霍斯特·达斯勒非常善于经营市场和促销，他率先将品牌和运动（运动员、运动队、比赛和协会）在视觉上联系起来。在他的推动下，阿迪达斯成为第一个向最优秀运动员赠送运动鞋的公司，第一家签订长期合同为整个运动队提供球鞋的公司（以确保人们在世界顶级的赛场上能看到许多一流运动员的脚上都穿着阿迪达斯的鞋）。然而最重要的市场突破是对全球性体育赛事的积极赞助，特别是对奥林匹克运动会的赞助。

阿迪达斯与奥运会的联系历史悠久。1928年，达斯勒的运动鞋第一次出现在奥运会上；1932年，第一个穿阿迪达斯运动鞋的运动员获得奥运金牌；1936年，美国短跑和跳高运动员杰西·欧文斯（Jesse Owens）在德国破纪录地获得4枚金牌，这令观众席上的阿道夫·希特勒非常恼怒。欧文斯穿着阿迪达斯跑鞋的照片在全世界广为流传。奥运会是阿迪达斯理想的赞助对象，不仅因为它在人们心中具有崇高的地位，还因为它为最优秀的运动员提供了舞台，同时也通过各种运动项目提供了展示运动鞋良好性能的机会。与可口可乐、Visa卡等其他赞助商的产品不同，阿迪达斯的运动鞋能让运动员在比赛中有更好的表现。因为与奥运选手和奥运会本身有长期的关联，阿迪达斯还同奥林匹克运动建立了牢固的联系，而这是其他赞助奥运会的品牌很难做到的。

霍斯特·达斯勒的一个运营创意是在特定体育赛事召开之际推出新产品。阿迪达斯的第一次尝试是它在1956年墨尔本奥运会上推出"墨尔本"子品牌，这是一种创新型的多钉扣运动鞋。显然，将阿迪达斯和奥运会联系起来，并创造一个表现卓越的子品牌，这是最好的办法。那一年穿阿迪达斯运动鞋的选手获得了72枚奖牌，并打破了33项纪录。

在达斯勒创新精神的引领下，阿迪达斯采取了一种金字塔形的影响力模式来创建品牌，这个模式分为三个层次。首先，许多真正的运动员喜欢穿阿迪达斯运动鞋，不仅是出于新奇，更在于阿迪达斯的创新和品质让他们能发挥出自己的最高水平。其次，在许多重大比赛中人们都能看到顶级运动员穿着阿迪达斯品牌的产品，这让大量的潜在消费者，比如周末探险者和业余运动员们产生了购买需求。在这个层次上起关键作用的是用户的口口相传和真正能满足需求的产品。最后，上面两个层次中运动员对品牌的偏好也逐渐影响到普通消费者。

阿迪达斯对专业运动员、俱乐部和奥运会等大型比赛的商业赞助是同这三个层次相对应的，但重心还是在第一个层次——专业运动员。阿迪达斯品牌在大型体育赛事的电视转播里频频曝光，这直接转化成在第三个层次即普通消费者中创建品牌的可见性。

20世纪六七十年代，阿迪达斯在许多市场中都是主导者，因此这套金字塔形的影响力模式也收到了很好的效果。市场份额的差距使阿迪达斯比那些小竞争者更能积极和有效地实施它的这套战略，它也因此获得了那些活跃的著名运动员的认同。

到1980年，阿迪达斯的销售额达到10亿美元，在一些关键产品类别市场上的份额高达70%。公司有大约150种不同鞋款，在17个国家中拥有24家工厂，日产量达到20万双。阿迪达斯的产品（包括服装、运动器材和体育设施）种类繁多，在150多个国家中都有销售。

20世纪80年代早期，阿迪达斯的品牌创建模式开始失去作用。在美国这个全球最大的运动产品市场上，耐克能获得生意上的成功，部分是因为金字塔底层普通消费者中跑步和慢跑人数的爆炸性增长。很难想象阿迪达斯怎么会没有注意到慢跑的流行趋势。一项20世纪70年代末的调查显示，有一半以上的美国人曾参加过这种活动。报名参加纽约马拉松比赛的选手从1970年的156人增加到1977年的5000人。[1]

当阿迪达斯在跑步项目运动员中很有市场时，它并没有把慢跑的热潮和耐克当回事，因为当时一切都进展顺利。这是成功后常犯的错误：为什么要在新的、还不确定的领域中进行投资？慢跑既不是团队性活动也不是竞技性活动，它和阿迪达斯公司所熟悉的市场有很大的不同。除此之外，阿迪达斯的品牌创建模式中也不包含慢跑者。由于慢跑运动很少有运动队、俱乐部或协会（也没有国家或全球性的联盟），阿迪达斯也就无法与之建立联系了。

这其中当然也有傲慢的缘故。阿迪达斯的设计师不懂得适合慢跑者穿的鞋款设计，他们觉得减少对跑步者速度的帮助就是在某种程度上降低了专业水准。实际上他们最终设计出了一款跑鞋，给它起了个绰号叫"瘸子"，因为这双鞋会让穿着它的人变成"瘸脚"。阿迪达斯的态度和德国汽车公司对雷克萨斯汽车卖点的反应很相似：为真正的司机所准备的好车是不会有软座和杯托的。

耐克的故事

1964年，菲尔·奈特创立了蓝丝带运动用品公司，打算从日本进口价格低廉的Onizuka运动鞋贩卖到美国。与奈特一起创业的是比尔·鲍尔曼，俄勒冈大学的一个田径教练，对跑步鞋很感兴趣，并具有鞋类的创意设计灵感。他们的目标是为参赛的田径选手改进跑鞋的设计，同时也为了赚钱。当初品牌的图案看起来非常像阿迪达斯和彪马图标的混合体，运动鞋的品牌名称在最初的几年里也从"Onizuka"到"Onizuka虎""虎牌"再到"阿西克司"更改了数次，而且品牌在质量、运输和商业纠纷等方面的问题层出不穷。

1972年蓝丝带运动用品公司开始在韩国生产自己的系列产品，品牌名称定为耐克，确定了它的钩状商标（顺便提一句，当时的设计费仅仅花了35美元）。20世纪70年代，耐克的销售收入以每年两三倍的速度递增，从1976年的1400万美元到1978年的7100万美元，在1980年达到2.7亿美元，到1983年时已经超过9亿美元。1979年，耐克销售的跑鞋数量占了当年美国跑鞋市场的一半还多。一年后它甚至超过了长期主导美国运动鞋市场的阿迪达斯。在耐克让人震惊的销量增速背后，是开始于20世纪70年代中期，随之席卷全美（乃至不久以后的整个世界）的跑步、慢跑和健身热潮。由于耐克拥有田径和赛跑的传统，它找准了自己的位置，并很好地利用了这一趋势。菲尔·奈特，这位前田径选手和跑步爱好者，敏锐地察觉到了这些慢跑运动参与者们日益增长的兴趣和需求。

菲尔·奈特希望耐克能像阿迪达斯那样成为真正的运动鞋品牌。耐克的经营哲学是更好的技术带来更好的表现。公司通过一系列的产品和功能创新赢得了专业跑步团体的尊重。耐克在20世纪70年代的主要发明有铁模鞋底（Waffle Sole，根据制造第一个模型的waffle铁命名）和"Astrograbbers"，这两种产品使运动员的表现有立竿见影的提高。

早期耐克品牌创建工作沿袭了阿迪达斯的模式，采用运动员代言。在最初的几年里，由于耐克当时的资源还不足以吸引顶尖运动员，所以其关注的焦点是那些运动新星和奥运会的小项目。随着收入的增加，耐克也开始关注代言计划，当时的目标是让耐克的商标进入获胜者的圈子和出现在电视上，不仅仅是让运动鞋获得信誉度，还要创造客户对产品的情感和自我表达型利益。深入挖掘体育运动所蕴含的情感从一开始就是耐克的经营秘诀之一。

耐克所寻找的运动员类型与阿迪达斯截然不同，他们性格火暴、富于挑战、咄咄逼人、独立自主，这些人的竞技态度更为率性真我。耐克最初的品牌代言人是长跑明星史蒂夫·普利方坦（Steve Prefontaine），他实力非凡，而且集中体现了耐克这些象征性的性格。1975 年他在一次车祸中不幸遇难后，人们在耐克总部建了一座雕像来纪念他。网球明星伊利耶·纳斯塔塞（Ilie Nastase）也属于这种类型，他有个绰号叫作"Nasty"（放荡小子），这非常符合他的个性。1972 年，他从阿迪达斯转签到耐克，但合作并未维持太久。还有一位也是十分出色的网球手，叫约翰·麦肯罗，于 1978 年同耐克签约，他在赛场上以脾气火暴闻名。耐克为麦肯罗制作的广告是一双鞋的图片，广告词是："NIKE，麦肯罗最喜欢的四个字母的单词"。这个双关语非常传神地表现了耐克品牌的实质。

耐克的品牌个性在早期的印刷品广告上也有体现。耐克的第一批杂志广告刊登在 1977 年的《跑步者世界》等杂志上。其中有一则广告，画面上是一位妇女正穿过一座发生了交通堵塞的桥，标题是"人与机器的对抗"。另一则广告上有一个人孤独地跑在狭窄的双向道路上，路两旁有两列参天大树，大标题写着"没有终点"。画面把读者从都市喧闹的环境带到一个在清新的空气中挑战自我的地方，广告表现的这种体验让那些痴迷于跑步的人心潮澎湃。广告让观众产生了共鸣，并被广泛地张贴在成千上万的卧室、寝室和起居室内。这些广告和海报让人觉得耐克看起来很酷，尤其是在与更注重技术和权威的阿迪达斯相比时更是如此。

同专业运动员代言的高额费用相比，20世纪70年代中期耐克的规模相对来说就有点小了。因此，耐克的广告和代言人计划还比较温和。为了用小额预算获得最大的影响，耐克建立了它的顾问团。如果大学教练参加顾问团，他们所率领的队伍就能得到免费的运动鞋，他们组织的夏令营也会得到支持，酬劳也比较合适，每年还有一次到耐克总部所在地进行豪华旅行的机会。这些教练觉得这太让人难以置信——他们会因为接受免费的运动鞋而得到报酬！在活动发起的第一年有10名教练加入，后来参加这个计划的教练人数增加到50名，如此一来，耐克的商标便有机会出现在NCAA（美国大学男子篮球联赛）的半决赛和决赛的最后四场比赛上，这是一个非常盛大的电视赛事。

另一个"物有所值"的计划是西部运动员计划，耐克在俄勒冈州尤金市开设了一个训练中心，供那些在比赛淡季没有训练设施和资源的奥运会选手使用。美国人对于这种出于私人友谊的帮助极度赞扬，尤其当时许多东欧运动员仍然依赖于政府的资助。1977年开设的西部运动员训练中心起到了显著的宣传作用，同时也向顶尖运动员们传达了一种信息——耐克是站在他们这一边的。

耐克还有一个更重要的计划，叫作爱钦斯（Ekins，是耐克的英文单词逆序拼写），涵盖技术代表和销售人员，着重于在普通消费者中开展品牌活动。参加爱钦斯计划的新耐克员工将接受运动鞋相关技术以及耐克理念的培训。随后，爱钦斯团队的成员将赶往各个指定的市场，为运动品商店提供销售咨询服务，从极其复杂的技术层面向骨科医生证明耐克运动鞋如何有助于防止伤病，组织促销门诊和路演，在周末比赛上（公路赛跑、田径比赛以及越野比赛等）与运动员互动交流。他们得到的任何信息都会在筛选后反馈到耐克总部，作为进一步研发设计的指导。

爱钦斯计划在当时是独一无二甚至是具有革命性意义的。其他任何鞋类公司都没有这样既热爱运动又懂得运动的技术和销售顾问团队。这种推心置腹的品牌创建活动使耐克同具有影响力的关键人士建立起联系。这项计划可以追溯到耐克的初期发展阶段，当时它的经理们就经常出现在各种田径赛场上与运动员交流。

耐克的挫折

1983年耐克面临了一场危机：负责产品创新的人傲慢自大，销售和利润下降，公司的一些重要人物离职，奈特退出公司的日常管理，公司开始每况愈下。个中原因多种多样，其中包括耐克冒险扩张到服装业，不仅设计拙劣，产品质量也不好，品牌因此开始动摇。还有人提出错误的主张，比如延伸到妇女休闲服饰领域。进入欧洲市场的努力消耗了公司重要的管理和财政资源，新机器设备生产出的产品并没有取得大的成功。虽然原因种种，但最重要的还是耐克对锐步的竞争没有防备。

锐步抓住了妇女健身和有氧健美操的热潮（尤其是在美国），其年销售额从1982年的3500万美元激增到1985年的3亿多美元。锐步推出了舒适柔软、颜色多样、时尚大胆的皮质运动鞋。锐步鞋在注重风格的客户（尤其是女性）当中引起了轰动。女演员斯碧尔·谢波德穿着橘红色锐步鞋配上正式的晚礼服参加了艾美奖的庆典，并把它当作一次时尚宣言。锐步成功地进入了运动鞋业的巨大市场空隙，耐克和阿迪达斯均遭受到了来自锐步的打击。

耐克在认知这种热潮并做出反应时的失误，同10年前阿迪达斯对跑步热的反应极为相似。耐克当时发展得还不错，而且非常自满，所以它对新兴市场的潮流（如女性健美操）以及对代言人计划和大学教练顾问团计划都不起作用的新商业领域都不感兴趣。耐克也犯了自大的毛病，它的设计师觉得锐步的鞋太轻佻，而且质量低劣，不适合那些真正跑步的人和运动员。

耐克归来

在耐克准备卷土重来的时候,菲尔·奈特重新接管了公司,着手重新定义耐克的品牌识别。他认为耐克就是运动、健身和优异的表现,这个论断帮助公司重新关注耐克是什么和不是什么(见图6-1)。休闲鞋、休闲服装与耐克不相适应,篮球鞋则很切合。另一个结论是耐克同消费者应该有情感联系,这暗示着耐克品牌应该超越产品,着眼于运动场上的使用体验(而不是休闲的生活场景)。

核心识别

运动和健身

以技术创新为基础的高性能运动鞋

顶级运动员和真正的运动爱好者

获取胜利的渴望

延伸识别

品牌个性

- 锐意进取,敢于挑战,直率干脆
- 精力旺盛,酷
- 有男子汉气概

有声优势的象征,具有运动精神

运动鞋不断创新的传统,俄勒冈的背景

源自美国,对非美国市场而言

图 6-1 耐克的品牌识别——1984 年左右

耐克改变了品牌创建的游戏规则。在过去的20年时间里,耐克都依靠品牌代言人,而且人数众多。到1983年为止,耐克同大约2000名田径选手、半数的NBA球员以及其他一些运动员签订了代言合同。维持这些代言的费用每年都在上升,花掉了耐克的大部分宣传预算。与之相对的是,耐克在广告上的投入一直都很小,主要局限于专业杂志。这种宣传方式必须加以改变。

代言人战略将更重视影响力而不是数量，只有非常有影响力的少数运动员才能继续代言。同时，耐克将履行它的广告承诺，将品牌推到公众的面前。对这个新政策而言，迈克尔·乔丹既是工具，又是符号象征。

在经过 3 年的困难期后，耐克的销量又开始增长。1986 年，耐克的销售额终于突破了 10 亿美元，销售额和利润令人难以置信地开始了新一轮的增长。1990 年，销售额达到 22 亿美元，1994 年是 38 亿美元，1998 年是 96 亿美元。在这个阶段耐克的成功主要是因为三个品牌创建策略和计划：代言人集中策略（从乔丹开始），通过全国性广告获得主导地位以及耐克城商店的发展。

迈克尔·乔丹：以品牌策略为核心的广告代言人

1984 年年末，耐克同迈克尔·乔丹签订了一份为期 5 年的合同，除了代言费用，还给了乔丹耐克公司的股票，并在运动鞋上使用乔丹的名字，这些都是前所未有的优待。据估计，这次代言合同的总价值每年高达 100 万美元。这个数额是阿迪达斯或匡威的 5 倍多。后两家公司都认为乔丹只是个产品代言人，而不是一个营销计划和运动鞋服产品系列的推动力量。某期《财富》杂志的封面报道认为，由于耐克本身的财务问题，这个合同是一个巨大的错误。然而事实证明，这个合同是非常划算的，这在很大程度上是因为迈克尔·乔丹的表现和影响力超出了每个人的预料。

许多人认为乔丹是有史以来最优秀的篮球运动员。他的世界影响力不仅来源于他打球的风格，也来源于他的特质——乔丹不是依靠身高和力量优势，而是依靠他的速度和弹跳能力在空中飘浮，给观众带来赏心悦目的表演。人们被他近乎超自然的天赋所折服，全世界的年轻人都把他当作一个英雄。此外，乔丹不仅泰然自若、聪明过人，还非常刻苦，有令人羡慕的职业道德，而且对胜利有非常明显的渴望。总之，乔丹是一位少有的能超越国界和运动项目的运动员。当耐克将乔丹的许多特质转化为实质业务的基础时，这种品质给耐克带来了丰厚的回报。

乔丹对耐克的影响是巨大的。乔丹是卓越表现、激动人心、活力四射、声望崇高的化身，他比生活本身更伟大，是耐克最为理想的标识象征。由于乔丹的缘故，耐克创造出了"飞人乔丹"（Air Jordan）品牌产品，生产个性且色彩鲜艳的篮球鞋和相应的服装。"飞人乔丹"既是成功的商业广告，也代表了这一品牌的胜利，第一年的销售额就接近1亿美元。乔丹第一次穿上这种运动鞋时遭到了NBA官员的禁止，理由是这违反了联盟的着装规定。察觉到这是个很好的公关机会，耐克发布了一则广告，声称"飞人乔丹"是由于它"革命性的设计而被NBA禁止"的。结果耐克和"飞人乔丹"被媒体广泛报道，最后NBA做出让步，以有利于耐克的方式结束。

"飞人乔丹"不仅将乔丹的个人魅力运用到极致，同时也为耐克公司提供了一条展示新技术的途径。1974年耐克就掌握了这项在鞋底封装气囊的技术。（顺便提一句，这项气囊技术曾经被一个NASA的工程师提供给阿迪达斯，但阿迪达斯没有在意，后来他才来到了耐克。）

"飞人乔丹"运动鞋起初卖得很好，但很快就降到盈亏平衡点。耐克认为公众可能还不了解这种气囊技术，于是开发出一款可视型气囊鞋（Visible Air，在鞋底的两边有个小窗口，可以看到里面），还一并开发了强力气囊（Air Max）系列。新系列在1987年推出，广告预算为2000万美元，这是耐克有史以来第一次采用电视广告。气囊技术的功能特点被竞争者纷纷模仿，但由于同乔丹的合作和对"Air"品牌的专有权，耐克的技术优势仍然得到了认可。

因为乔丹，耐克可以超越跑鞋市场，围绕在美国正方兴未艾的篮球市场开辟出一片新天地。即使不从销量上来看，耐克也几乎在一夜之间成了篮球鞋的主导品牌。

乔丹的代言也证明了明星代言模式是富有成效的。在乔丹签约几年之后，耐克还签约了博·杰克逊（当时唯一一位职业篮球与橄榄球技术都很不错的选手）。他是耐克在1987年为跨项目运动员准备的一款新运动鞋的代言人。随之而来的"博了解橄榄球"和"博了解篮球"两套广告与海报立即成为流行文化的一部分。在杰克逊由于臀部受伤而无法继续打球后，他被另一位橄榄球和足球双料明星迪恩·桑德斯代替。1995年，泰格·伍兹也和耐克签约，他要同乔丹在篮球市场上一样，在高尔夫运动市场上为耐克的相关运动装备和系列服装开疆拓土。

广告：在媒体中占据主导地位

许多品牌会问：如果我们走出去，发起一次有冲击力的广告运动并让它持续很长一段时间，会有什么后果？这样做能够建立多少品牌资产？会不会有成效？这会使我们占据行业的主导地位吗？能不能得到比支出更多的收益？耐克的个案是对这些问题最好的回答。公司坚持把广告投入维持在一个较高的水平，始终坚定不移。从本质上来说，耐克改变了传统的品牌创建模式，它直接面向庞大的基层消费者进行宣传营销，而不是依赖于通过具有潜在巨大市场影响力的卓越大牌运动员自上而下地创建品牌。

在1984年的洛杉矶奥运会之前，耐克第一次针对消费者的主要广告活动花费了2000万美元。耐克当年在美国的销量下降了12%，利润下降了30%。1985～1987年间，耐克的处境更加恶化。它在美国市场的份额从27.2%下降到16%，这对锐步而言是最为有利的局面，它的市场份额从零增长到32%以上。然而耐克并没有气馁，继续积极地增加每年在广告上的投入，在1989年达到4500万美元，1992年达到1.5亿美元。

城市广告运动

20世纪80年代中期，在一次突破性的广告运动中，耐克在几个引领时尚的美国城市媒体上迅速树立起品牌主导地位。广告把耐克同这些城市联系起来，但真正的驱动者是巨型广告牌和建筑物外墙上的宣传画（见图6-2），这些以耐克赞助的主要运动员（不是产品）为主题的宣传图案在整个城市中随处可见。² 为了吸引消费者的注意，广告上卡尔·刘易斯的腿远远超出了广告牌本身的框架。这些视觉冲击同店内的活动相结合，促进广告影响转化为实际的销售业绩。

图6-2　耐克在户外的宣传画

这项城市广告运动的中心城市是1984年奥运会期间的洛杉矶。活动包括一个名为"我爱洛杉矶"的商业广告，里面有耐克赞助的许多著名运动员的动作片段——比如卡尔·刘易斯跃过天空，却落在威尼斯的海滩上；约翰·麦肯罗同一个交警争吵等。在广告牌和建筑物外墙壁画中也能看到这些场景。由此而来的可见性和存在感逐渐蔓延到奥运会的媒体报道中，于是耐克同奥运会的认知关联度比奥运会的官方赞助商匡威还要高出好几倍。匡威把钱都花在比赛的赞助上，阿迪达斯则是花在对各参赛队的赞助上，耐克吸引的却是消费者的眼球！

媒体广告

通过全国性的媒体广告，耐克真正走出了原先在消费者心目中固守的位置。它不仅增加了媒体广告的比重，还重视广告的执行质量。例如，在迈克尔·乔丹早期的一段广告中，在准备灌篮的时候，他在空中飞了起来，广告词是："谁说人类不能飞翔？"这个图像成了飞人乔丹的标识，也成了最受欢迎的海报之一。在当时还不太为人所知的先锋派导演斯派克·李制作的一系列幽默广告中，乔丹展现了他个性的一面。

在1988年发起的"Just do it"广告运动中（见图6-3），耐克大获成功。它被《广告时代》杂志评为20世纪最佳广告的第四位。排在它前面的是大众汽车五六十年代的"淡泊名利"广告、可口可乐20年代的"劳逸结合"广告和经久不衰的万宝路牛仔广告。[3] 排在它之后的还有麦当劳（"今天你应该休息"）、戴比尔斯（钻石恒久远）、米勒啤酒（好口味，别贪杯）、Avis（我们精益求精）以及绝对伏特加（瓶子）。

第一个"Just do it"广告的主人公是轮椅上的运动员克莱格·布兰切特，宣传口号采用黑底白字印刷。广告语从来没有被念出来，但它在整整一代人心中产生了共鸣。正如耐克的广告导演斯科特·贝德伯里所说："我们无法用绘画或者音乐来表现，因为这已经不仅仅是一条广告标语。它是一种理想，是一种人生观。"[4] 它让人联想起过于肥胖的人推迟他的锻炼计划，职员们因太忙碌而不能专心进行健身以及所有梦想参加体育活动却被种种事务打断的人。这仿佛是耐克在敦促人们去锻炼身体,帮助人们分清生活的主次,将脑海中的梦想变成现实。

图6-3 耐克的"Just do it"广告

"Just do it"的口号使用了很长时间,只在1997年的一段时间里,曾被换成"I Can"。"I Can"这个口号鼓励运动员们挑战自己的极限,向他们暗示有志者事竟成的哲理。这种改变是为了影响消费者的认知,使耐克更好地同20世纪90年代关怀与分享的主要趋势相适应。但由于在执行时没有什么创造性的突破,它没有清晰地表达出这个含义,也没能引起足够的反响。这个不错的创意有点生不逢时。"I Can"活动的失败证实了一种观点:一个成功的广告战役需要具备许多条件。

耐克城：旗舰店

1992年，耐克在芝加哥的北密歇根大街开了第一家"耐克城"商店，这在品牌创建中是前所未有的。这家主要的零售店有3层楼一共将近7万平方英尺⊖的销售空间，有18个独立的产品专柜用来展示耐克的所有产品。最重要的是，耐克通过表现活力四射、"Just do it"的理念和直截了当的态度来传达耐克的品牌本质之所在。店里有MTV风格的音乐，在巨大的电视屏幕上可以看到重要比赛的精彩回放，有乔丹在空中飞翔的巨幅海报，还设有一个乔丹纪念馆。商店的建筑风格、布局、工作人员、陈设以及整体视觉和氛围都无一不体现着耐克的个性特征（见图6-4）。

图6-4 耐克旗舰店

⊖ 1平方英尺=0.093平方米。

1996年，耐克城商店超过艺术馆成为芝加哥最吸引人的旅游景点，每年有100多万名参观者，年销售额达到2500万美元。在芝加哥耐克城开张之后的6年内，陆续出现了12个新的耐克城，其中一个在纽约市。这些商店给消费者带来的体验是任何其他竞争者和零售商都无法比拟的。竞争者面向消费者的大多数方式是分散的、零星的，大多数零售商也没有动机去为耐克的品牌创建贡献这么大的空间（顶多只是陈列耐克品牌的产品）。因此，耐克城商店在耐克的品牌创建中起了关键作用，它作为核心和立足点，同其他所有品牌创建活动都建立起联系。

耐克在欧洲

1981年耐克开始在欧洲开设商店，随后很快就站稳了脚跟（当时阿迪达斯陷于困境也是其中一个原因）。耐克在欧洲的成功缓解了同一时期其在美国的困境。1984年，尽管耐克在美国的销量下降超过10%，但其销售总额上升了。

耐克在欧洲的主要问题在于品牌定位。它在欧洲的品牌战略基本还是立足于传统：非常重视为专业运动员提供性能优异、技术先进的产品。耐克的这些核心识别元素在美国非常有效，但阿迪达斯在欧洲也拥有这些品牌关联。因此，耐克必须要标新立异，它所依赖的是耐克品牌的个性和独特的美国传统，它的确做到了。

耐克的美国背景为品牌增加了信誉度和可信度。由于许多欧洲人认为慢跑和健身运动的潮流源自美国，所以耐克在这些关键领域很容易进行品牌定位。有些欧洲人，尤其是年轻人，对来自美国的所有东西都有一种偏爱，可口可乐、哈雷-戴维森、麦当劳、万宝路和李维斯等品牌都从这种偏爱中获益，耐克当然也不例外。

耐克不仅在欧洲的品牌创建活动中采用与在美国相同的代言人，甚至还为美国的篮球等运动项目做宣传。除法国之外，其他所有国家的广告都一律用英语书写。

耐克品牌的个性也是其在欧洲品牌识别和品牌定位上的一个关键驱动力。在欧洲市场上，耐克勇于挑战、直截了当的形象，加上其挑战者的姿态，对年轻人这个关键市场尤其具有吸引力。因为耐克不仅让人感到叛逆狂放是可以接受的，甚至让人对此表示赞许，这使得年轻人认为耐克很酷。与之形成尖锐对比的是，阿迪达斯显得太过于主流化、言辞太含蓄、太无所不包，它给人的印象是爷爷奶奶们曾穿过的鞋。毫无意外，耐克成为首批在欧洲 MTV 音乐频道做广告的品牌之一，所花的费用超过任何成熟运动品牌的总和。

在耐克城出现以后，其他品牌也采用了旗舰店、剧场以及赛事商店等商业形式。一些品牌比如索尼、拉尔夫·劳伦 Polo、华纳兄弟、迪士尼、世嘉、维珍、Bass Pro Shops、REI，都认识到建立品牌剧场的影响力。品牌剧场的舞台、道具和演员全都是品牌的支持者。在密苏里州的斯普林菲尔德，Bass Pro Shops 的户外世界每年吸引着 400 万名访客，它包括一个四层的瀑布、射击和射箭场、四个水族馆、一个室内高尔夫练习场、一个推球训练场以及一个野生动物博物馆。1996 年在西雅图开设的 REI 商店非常符合公司作为户外运动装备首选供应商的形象，它包含一个 140 米的高山越野自行车赛道、一个测试野营炉灶的壁炉、一个测试防雨装备的浴室、一条徒步远足的道路，还有最重要的——世界上最大的无支撑室内攀岩场。

旗舰店不仅因为给消费者提供大量的品牌体验而带来巨大的商业机遇，还让组织内的成员看到品牌识别及其执行是如何一起发挥作用的。在创造一个成功的品牌创建旗舰店环境的过程中，关键的因素有哪些？Prophet 铂慧的研究提出了六条指导性意见。

（1）有清晰的品牌识别。确保有一个能指导旗舰店的清晰的品牌识别。组织中的所有元素不仅要服务于商店，还要同商店进行互相协作。一切都要协调统一，一切从品牌识别出发。只有将商店的整合协调影响力同其他品牌创建活动结合起来，才能带来真正的回报。

（2）提供一个与品牌相关的客户利益点。要避免让商店成为品牌博物馆，或同品牌无关的娱乐中心。比如 REI 商店，它的设计着眼点是给消费者解惑，解开复杂产品的神秘面纱，在这种环境中，消费者可以触摸、使用、验证各种各样的户外装备。

（3）挖掘利用品牌资产。旗舰店有潜力展示所有形式的品牌资产，包括品牌象征、颜色、音乐、传统和独特的产品系列。比如在索尼商店里，产品的陈列方式是以索尼产品独特的完整家庭和办公室环境为模板。

（4）创造好的购物体验。旗舰店仍然是一间商店，所以它的设计目标应该是一种愉悦、有收获和激动人心的购物体验。这其中的难点在于既要作为一个实际的商店又要承担起品牌创建的责任。

（5）持续创新以保持体验的新鲜感。没有创新，旗舰店会给人留下一种已经去过、已经做过的感觉。当然，新产品是零售业保持活力的生命线，但旗舰店需要提供出比新产品更多的变化和创新。

（6）利用商店和其学习功能。不要把商店看作一个仓库，要充分利用它进行广告宣传。在耐克城最开始的 6 年里，媒体上有将近 1900 篇文章是关于它的。还要从购物者身上进行学习——发现那些对消费者起作用、吸引消费者的事物，并在公司销售系统的其他部分适时运用。

早安，阿迪达斯

阿迪达斯错过了 20 世纪 80 年代的行业高速增长期，它一直在沉睡。1978 年阿迪·达斯勒的去世使阿迪达斯失去了技术创新的主要力量。1985 年霍斯特·达斯勒的意外死亡使阿迪达斯又失去了品牌的规划者，阿迪达斯品牌开始飘摇不定、失去重心。1989 年公司被卖给一位颇具争议的法国商人——伯纳德·塔皮。塔皮的政治野心超过他的商业能力，3 年后，他发现自己的资金链出现了问题，于是把阿迪达斯的控制权出让给了一家法国银行财团。

这是阿迪达斯经营最惨淡的一段时间。1988～1992 年，阿迪达斯的年销售额从接近20亿美元减少到17亿美元,而在同一时期,耐克的销售额从12亿美元猛飙升至超过34亿美元。20世纪70年代末期,阿迪达斯在美国还是市场的领导者,但到1992年,其市场占有率降到只有3%。1991～1992年,在德国这个欧洲的关键市场上,阿迪达斯的市场份额从40%降到34%,而耐克的市场份额却从14%增加到18%。同年,耐克在欧洲的销量上升了38%,而阿迪达斯的销售额则几乎下降了20%,公司的损失达到1亿多美元。

造成这种困境的原因有很多。阿迪达斯认识到慢跑的热潮已经太晚了,后来的健身操运动也是这样。当它做出迟来的反应后,新产品及其利益诉求点却又没有方向感,同品牌的核心价值产生偏离。(正如 Aaron Tippin 在他的一首歌里告诉我们的,当阿迪达斯"不再代表什么时,它就做什么都不顺利了"。)此外,阿迪达斯的营销计划仍是建立在其20世纪70年代的模式基础上,而耐克则一直创新和创造了许多新的实用模式。阿迪达斯出现品牌形象问题毫不奇怪,尤其是在年轻人群体中,他们认为阿迪达斯非常保守,注重功能但不时尚。

阿迪达斯扭转局势

1993年春天,由于不断恶化的财务问题,拥有阿迪达斯的法国银行把它卖给了由罗伯特·路易斯-德雷福斯(Robert Louis-Dreyfus)领导的一家投资集团,当时他刚刚完成对萨奇(Saatchi & Saatchi)广告公司的转型改造。在耐克前执行官罗伯·斯特拉瑟和曾在耐克任职的创意天才——皮特·摩尔加盟之后,德雷福斯也到来并担任 CEO。这个新的管理团队让人们对阿迪达斯的复苏有了信心。

他们的举措之一是让阿迪达斯从不同的发展方向收回,并压缩膨胀的产品线。接下来他们细心谨慎地发展了阿迪达斯的品牌识别和品牌创建出发点。

这包括一个新的高端装备子品牌、新的品牌管理结构、活力焕发的广告、一个中心明确的赞助计划以及以阿迪达斯冠名的民间赛事。

阿迪达斯的品牌识别

新的执行团队意识到，曾经强大的、中心明确的阿迪达斯品牌已经动摇了。因此，他们把品牌识别带回到它的本源，再现品牌过去曾代表的东西，同时更多地加入情感和现代感。在这一系列改革措施之后，阿迪达斯有了一幅更为清晰的图景用来指导其品牌创建工作。这个品牌识别的关键维度是优异的表现、积极的参与和情感（见表6-1）。下面将逐一阐述这三个维度。

表 6-1 阿迪达斯品牌识别——1993 年

1. 核心识别
- 优异的表现
  1）创新型的装备
  2）增强表现的伙伴
- 积极的参与——不只为获胜而竞争
  1）不仅仅是顶尖运动员，还有普通民众
  2）超越，突破限制
- 情感
  1）实现目标的激动
  2）竞争的兴奋

2. 延伸识别
- 你能依赖的优质产品
- 真正致力于运动的运动员（不是因为追求时尚）
- 运动员的最佳选择
- 自1926年以来原创设计的运动鞋
- 个性
  1）真诚，不做作，有竞争力
  2）富有活力
  3）非常有帮助的团队伙伴

优异的表现。从根本上说，阿迪达斯是一个提供品质优良、不断创新的产品公司和品牌。创新是它的传统，这有利于提高顶尖运动员的水平。阿迪达斯能真正地理解运动员和他们的运动项目，是帮助他们追求自己极限的伙伴。

积极的参与。耐克把优异的表现等同于获胜和顶尖选手，阿迪达斯则更重视参与性。对阿迪达斯而言，优异的表现意味着突破限制和跨越疆界，这表现在运动员同自己或外在环境的竞争中。阿迪达斯的产品包罗万象，支持每一位运动员、每一个级别、每一场比赛，无论性别或年龄。不仅仅是顶尖选手，每个人都能而且应该参与。比起明星和个人，阿迪达斯更关注团队、团队合作和团队精神。

情感。每项体育运动的核心都是激情——无论是胜利时的兴奋、超越时的狂喜、团队合作时的激动还是身体对抗时的紧张。耐克让人联想到积极进取，甚至略带愤怒（尤其是 Just do it 这个短句），而与阿迪达斯相联系的是积极的情绪，更多的是竞争的过程而非最终胜利的结果。对阿迪达斯来说，挑战自我让人兴奋，而胜利只是一种对努力的犒赏，并不是努力的动力。

该品牌识别第一次为阿迪达斯确定了目标个性。它将成为一个真诚、富有活力、有竞争力和精诚合作的品牌。在某种程度上，这种个性体现了真正的运动员精神——一个公平地遵守比赛规则的人、一位具有强烈职业道德的运动员和一名优秀的团队成员。

1993 年，新的阿迪达斯品牌识别发布了一个强有力的品牌宣言，为品牌找到了焦点并且清晰地告诉人们它同耐克的不同。新品牌识别保持了阿迪达斯的技术、创新、表现卓越的传统，同时又将品牌往积极的方向进行拓展。

围绕阿迪达斯的品牌识别创造品牌创建的焦点

新的高性能子品牌：Equipment

阿迪达斯同其他运动鞋和运动服饰公司一样，也存在典型的垂直延伸问题。它需要吸引更大范围的顾客,从专业运动员、一流运动员到一般的爱好者。专业运动员需要的是高性能装备,但更多的大众客户群并不需要这个。在从足球鞋到运动服的大多数产品类别里,产品的样式和价格都有相当广的纵向跨度,这一点对阿迪达斯、耐克和锐步来说都是一样的。支持这样一个宽泛的产品和价格区间会带来一个较大的问题,就是对处于最上层的品牌来说,由于其同很多根本谈不上最好的产品联系在一起,因此很可能会失去原有的信誉度和美誉度,不再意味着是最好的产品。

为了解决这个问题,1990年阿迪达斯开发了一个代表高质量的新子品牌,该品牌包含种类齐全的、最优质的鞋子和衣服。(事实上,这个创意是由斯特拉瑟和摩尔在加盟阿迪达斯之前就提出的。)阿迪达斯用名为 Equipment 的子品牌来代表其最棒的产品,无论是篮球鞋、足球鞋还是运动外套,宣传的重心也集中在 Equipment 产品上。阿迪达斯推出 Equipment 品牌让人振奋,这代表着基于技术的优异性能,而这正是阿迪达斯的品牌本质。实际上,Equipment 成了阿迪达斯品牌的银色子弹。

消费者逐渐意识到 Equipment 品牌是阿迪达斯最好的产品,阿迪达斯品牌所代表的意义也变得不一样。虽然它依旧代表着参与、激情和性能,但"性能"现在被赋予了全新的内涵。从品牌角度来看,由于不会被冠以 Equipment 这个品牌,阿迪达斯的低端产品被有效地分离出来。通过把过时的技术移植到普通消费者市场的产品中,公司得以维持 Equipment 子品牌高性能的层次感。而新的高端产品(比如 Feet You Wear 技术)只能在 Equipment 的产品线中被找到。

1998年,耐克也觉得阿迪达斯这个子品牌创意非常出色,它仿照阿迪达斯引进了阿尔法(Alpha)品牌,这条产品线包括服装、运动鞋和运动装备(包括手表和眼镜)。除了传统的钩形标识外,阿尔法品牌还有着自己专有的符号:5个点构成的省略号。这个产品线的名字非常有优势,因为阿尔法这个符号通常用来表示最好。相比之下,Equipment 这个名字只是一个描述者(你可以购买、拥有和使用各种装备），它本身并没有一种产品更好的暗示。一个能引起好的联想的名字会使品牌创建变得容易许多。

子品牌：原创

毫无疑问，阿迪达斯运动鞋有着优良的传统，在体育运动史上许多具有纪念意义的赛事上都能看到它的身影，那么如何在产品中继承这些传统呢？这个问题导致了一条名叫"原创"的新产品线的诞生。阿迪达斯推出"原创"的初衷是为了从阿迪达斯产品的优良传统中获益，他们挑选出一款曾经辉煌的阿迪达斯运动鞋，重新设计，重新生产，重新推出，例如，将阿迪达斯 Rome 这个意大利和奥运会的纪念款，重新用"原创"这个品牌推向市场。

对今天的阿迪达斯来说，"原创"这个子品牌非常成功，因为它几乎占到阿迪达斯所有鞋类销售额的 15%。更重要的是，"原创"牌运动鞋的每一次销售都让人们更加相信阿迪达斯是一个有着优良传统的纯正制鞋企业。虽然有点晚，但耐克仍然又一次做出了反应，它重新推出了 Cortez 跑鞋，一个蓝丝带运动品公司和 Onizuka 合伙人时期的产物。

阿迪达斯管理品牌的新方式

在 1991～1992 年间，阿迪达斯对公司的管理方式做出了重大调整。在那之前，公司由三个主要业务部门组成，分别负责服装、鞋袜以及运动员使用的仪器或装备（比如各种球、球棒和球拍等）。新的组织结构按业务单元和运动类别划分，例如足球部门的职员要专门负责这项运动。业务单元的职责划分也参照专业市场的地域分布，比如德国办公室负责管理足球类业务，美国办公室则负责管理篮球类业务。

业务单元的重组是实施品牌战略的关键。它既帮助公司集中关注某项具体运动，还有助于阿迪达斯的员工了解并掌握这个项目的最新发展动态，同时使阿迪达斯作为一个代表高性能品质的品牌重新获得信誉度。

广告

在20世纪80年代末90年代初，没人见过或听说过阿迪达斯对耐克在欧美传媒界的攻势有什么反应。因此，阿迪达斯复苏的第一步就是在这个领域同耐克相抗衡，它以广告向销售转化的比率为基础，将广告费用增加一倍，从而同耐克展开竞争。它把所有的广告攻势都集中在一个代理商上，由此产生了延伸效应。像耐克一样，阿迪达斯不单单是要花更多的钱，出色的执行更为有效。

就拿广告活动中的电视广告"墙"来说，它模仿耐克用超现实主义的影像表现一个跑步的人从"痛苦之墙"中穿过。影片由先锋电影制作人大卫·林奇（David Lynch）制作，用英语做旁白，广告语是"征服它"（earn it）。这次活动的中心是由阿迪达斯而联想到的高性能品质。广告内容本身是内在导向的：你的竞争者是你自己。对运动员来说，"征服它"就是一种激励，好像在说："没有什么能阻挡你成功，要超越自己，超越极限。"

另一个广告活动是关于阿迪达斯传统的。在1995年的广告中，阿迪达斯首次明确地使用了品牌代言人。其中一个广告由埃米尔·扎托佩克（Emil Zapotek）主演，内容是他作为一个捷克跑步运动员和一名士兵的双重生活，另一个广告由年轻的穆罕默德·阿里出演。整个广告活动的广告语是"我们了解过去——我们了解现在"，这个信息传达出阿迪达斯的原创精神、悠久的传统和领导者的气质。这部广告表现了阿迪达斯的诚实、真挚、不夸张的品牌个性。

还有一次广告活动聚焦于阿迪达斯在技术和性能上的声望，它推出了革命性的 Feet You Wear 系统。这个新产品号称是迄今为止为运动员开发的最合脚的鞋，当然这对阿迪达斯来说有点夸大其词。在做每一件事时，阿迪达斯都花费巨大的财力来支持这项活动，希望在竞争对手推广各自的新产品和技术（如耐克的空气变焦系统和锐步的 DMX 系统）时能脱颖而出。

赞助活动：运动队和体育盛会

尽管阿迪达斯有一批顶尖的运动员作为代言人，如洛杉矶湖人队的篮球运动员科比·布莱恩特、网球明星安娜·库尔尼科娃、跑步运动员埃米尔·扎托佩克和足球明星齐内丁·齐达内，而公司的主要赞助计划仍是以大型的全球体育比赛、体育协会和团队为中心。相对而言，耐克同运动员的个人关系更为密切，更关注他们个人的成功。就像"你不是赢得了银牌，而是失去了金牌"这句广告语一样，耐克明白地告诉人们获取胜利比什么都重要。

因此，阿迪达斯一直以来都热衷于赞助关键的比赛，如奥运会、欧洲足球锦标赛和世界杯足球赛。这一策略使得阿迪达斯把自己与一种运动中最激动人心的赛事联系起来。除了世界大赛外，阿迪达斯还在世界范围内赞助一些国家队和地区队，其中有德国、意大利和西班牙的国家足球队，拜仁慕尼黑、AC 米兰和皇家马德里等专业的足球队，还有纽约扬基棒球队和旧金山 49 人橄榄球队。在支持者的生活中，球队是非常重要和有意义的一部分，因此赞助球队为阿迪达斯同球队支持者建立联系提供了独一无二的机会。

阿迪达斯街头篮球挑战赛

1992 年夏天，在柏林的马克思 - 恩格斯广场上，阿迪达斯尝试了一种新颖的赞助活动——在城市的露天场所进行由本地人参加的 3 人篮球联赛。活动非常成功。1993 年，阿迪达斯在德国的主要大城市中组织了 66 场篮球联赛，这些比赛被冠名为"阿迪达斯街头篮球挑战赛"。在某天或某个周末，欧洲主要城市的市中心会为各种各样的活动腾出场地，比如篮球赛、灌篮和罚球比赛、街舞、涂鸦和极限运动表演，同时还有嘻哈和说唱乐队演奏现场音乐，这些活动一般持续一天或一个周末。

阿迪达斯街头篮球挑战赛逐渐转变成阿迪达斯品牌的庆典，让消费者对公司的鞋、服装以及装备有一种强有力的使用体验（见图6-5）。比赛没有裁判，参赛的队伍穿戴着阿迪达斯提供的特色帽子、短裤、背心和夹克等。专门设计的街球装饰品帮助营造出想要的欢快而又紧张的体育运动氛围。穿着三条纹标识鞋子打篮球的卡通人物成为官方认可的街头挑战赛的吉祥物和品牌标识。

图6-5 阿迪达斯街头篮球挑战赛

阿迪达斯街头篮球挑战赛的重要特色之一是重视参与性。比赛欢迎人们观看，一切努力都是为了让每个人都能通过某种形式的活动参与进来。同时阿迪达斯还给那些想参加但水平不高的人准备了另外的场所，年轻人也有训练技巧的专门场地。给阿迪达斯代言的球星们会在现场表演他们的绝活，给球迷签名，与大家闲聊。

如果阿迪达斯不与其他赞助商联合，街头篮球挑战赛在品牌创建中的作用将会大大降低，而所需要的费用开支则会大幅增加。其他赞助商的参与不仅使得这项赛事的成功更有保障，而且增强了与消费者之间的联系。这些赞助商包括索尼、可口可乐（雪碧）、汉莎航空、西门子、Sat 1 Jumpran 电视台、MTV 和 *Sport Bild* 杂志等。其中的索尼和媒体赞助商尤为重要，索尼和 MTV 一起合作，负责街头挑战赛 CD 的发行和宣传报道，而 MTV、*Sport Bild* 杂志和 Sat 1 Jumpran 电视台则保证了整个德国范围内的观众都能了解到这项赛事。

阿迪达斯街头篮球挑战赛也被推广到其他一些欧洲国家。每个国家的队伍先竞争全国冠军，而后这些冠军队才能参加欧洲总决赛。参与比赛的当地零售商大受裨益，阿迪达斯也为他们提供了多种参与途径。例如，零售商可以选择"租借"一次联赛，在正式比赛前组织一些小规模的竞赛。

在该赛事第一次尝试举行之后的 5 年间，参加阿迪达斯街头篮球挑战赛的人数总额超过 50 万人。在柏林的德国总决赛吸引了 3200 名球员和 4 万名观众。米兰的世界总决赛有 30 多个国家和地区的参赛队参加，有些甚至来自巴西和中国。德国最好的篮球杂志 *Basket* 对比赛进行了很好的报道。

阿迪达斯在好几个方面将街头挑战赛的品牌进行了延伸。在足球界，它举办了阿迪达斯掠夺者杯足球挑战赛，这项赛事专门面向 6～18 岁的年轻人。这场以四对四比赛为特征的赛事由 13 000 个德国足球俱乐部参与组织，并在改名为 DFB－阿迪达斯杯后，吸引了 6500 多支参赛队伍，有 30 多万人到场观看比赛。联合赞助商包括梅赛德斯－奔驰、可口可乐、Kaercher、《踢球者》和青年杂志 *Braco and Tween*。接下来阿迪达斯还举办了阿迪达斯探险挑战赛，其主要项目包括自行车山地运动、越野赛跑、划艇以及其他一些户外运动。

这一系列的挑战赛从战略角度提供了用户体验、品牌联想和品牌知名性，但这是独一无二的，是阿迪达斯专有的。与其他的高尔夫巡回赛和足球锦标赛不同，街头挑战赛是唯一的且属于阿迪达斯。由于阿迪达斯是比赛名称的一部分，因此比赛的所有体验和联想都会同阿迪达斯联系起来。此外，阿迪达斯可以独立地把比赛办下去，不需要理会诸如奥林匹克委员会等其他单位要求赞助费必须加倍之类的干涉。

回报

由于媒体广告、新的子品牌、赞助活动和对普通消费者的品牌化赞助（以及其他一系列关键的品牌战略决策）等的共同作用，阿迪达斯取得了令人震惊的成功。销售额从1992年的17亿美元上升到1998年48亿美元的新纪录。在上一个亏损年度（1993）之后，利润平稳地上升，在1998年达到4.25亿美元。

阿迪达斯品牌战略在两个国家中的成功尤为引人注目，一个是以它作为市场领导者的德国本土市场；另一个是美国市场，在那里与耐克相比它只是个小对手。20世纪90年代初阿迪达斯在德国市场中的份额曾减少到30%多一点，但到了1998年，其运动鞋的市场份额反弹到38%以上，再一次证明了它的领导地位。在美国，其市场份额也从不到3%翻了两番，某些产品类别的市场份额在1998年超过了12%。

对阿迪达斯而言，这样的销售业绩代表的是品牌形象的提升。一项消费者品牌形象研究表明，阿迪达斯所有的品牌联想都有了积极的改变。值得注意的是，消费者在谈到阿迪达斯时最多的三个联想是：时尚、现代和酷，在短短几年间就有了这样根本性的转变。另一个调查显示，超过50%的运动员认为在过去的两年里阿迪达斯变得更现代、更与时俱进和更年轻了。他们也注意到阿迪达斯改进了它的广告，同消费者有了更好的沟通方式。

启示

耐克和阿迪达斯的品牌创建故事为我们提供了一些值得借鉴的经验，总结如下（见图 6-6）。

（1）品牌创建不仅仅是做广告。广告在品牌创建中起着重要的作用，对 20 世纪 80 年代的耐克和 90 年代的阿迪达斯而言尤为如此。但它们的品牌创建工作还涉及其他因素，这些因素包括赞助、代言人、子品牌产品、旗舰店和民间赛事，比如阿迪达斯街头篮球挑战赛、DFB－阿迪达斯杯和阿迪达斯探险杯挑战赛等。

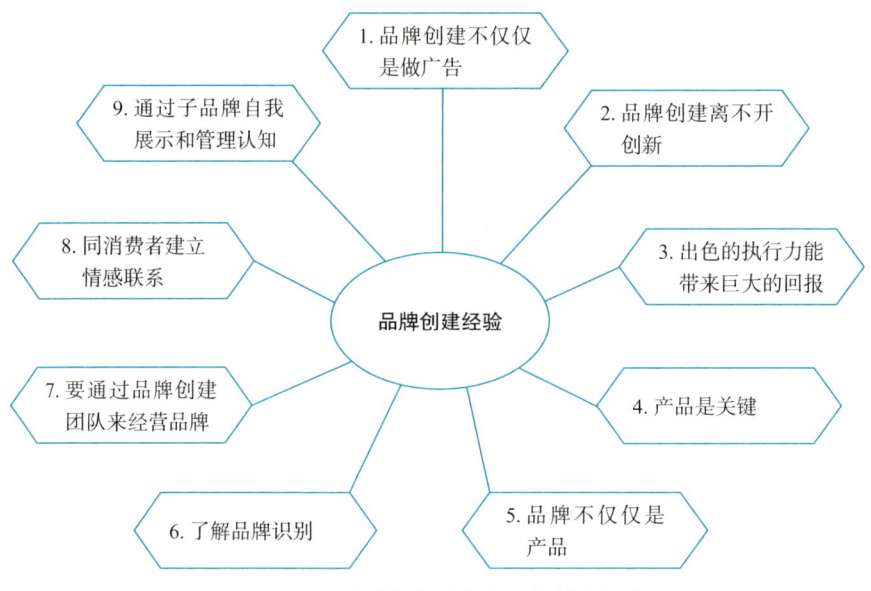

图 6-6　阿迪达斯和耐克的品牌创建经验

（2）品牌创建离不开创新。当品牌创建有突破性进展时（如耐克城和阿迪达斯街头篮球挑战赛），这些活动不仅代表着企业，更代表着整个产业的发展方向。这就要求组织有能力对新的想法进行评估、鉴定和吸收。如果这个组织太保守，任何超越常规的事情都不能做，那要创新就不容易了，而耐克和阿迪达斯都有突破常规的勇气。

（3）出色的执行力能带来巨大的回报。有几项研究表明，广告的质量比广告费要重要4～5倍。简单来说，好的广告会让1000万美元的开支带来5000万美元的价值。耐克和阿迪达斯成功的广告活动都执行得非常出色，比如阿迪达斯早期的赞助活动、耐克的"Just do it"广告宣传以及阿迪达斯街头篮球挑战赛等。

（4）产品是关键。品牌需要物质性的支持。从一开始，阿迪达斯和耐克就有创新的传统：创造令人心动的产品，提供实实在在的功能，这些都不只是虚无缥缈的东西。从"Waffle系列运动鞋"到"飞人乔丹"到"Feet You Wear"以及后来的技术，两个品牌都关注并提供好的产品和技术。

（5）品牌不仅仅是产品。一个强势品牌会有品牌个性、组织联想、情感共鸣和自我表现。耐克塑造了一种喜欢挑战、锐意进取、直截了当的强烈个性。这不仅有助于同消费者沟通，还有助于保持定位。耐克主要是围绕情感性和自我表达型利益，而阿迪达斯更注重功能性利益，这在早期起到了很好的作用，但在市场成熟之后，效果渐渐就不显著了。到20世纪90年代，阿迪达斯增加了个性和情感等元素，品牌才同消费者联系起来并取得成功。

（6）了解品牌识别。品牌的发展和计划的执行需要有一个清晰的品牌识别来进行长期指导（在整个20世纪90年代阿迪达斯的品牌识别都非常稳定）。需要注意的是，耐克和阿迪达斯的转型都是从建立品牌识别开始的。每一次建立品牌识别，它都会调整品牌的中心和出发点，并以此为基础，使品牌走上新的发展方向。

（7）要通过品牌创建团队来经营品牌。阿迪达斯和耐克都是由产品类别和业务单元团队来决定品牌战略的，他们同品牌创建计划的创新和发展密切相关。品牌的领导工作不能委托给外部的合作者来负责。实际上，耐克的品牌团队密切参与创新与媒体宣传的决策，以至于广告代理商感到非常沮丧。有一次，他们做一幅整版广告，附了一封信给耐克，上面写着"和平"。

（8）同消费者建立情感联系。除了给消费者提供好用的功能外，这两个品牌都尽可能地设法同消费者进行沟通。耐克广告、耐克城和阿迪达斯街头篮球挑战赛等都因为给消费者带来情感而同消费者建立了联系。

（9）通过子品牌自我展示和管理认知。耐克和阿迪达斯证明了子品牌在品牌创建的过程中能起到非常大的作用。高端品牌（比如阿迪达斯 Equipment 和耐克的阿尔法）的使用把产品线同占大多数市场份额的大众化商品隔离开来。此外，拥有优质的子品牌（如"飞人乔丹"）和品牌化的技术（如 Feet You Wear）有助于耐克和阿迪达斯进行自我展示。

思考题

1. 评论本章中所提到的品牌创建方法。你最欣赏哪一个？为什么？实施这些方法的关键是什么？
2. 为什么阿迪达斯和耐克都错过了健身操热潮？它们这样粗心的原因是什么？
3. 在你所处的行业里有哪些品牌创建的成功模式？它们有什么可以提高或改进的地方？
4. 你对品牌识别的陈述能给品牌创建提供一个清晰的路线吗？能不能为品牌创建的传播方式和实施决策提供足够的指导？那些计划外的呢？
5. 在你所处的行业里，对那些不算成功的品牌创建方案提出改进建议。这些方案的实施会遇到什么问题？怎么解决？

BRAND LEADERSHIP

第 7 章

创建品牌
赞助的作用

> 对此,也没有什么特别之处。所有要做的就是在合适的时间按下合适的琴键,然后乐器就会自动演奏。
> ——约翰·塞巴斯蒂安·巴赫(Johann Sebastian Bach)

万事达卡赞助世界杯的故事[1]

万事达卡公司成立于 1966 年,它为不属于美洲银行信用卡系统(Visa 卡的前身)的银行提供信用卡服务。目前,该公司已拥有两万多家金融机构会员,并且经营着一个全球性的产品系列,这些产品间接或直接由万事达卡品牌驱动。

抗衡 Visa 卡过去(和现在)一直是万事达卡面临的主要挑战。1993 年,万事达卡的全球市场占有率仅为 Visa 卡的 60%,并且近年来还在不断地丢失阵地。虽然美国运通卡排名第三,但它仍然很弱小,其市场占有率仅为万事达卡的一半。

Visa 卡定位准确;其"无处不在"(everywhere you want to be)的广告语和信用卡的关键服务特质产生了密切关联:可在绝大部分商店里使用(因此,使用者很少会担心信用卡被拒),并且能在全球通用(世界各国游客或潜在游客也期望其信用卡能在任何国度都被接受)。此外,Visa 卡通过奥运会的公开赞助,确立了其在信用卡领域的地位。奥运会不仅是展示信用卡性能特质的最佳场所,也具有全球性的影响,而且能煽动起强烈的爱国热情,带来相关情感性利益。

万事达卡不仅要面对来自 Visa 卡以及美国其他竞争者的挑战,还需要开发全球性品牌联想。信用卡业务尤其需要全球性品牌战略,因为它属于为数不多的用途本身就具有全球性的产品之一,特别是对那些最具有影响力的目标市场而言。而且,欧洲市场增长潜力巨大,因为其人均持卡数量和信用卡使用水平远低于美国市场。

因此,万事达卡耗资 1500 万美元成为 1994 年世界杯足球赛 11 家全球范围的赞助商之一,并且是唯一的信用卡赞助商,这样的机遇对万事达卡来说很有吸引力,它增强了万事达卡的公众知名度,推进了万事达卡在全球范围内的营销计划。1994 年在美国举办的足球世界杯有 24 支球队参赛,这是除奥运会之外唯一真正的全球性体育盛会。此外，万事达卡还赞助了 1991～1994 年举办的 15 场重要的足球赛事。

作为世界性盛会的赞助商，万事达卡获益匪浅。1991～1994 年万事达卡赞助了 269 场足球比赛，每场比赛中都有万事达卡的广告牌醒目地摆放在足球场四周，这种赞助很具有战略眼光（Visa 卡赞助的奥运会不允许出现这样摆放的广告牌）。此外，万事达卡还打出了整版的广告。在 1994 年足球世界杯和其他赛事中，万事达卡在其产品品类范围内获得独家授权使用"官方赞助商"和"官方信用卡"字样，并有权使用官方标识、吉祥物以及比赛乐曲。而且，万事达卡有权在所有比赛现场宣传其产品，观众还可通过万事达卡购买门票。

赞助世界杯这样的比赛有一个重要的风险，即伏击式营销，竞争者（如 Visa 卡或美国运通卡）也可以通过其他方式将自己与赛事关联起来。为了降低风险，万事达卡也曾赞助美国国家队，并买断了相关赛事的独家广告权，其中包括西班牙语网络上的独家广告权。

支持性营销计划

万事达卡利用世界杯的赞助权展开了全方位的营销活动和促销计划。除了广告外，它还采用了多样的促销手段，其中很多是由其附属银行来实施的。其中较为有趣的活动包括抽奖（获胜者可以到进入四强的某个国家去免费旅游），还有预测比赛结果赢取世界杯免费入场券的活动。万事达卡还和其他品牌联合赞助了在 36 个城市中举行的家庭足球节——足球巡游活动。在每次活动中，有 90% 的参与者（平均 2300 人）从万事达卡促销摊位前经过。此外，万事达卡还出资 200 万美元邀请贝利（世界最著名的球星之一）参加个人见面会。同时，贝利的形象还出现在宣传海报和广告中。银行和零售商还将宣传海报和贝利足球教学音像制品作为促销活动的奖品。

就这样，万事达卡逐步获得了市场关注度。一支万事达卡赞助的球队从地方电台获得了价值约50万美元的免费报道宣传。一档名为"Kickin' for kids"的特别电视节目在197个市场上播放。为了纪念为美国足球做出重要贡献的24位杰出人物而举办的"使者杯"（Ambassadors Cup）典礼也引起了媒体的关注。当地媒体对万事达卡办这样或那样的活动的报道估计吸引了3600万人次的关注度。在洛杉矶，仅仅是万事达卡的一支热气球就吸引了50多万人次的关注。

万事达卡还推出了其他一些活动，试图建立起和客户之间的密切关系。它举办了9场"万事达卡拥抱全世界"的研讨会，参与的嘉宾超过7500名。在52场世界杯比赛期间，美国主干道区域布置的展台接受了360万人次的参观。位于机场或赛场附近交通繁忙地带的42个万事达卡/可口可乐欢迎中心为100多万人次提供了1万多小时的服务。在那里，人们可以品尝可乐，还可以获取世界杯万事达珍藏画册（凭此画册可在参与活动的8家商店内获取折扣）。另外，世界上最大的足球主题公园Soccer Fest也在洛杉矶落成。

由于赞助世界杯是一项全球性的投资，万事达卡鼓励其全球范围内的附属机构充分利用这一机遇。万事达卡筹备了一项世界杯广告活动，其中包括以贝利为主题的电视商业广告，该广告曾在40多个国家同时播放。与此同时，其全球性赞助活动还辅以多种手段，如新闻通讯、促销指南、赞助手册、促销录像、贝利照片以及赠品玩具等。这些活动在足球盛行和有代表队参赛的国家更是进行得热火朝天。

在美国本土以外，唯万事达卡马首是瞻，紧随其后对地区性赛事和当地国家队进行赞助。在欧洲，世界杯的重要性和奥运会不分伯仲，甚至有过之而无不及，人们对世界杯的热情非常高涨。万事达卡旗下银行在18个欧洲国家投入1900多万美元，估计约78亿人次观看了52场比赛。

鼓励并支持公司旗下银行在全球范围内开展工作并不容易，部分原因在于文化以及赞助项目执行能力方面的差异。为了克服这些困难，万事达卡委派了一名美国促销执行官到欧洲，去帮助那些缺乏体育赛事赞助经验的合作伙伴。后来，公司又成立了一个全球性世界杯产品小组（由每个地区派出一名代表组成），定期交换信息和经验。

成效

万事达卡赞助活动的目标之一就是超越付费电视广告，建立自身品牌影响力。各地确有很多万事达卡的广告和标识招贴画（见图 7-1）。1994 年足球世界杯的全球收视观众累计达 312 亿人次（是 1992 年夏季奥运会的两倍），在每场电视直播中，品牌标识平均出现 8 分钟，在决赛中则超过 12 分钟。要在付费媒体广告中达到同样的出现时长，则估计需要花费约 4.93 亿美元；即使品牌曝光的价值仅为广告的 5%，也仍需要花费 2500 万美元。此外，街头横幅、公告牌、公交车、公用电话亭以及候车亭广告吸引了 85 亿人次的关注。贝利的亮相和有关他的杂志文章报道又吸引了约 10 亿人次的关注。

图 7-1　万事达卡世界杯招贴画

万事达卡希望借助公众的关注实现两大目标。第一大目标是要建立品牌知名度（特别是相较于 Visa 卡而言），同时打造高度的赞助知名度（要高于或等于 Visa 卡与奥运会之间的联系水平）。一般而言，在法国、德国、英国、阿根廷和巴西等足球运动盛行的国家实现这一目标比较容易，而在日本、墨西哥和美国则有些困难。第二大目标是强化品牌在全球的形象，改善人们对品牌的态度。该目标的达成在巴西、墨西哥和阿根廷非常成功，而在美国、日本、德国和英国则不太理想。

对公司所做的调查显示，赞助活动在三个方面给予了万事达卡很大的帮助：①强化品牌知名度，改善全球形象从而为其带来更多商机；②刺激了万事达卡的申购和使用；③强化了公司拥有强势市场地位的形象。这些方面的成功对其继续保持世界杯赞助权功不可没。

前一章探讨了阿迪达斯和耐克对赞助策略的运用。尤其是阿迪达斯，它是使用赞助策略的先驱，它早期与奥运会的联系对于在 20 世纪 50～70 年代建立这样一个强势品牌十分重要。第 6 章描述了 20 世纪 90 年代阿迪达斯街头篮球挑战赛在其品牌复兴过程中所起的作用，从而表明拥有赞助权的威力。

本章我们将详细探讨作为一种品牌创建手段该如何运用赞助策略。本章的目标是了解赞助策略如何运作，以及这种理念如何转化为有效的赞助活动。这样系统的讨论有助于我们明确赞助是一种非常不同于广告的品牌创建工具，对其管理也相应地有所不同。

赞助从商业上将品牌和特定事物联系起来，如体育赛事、球队、事业、艺术、文化和娱乐等。因此，赞助不仅仅限于体育赛事，还包括很多方面，如日本的一家汽车公司对一支篮球队的赞助，或是一个服饰品牌对抗癌慈善事业的赞助。接受赞助并不意味着接受该品牌背书。背书者，例如泰格·伍兹会在产品上签名，并以品牌倡导者的形象在广告或其他地方出现。相反，接受赞助的赛事或团体并不对品牌进行背书（尽管赞助本身可能会暗示这一点）。

赞助的历史由来已久。据报道，保卫尔（Bovril）这一品牌早在 1898 年就赞助了诺丁汉森林足球俱乐部（Nottingham Forest Football Club），吉列在1910年赞助过篮球比赛，可口可乐赞助了1928年奥运会。不管怎样，近几年来商业赞助在品牌创建中的作用显著增强。

根据芝加哥IEG的《赞助策略研究报告》，北美地区2000年的赞助支出估计超过70亿美元，其中约67%用于体育活动，另外19%用于娱乐观光和节日庆典或者商业交易会活动，8%用于事业赞助，约6%用于艺术活动。全球用于赞助活动的费用约为北美地区的3倍。而且，已报道出的赞助活动支出并不能完全体现其所创造的价值，因为绝大多数赞助产生的利润是相关广告、促销和其他方式产生利润的1～3倍。

在品牌创建方面，赞助具有独特的优势。广告具有侵入性，而且是一种付费信息，它企图直接说服或改变人们的态度，而赞助则不同，它与人们的生活融为一体。广告善于宣传产品特质和功能性利益，然而最强势的品牌目标则不止于此，它还要提供情感性和自我表达型利益，要展现品牌个性，并且具有独特的无形特质。除了展现品牌的有形特征外，赞助还能有效延伸品牌，因为赞助能开发关联，从而加强品牌的深度、广度和现代感以及和客户之间的关系。

即使如此，出人意料的是企业很少使用赞助这一工具。大多数企业的基础职能部门更偏向于选择广告和促销的方式；诸如代理商等一些辅助性机构更适合代理广告和促销而非赞助活动。而且，即使各种媒体已为人们所熟知，但没有一个部门专门统计那些可供选择的赛事、活动或机构。即使有这样的部门，但是由于选择和变量太多，以至于选择和管理赞助活动已经上升到艺术的高度，需要创新性思维，这对大多数组织来说也绝非易事。

如何通过赞助打造品牌

赞助可在多个方面为品牌创建做出贡献，其中有些方面是赞助策略所特有的（见图 7-2）。赞助的首要目标是创造品牌展示的机会，开发品牌联想。然而，另外有三个品牌创建利益与赞助活动的选择和评估关系密切：对组织进行品牌创建动员，为客户提供活动体验，以及展示新产品和新技术。赞助的另一大目标是将品牌与活动/客户联系起来。

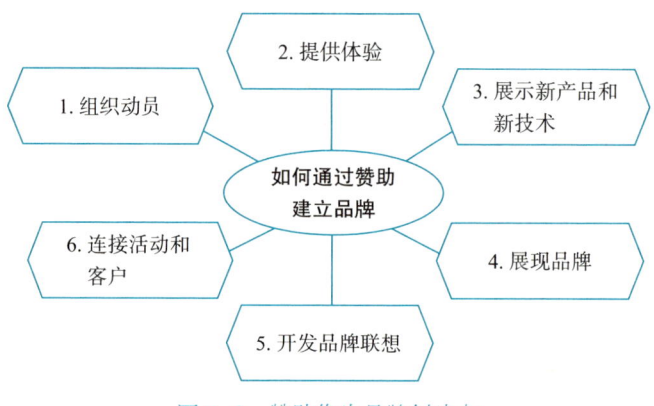

图 7-2　赞助作为品牌创建者

品牌创建的组织动员

品牌创建工作的过程和结果，无论是对于内部员工和品牌合作伙伴，还是对于外部客户来说，都具有重要意义。这种现象对于赞助来说尤为普遍。

员工和其他品牌合作伙伴由于与赞助相关联，并且将其自身的生活方式和价值观与赞助相关联，从而产生自豪感，获得情感性利益。例如，为万事达卡赞助活动而工作的人们，会为足球世界杯以及自己与足球世界杯的直接联系而激动万分。

一项调查研究试图探究赞助对员工到底有何影响[2]。爱尔兰银行曾经想了解其两次大型赞助活动对其员工的影响，这两次赞助活动分别是爱尔兰银行 Gaelic 足球锦标赛和爱尔兰舞会（一次现场直播的古典音乐会）。尽管这些赞助活动主要是针对银行客户的，但仍有超过 80% 的员工（从高级经理到普通职员）为银行赞助体育赛事而感到自豪；75% 的员工对银行赞助艺术活动而感到骄傲。让员工参与到赞助活动中可以强化这种情感性利益。

对一个球队的赞助尤其能产生情感性利益，因为人们对进球、胜利者以及整场赛事都非常着迷。据报道，某公司曾赞助赛车运动，公司员工都密切关注选手的胜负输赢，并为自己与赛事之间的联系而产生强烈的自豪感。当年，丰田公司和铃木公司各自赞助的两支篮球队在日本进行决赛时，两家公司的员工都对比赛结果给予了极大关注。想要知道这种情感性利益有怎样的威力，不妨想象一下俄亥俄州或是得克萨斯州的橄榄球迷对受到某品牌赞助的球队有多么痴迷和狂热。

赞助活动能够促进全球性品牌创建和打造全球性团队。例如，万事达卡在对世界杯进行赞助时，其在不同地区的数千家合作银行必须协调一致产生协同效应。要使赞助活动获得成功，需要在全球范围内共享信息，协调广告和促销活动，这都要付出极大的努力。幸运的是，既有的传播渠道和已有的经验对于解决以前这些超出赞助范围而且棘手的问题大有裨益。

为客户提供活动体验

活动体验是增进消费者与品牌以及品牌组织机构之间的联系的绝好机会。例如，让他们在高尔夫球比赛正式开始之前小试身手，或是在温布尔登赛场上体验一番。仅仅是让客户参与到活动体验中，特别是参与一项享有名望的活动，就能使品牌及组织得到充分的展示。此外，赞助活动还采用既可行又独特的方法来奖励关键客户。假设某活动长期受到赞助，奖励可以年复一年地持续下去，从而培养起品牌与客户之间的关系。而且，这种活动参与还为组织和其关键客户在轻松的背景下进行互动提供了绝好的机会，否则与重要客户的轻松互动就较难实现。

让客户参与活动还能使他们成为相同品牌家族或品牌团队的一员。尤其是当相同的体验在不同的场合中得到不断重复时，例如，年复一年，客户忠诚度就会得以强化。这样与客户的紧密关系才是组织所实现的真正回报，而且只有当品牌组织不把客户视为外人，或者赞助活动与客户身份、个性或者生活方式紧密联系时，才最有可能产生与客户这样的亲密关系。

展示新产品和新技术

正如前文所述，承载新产品或新技术的子品牌是银弹品牌，它们向目标受众展现了品牌识别。因此，新产品或新技术能反映出品牌对客户利益的把握，或者体现出品牌的创新性或是顾客驱动性。

介绍新产品或新技术最有效的方法就是依靠宣传。如果某个产品或某项技术新颖、有趣、重要且值得新闻报道的话，实现品牌创建目标就要容易得多。相比广告而言，宣传不仅更划算，而且可信度更高。赞助是提升新产品或新技术新闻价值的必要杠杆，只有将新闻价值加以提升，媒体才会进行报道。即使无法吸引媒体进行报道，赞助活动也能营造良好的氛围，使得推广变得更加有趣、生动。此外，新产品或新技术的出现也能强化品牌和事件、活动之间的关联。

例如，M&M's巧克力豆公司在纽约马拉松比赛期间推出了一种新的色彩。该糖果公司如此高调地推出糖果新色彩，并将其与纽约马拉松赛事相关联，这样的理念确实标新立异，也因此产生了显著的宣传效果，对该赛事所做的新闻报道也对此大肆宣扬。同样，在1998年奥运会上新推出的Visa现金卡也吸引了众多媒体的报道。

一个事件或活动还可以用来展示体现组织品牌重要联想的技术。比如，松下公司曾在1996年亚特兰大奥运会期间在美国某体育场内安装了最大的视频显示器。《体育画报》(*Sports Illustrated*) 杂志首次运用新的印刷及摄影技术来印制和发行每日奥运特刊。同样也是在亚特兰大奥运会期间，摩托罗拉公司提供了专门用于体育赛事的最大数字系统。Sprint公司在比赛期间向美国国家橄榄球联盟（NFL）的教练们提供了该公司品牌耳机，从而借此向人们展示了其语音技术。

创造品牌展示机会

通常，衡量赞助活动价值的方法就是品牌名称在活动宣传和广告牌上出现的次数。而衡量这种展示效果的方法就是在赛前和赛后分别进行品牌知名度调查。大量事例表明，由于赞助活动的开展，特别是辅助以其他营销手段时，品牌知名度会大幅度攀升。例如，一家曾经名不见经传的计算机公司发现，它对某支足球队的赞助提升了其在观看该球队比赛的观众（占 53%）和观看其他球队比赛的观众（占 22%）中的赞助知名度（与品牌知名度相关联）[3]。

第二种衡量赞助活动价值的方法是对赞助活动中从赛场广告牌到参赛者服装上的品牌出现频率进行量化。Joyce Julius & Associates 公司对活动的电视报道进行分析，计算出所谓的"有效焦点展示时间"，从而确定这段时间的价值。该公司发现，在 1992 年最热门的体育赛事 the Indianapolis 500 中有 307 次提及赞助商，如果将同样的时间用来做广告，将花费 7200 万美元[4]。排名第二的赛事是赛车 the Daytona 500，然后是《新闻周刊》锦标赛，它是 ATP 网球阶段赛之一，接下来是"联邦快递 Orange Bowl"（这四项赛事中有两项是以赞助商名称冠名的，这并非巧合）。

通过采集参与活动的人数，可以对赛场广告牌的影响力做出估算。正如前文所提到的，万事达卡公司估计其世界杯广告牌吸引了 80 多亿人次的关注。当然，包含有明确信息的广告无疑更为有效（尽管广告显得更为商业化），因此，需要运用一些不太重要的因素。即使人们认为基于赞助活动的品牌出现率仅为付费广告中出现率的 10%，但是其价值超过赞助活动总成本，这样的现象并不少见。

我们应当区分赞助商身份（如成为奥运会赞助商）和冠名活动（如别

克公开赛）这两种赞助行为，因为后者还能带来另外两点好处。首先，对冠名活动的宣传有助于打造品牌影响力，当然这也取决于新闻报道的数量。其次，与成为活动的赞助商之一相比较，冠名活动中更能将品牌和活动相联系。

一座冠名体育场能够极其有效地获取到较高的知名度和影响力。3Com公司是世界第二大数据/网络公司，但很少有人知道它，直到该公司花费4年时间斥资450万美元为旧金山49人橄榄球队和巨人棒球队的主场体育场冠名之后，它才为人们所熟知。在体育场更名后，电视评论员迈克尔在周一晚间的报道中用了5分钟报道此事；而同等广告时长的花费则足够3Com公司买下多个冠名权。此外，体育场更名事件被全世界的报纸所登载，而且每当体育场有赛事时（大约每年200场次），3Com公司又会被铺天盖地报道一番。不过，买下设施冠名权在短期内可能会有副作用。至少有一项调查表明，在受访者中超过30%的人对于以品牌名称冠名公共设施表现得非常反感[5]。

将名称与赞助项目联系起来还有一个优势，那就是很难切断其中的关系；无论是赞助商还是受赞助项目都迫切需要并鼓励维持这种关系。在冠名赞助中，赞助商常常出于种种原因而退出大家的视野，从而导致品牌创建无法完全施展其功效。

20世纪80年代中期，发生在印度的一项非常独特的自然实验表明，赞助可以影响品牌知名度[6]。印度三大轮胎企业之一的MRF公司，将其3年的广告预算几乎全部转为赞助体育赛事（为此制作了一些赛事广告，并与MRF品牌相关联）；而在此期间，其竞争对手（Ceat和Dunlop）继续采用传统广告策略。4年间，不经提示就可回答MRF公司是赞助商的人数比例从4%、17%、20%到22%，一路上升，并且经过提示回答MRF公司是赞助商的人数比例也是从39%、72%、70%到76%，一路增长。显然，在最初的几年里，企业知名度得到急剧提升，并且随着时间的推移不但没有衰减，反而继续提高。

开发品牌联想

采用赞助策略的第五个原因，通常也是最重要的原因，在于在目标细分市场中获取品牌联想。要建立所期望的品牌联想取决于三个环节的力量，如图 7-3 所示，下面我们将做详细介绍。

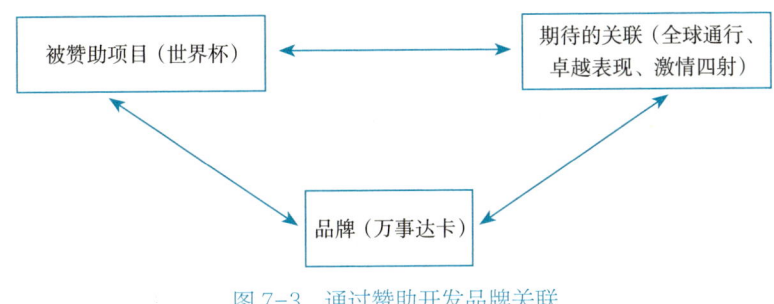

图 7-3　通过赞助开发品牌关联

与被赞助项目之间的关联

用于确定品牌联想的质量和数量技术，同样可以用来确定与被赞助项目及其相对实力的关联。对重要的赞助活动而言，深入了解被赞助项目在目标群体中的形象是至关重要的（该形象需要超越有形特质），这有助于最大限度地发挥赞助的效果。

和品牌一样，受赞助的项目也可以有多种关联。有些活动是下里巴人（如保龄球运动），而有些则是阳春白雪（如歌剧演出）；有些活动古老且历史悠久（如肯塔基州的赛马大会），而有些则年轻且富有活力（如 Swatch 赛事）；有些活动适合男性（如赛车），而有些则非常女性化（如女子花样滑冰）。这些活动各自有其不同的特色：滑雪比赛让人兴奋，足球比赛则充满对抗；一项城市发展规划可能雄心勃勃，而一个选美比赛则可能程序复杂。活动地点的选择，无论是一个城市或是一座建筑（如泛美金字塔），还是一个国家（如西班牙）或是一个地区（如法国南部），特别对于旅行公司或是饭店来说，都是与品牌有着密切关联的。

还有五种关联值得关注，因为它们对很多品牌来说都非常重要，而且在产生这五种关联的过程中，赞助起着特殊的作用。第一种关联是由被赞助活动本身的功能特性所决定的。例如，高尔夫球比赛与高尔夫球、球员、高尔夫球设备以及高尔夫球专业人士有着很强的关联，高尔夫球设备或配件制造商可以从这些关联中受益。另外四种关联具有组织特性，这是很多品牌梦寐以求却又很难达到的，这些特性包括领导地位、全球性、地方性以及社会性。赞助通常在开发这几种关联的过程中发挥着特殊而有效的作用。

很多品牌在其所在行业中处于明确的领导地位，这往往意味着它们富于创新、成就卓著而且值得信赖。但是像"本品牌处于领导地位"这样的自我吹嘘未免显得空洞、拙劣而且效果肯定不佳，而赞助体育赛事可在多个方面强化品牌在领导者地位方面的关联。首先，很多赛事本身给人的印象就是最好或者最具有声望的，如温布尔登大师赛、肯塔基州的赛马大会、印地500以及奥运会都属于这一类。其次，所有体育运动都有获胜者，因此与胜利有关的关联以及胜利所需要的决心和才能都应该反映在和赛事相关的任何事物上。

对许多品牌而言，第二个重要的组织关联是全球性。赞助诸如世界杯或奥运会等真正的世界性活动，其实是在向世人宣称其品牌是世界品牌。这的确是万事达卡赞助世界杯的目的之一，因为它必须与 Visa 卡"无处不在"的口号和其奥运会关联相竞争。实际上，具有世界性的关联正是奥运会的亮点之一。例如，UPS 赞助了 1996 年奥运会，这在一定程度上就是为了开发全球竞争力关联，从而才有可能与联邦快递和 DHL 相抗衡。

要连接社区，进而开发更为紧密的地方性关联，赞助地方性活动是一种很好的途径。在一项调查中，2/3 的受访者对参与社区或基层活动的企业更有好感，相比而言，仅有 40% 的受访者对赞助全国性活动的企业持有同样的好感[7]。

为了进一步打造声势、建立协同效应，企业应该努力整合各种地方性赞助活动。前一章所提到的阿迪达斯街头篮球挑战赛和DFB-阿迪达斯杯就是例证。正如第6章所提到的，阿迪达斯每年在德国要组织很多活动，在欧洲其他国家也要组织上百场活动。地方性赛事是在当地协会、体育俱乐部和零售商的帮助下组织起来的。零售商也可以"租借"比赛或是另外举行由他们自己主办的活动。所有的地方性活动都与全国性活动和欧洲其他的活动联系在一起。

通过赞助有利于社会公益的知名活动（或许可以通过保护环境或者改善社区），组织可以向公众表明，除了制造产品以外，企业还有其价值观和信念。例如，麦当劳赞助的麦当劳之家为接受治疗的孩子家庭提供住所；添加利金酒（Tanqueray）赞助的防治艾滋病自行车赛吸引了1800名参赛者，并筹集到了550多万美元的捐款，而且在其零售店的活动中，该公司在加州30家酒吧中举办了180场防治艾滋病赛车之夜晚会。"美国运通反饥饿"活动从每笔交易中捐赠出3美分给反饥饿组织，并且史提夫·汪达（Stevie Wonder）在11座城市的巡回演出中也大力推广了这一运动。

将品牌与受赞助项目相关联

品牌不会自动与受赞助项目产生关联。其实，赞助商所犯的最大错误就是没有在品牌和受赞助项目之间建立起某种联系。

DDB Needham公司的《赞助观察》（*Sponsor Watch*）以消费者问卷的方式追踪赞助效果[8]。每个月，他们都会联系500～800户家庭，并要求户主完成一份问卷。然后，他们会在活动或者赛季前后3～12个月里对数据进行分析。

《赞助观察》所得到的数据表明，赞助商和受赞助项目之间的联系普遍低于人们的预期。《赞助观察》采用"专属意识"来衡量这种联系，用已经认识到品牌和项目之间存在联系的目标市场所占百分比，减去误以为项目与最大竞争对手之间存在联系的目标市场所占百分比。显而易见，与竞争对手的联系冲淡了赞助活动所带来的好处，其实，在过度混乱的情形下，推广该活动及其关联反而会让竞争者受益。

某些赞助活动的专属意识低得惊人。多年来，可口可乐一直是 NFL 官方指定软饮料，并于 1993 年耗资 2.5 亿美元获得了 5 年的延期。但《赞助观察》的调查发现，35% 的受访者认为该赛事的赞助商是百事可乐，仅仅比认为是可口可乐的受访者人数低了一个百分点。同样，仅有 15% 的人正确指出希尔顿是 1992 年夏季奥运会的赞助商，而相同数量的人则以为赞助商是"假日酒店"。夏季奥运会的其他赞助商如佳洁士、Oscar Mayer、松下、麦斯威尔以及 Nuprin 也遭遇了相同的命运。与之相反，超过 50% 的人认出 Visa 卡是奥运赞助商，而将其竞争对手万事达卡或美国运通误认为是赞助商的不到 30%。当然，这个比例也不低。

《赞助观察》自 1984 年起就开始追踪的 102 家奥运会官方赞助商中，仅有半数成功地建立了联系，即至少 15% 的人能正确识别赞助商（并且比最接近的竞争对手至少要高出 10 个百分点）——很难达到这一标准。换言之，如果赞助的目的是提高知名度、建立和奥运会的联系，那么大多数赞助商的钱基本上是白花了。

为什么达到标准的赞助商如此之少呢？其中有三个主要原因。首先，奥运会赞助活动不包括在体育馆及广告中出现品牌署名（而足球世界杯则允许这样做），因此要建立起人们的赞助商意识并非易事。其次，某些品牌和奥运会之间缺少恰当或者天然的联系。最后，赞助费耗尽了赞助商的预算，他们无法投入经费建立相关联系。

建立联系的一个直接方法就是在赛事转播中插播广告。《赞助观察》的数据表明，在 1984 年、1988 年、1992 年夏季奥运会上，播放广告的 58 个品牌中有 54% 成功地建立起品牌联系，在 27 个没有播放广告的品牌中仅有一个品牌（《体育画报》，当然，它本身就是奥运会的官方媒体之一）成功建立起联系。

另外，活动与品牌之间的关联所持续的时间及其强度也很重要。因为对于一个长期持续的活动而言，这种关联的影响力可能会成倍增长。例如，杰西潘尼与奥运会建立了密切的联系，但也仅限于奥运期间。赛前，其联系的强度其实不如西尔斯，赛后，也只比后者高出 6 个百分点。与此相反，在奥运会前 3 个月和后 1 个月，Visa 卡的联系要比其竞争对手高出 16～20 个百分点。而事实上，这种联系在赛后若干年可能仍然十分紧密。

《赞助观察》的数据显示，在成功与奥运会建立联系的 51 家赞助商中，仅有 60% 在赛前和赛后保持了这种联系，而其余 40% 仅在赛事期间才有这种联系。显然，如果进行长期投资打造这种关联，公众就很容易感知到品牌与赛事之间的联系。Visa 卡做得这么成功，一定程度上是因为它一直与多届奥运会保持着关联，所以每次举办奥运会时，它用不着担心会出现混淆，只要提醒观众 Visa 卡是官方赞助商即可。

IBM 赞助艺术活动

IBM 进行赞助的目的是打造品牌的正面知名度，推广公司作为一个在不断革新的行业中具有号召力的领导者形象，并且展示公司及其员工为服务社区所做的贡献。通过系统研究，IBM 了解到在得到其他媒体支持的情况下，它的赞助会更加有效。

IBM 对在伦敦举办的列奥纳多·达·芬奇画展进行了赞助，并对赞助效果进行了调查评估。所有参观者都拿到一份简短问卷，在留下姓名和电话号码后，他们可以得到一份礼物。随后调查人员对其中若干受访者进行了电话回访，并提出了几个问题，包括他们是否知道赞助商是谁，他们是通过什么方式知道这次赞助活动的，赞助商和画展是否匹配，以及对 IBM 的态度。在没有任何提示的情况下，有 28% 的受访者回答出 IBM 是赞助商（低于 41% 的标准），在进行了提示之后,这一比例达到 57%(仍然低于 66% 的标准)。而且,绝大多数人是在画展现场才了解到赞助活动的,这就意味着对于那些没有参加画展的人来说,这一比例更低。

没过几年,IBM 又赞助了庞贝(Pompeii)展,还是在伦敦。这次,广告宣传铺天盖地报道 IBM 的此次赞助,并且展会现场的 IBM 互动电脑成为一大特色。这次受访者正确指出赞助商的比例要高得多,有 45% 的人未经提示就能回答出正确的赞助商,在经过提示后,这一比例达到 74%。此外,34% 的受访者在展会之前就知道了赞助商,高于 25% 的标准。接近 60% 的受访者说他们对 IBM 持有好感,仅有 1% 的受访者感觉不太有好感。

> 资料来源:彼得·沃尔什(Peter Walshe)和彼得·威尔金森(Peter Wilkinson),《重返庞贝:IBM 的胜利》,《今日营销与调研》,1994 年 2 月,89~95 页。

改善或强化品牌形象

考虑到受赞助项目具有可视性,有期望的关联,并且与品牌相联系,所以最后一步就是将关联与品牌联系起来,进而改善或者强化品牌形象。有两种过程是可以概念化的:首先,可以假设,该过程受到连贯性心理愿望的驱动。心理学家发现,当强势关联(如全球性)和活动联系起来,活动反过来又与品牌相联系时,为了获得更加连贯的认知理解,人们往往认为该品牌也具有全球性。其次,在奥运会这样的背景下向人们灌输全球性品牌的概念要容易得多,因为在这样的场合中,全球性的概念得以凸显,人们也更容易接受。

一些优秀案例可以证明赞助能够影响品牌形象。例如,《赞助观察》发现,对于哪一个品牌提供了最优质的服务这一问题,受访者中认为 Visa 卡胜过万事达卡的人数比例从 1992 年奥运会之前的 15% 递增至赛事期间的 30%,赛后一个月是 20%（见图 7-4）。1997 年下半年的调查显示，认为 Visa 卡在各个方面（如商业接受度和整体价值方面）都是最佳的全球消费者比例比不了解其赞助活动的消费者比例平均高出 10 个百分点[9]。与此类似，在评选奥运最佳产品的调研中，精工（Seiko）和天美时（Timex）的差距从赛前的 5%，剧增为奥运期间的近 20%，赛后一个月又降至 10%。无独有偶，精工与奥运会的联系由赛前的 -2%（天美时成为奥运赞助商的次数比精工多），增长至比赛期间的 18%，赛后一个月又降为 8%。

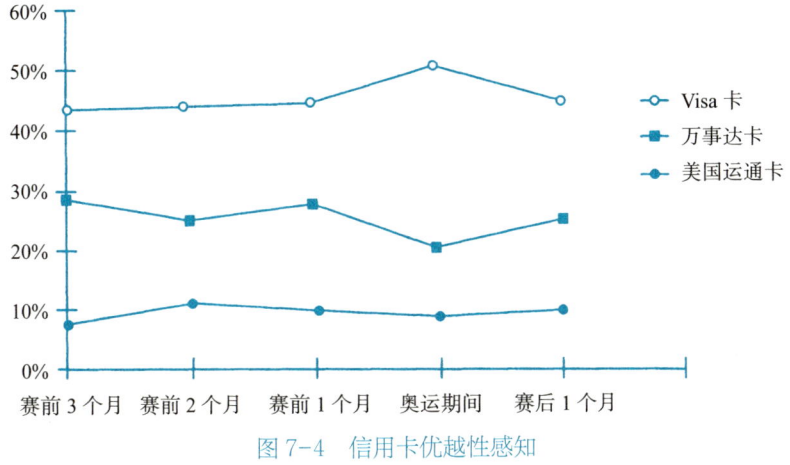

图 7-4 信用卡优越性感知

资料来源：Crimmons and Horn, 1996.

在对印度轮胎企业 MRF 的研究中，广告投入转为体育赞助影响了品牌形象、公众偏好以及企业知名度。在 4 年研究期间，所有 7 项品牌形象指标稳步提高，公众对该品牌的偏好也呈同样趋势——对 MRF 偏爱的人数从 4%、9%、21% 一直到 22%，而其竞争对手则原地踏步。在研究之前，MRF 品牌形象的创新维度得分极低，但是尽管在研究的第一年里公司并没有进行实质性广告宣传，但是在这段时间里创新维度的得分沿直线急剧上升。为什么会出现这种现象？这是因为除了整体的光晕效应外，体育赞助能够为品牌注入能量和激情，从而转化为员工对创新的感知[10]。

关联要契合

当赞助活动关联真正契合品牌和品牌联想时,事情就会变得容易,也更易于连接品牌和活动,因而更有可能强化品牌形象。以下是关联契合的三个很好的例证。

(1)高尔夫设备制造商(如Calloway)赞助了一场高尔夫球赛,球赛将使用其产品,在接下来的赛事中使用其产品的可能性也非常大。如果某位使用Calloway球棒的选手在比赛中发挥出色的话,那么效果就会更好。

(2)索尼为多艘Celebrity Cruise Lines游轮提供了全套的娱乐设施。每艘游轮都成为索尼技术的展示厅,包括电视、音响系统、视频点播中心的索尼电影、索尼概念区(设有一家礼品店)、为孩子们准备的索尼游戏机、20英尺①的视频荧幕以及能容纳1000人的影院。在船上,索尼公司还邀请了1200位客人参加其重要电影的首映式。

(3)杜邦作为保暖内衣制造商赞助了白令海峡探险活动,有来自美、俄两国的共12名探险队员参加了此次探险,队员们要在极寒条件下爬过6米多高的大雪堆。

一项研究记录了赞助契合度所起的作用,它将赞助契合度和其他变量进行比较,从而了解它们在主题公园门票销售上所起的作用。这些变量包括赞助活动(儿童奥妙网络和肯尼迪演艺中心——两者都很受欢迎,但契合度截然不同)行驶距离(45分钟或90分钟)、可供使用的交通工具的数量(32辆或46辆)、食品质量(一般还是很好)、价格(24.95美元或是34.95美元)以及开放时间(12小时或16小时)[11]。赞助契合度对门票销售的影响力是价格、距离或开放时间的2倍多,是交通工具和食品因素的1.6倍多。

---

① 1英尺 = 0.3048米。

打造品牌专属活动

非常契合的理想活动要么不存在，要么无法实现。高质量的活动少之又少[12]。因此，解决办法就是自己开展活动。下面是一些例子。

- 大通银行（Chase Bank）的大通企业挑战赛始于1977年，这是一项3.5英里的系列长跑比赛（如今在美国的19个城市，以及伦敦和法兰克福都有举行）。这项赛事在10月份纽约举行的一场锦标赛中达到高潮。这一系列比赛吸引了6000多家公司超过15万名选手参加；同样，大通也吸引了全国性和地方性的赞助伙伴。

- The PowerBar CEO 挑战赛邀请其他公司的 CEO 来挑战 PowerBar 的 CEO，获胜者将获得5000美元，用于捐赠一项其所喜爱的慈善事业。[13]

- 斯托里伏特加滑雪赛包含5项比赛，而且严格限制只允许食品和酒吧从业人员参与。该活动包括一项配方比赛，人们在每场比赛后都可进行品尝。该活动是斯托里公司于1997年推介6种新口味伏特加的重要手段。

- The Sta-Bil National 是一项在12座城市联合举行的电动割草机系列赛事，Sta-Bil 公司（其生产的添加剂可防止汽油在储存过程中变质），Dixie Chopper 公司（其生产的割草机居于领先地位）以及 Citgo 润滑油公司都是该赛事的赞助商。从1992年该活动创办起，Sta-Bil 公司的销售额以每年50%的速度递增。

- The Black Velvet Smooth-Steppin' Showdown 是全美规模最大的业余两步舞比赛。据报道，该品牌在6个地区举行了该项比赛，其销售量激增320个百分点。

- 哈雷－戴维森的周年团圆庆典是一项综合性活动，它吸引了10多万名哈雷摩托车爱好者聚集在密尔沃基和威斯康星。此外，该活动在全球范围内的推广［包括与美乐酿酒公司（Miller Genuine Draft）合作的电视广告］进一步动员了全球数以百万计的客户参加各自国家举办的当地活动。这些庆祝活动在品牌创建过程中发挥了极为重要的作用。
- 耐克公司组织其赞助的国家队进行了一系列足球比赛。这些比赛就相当于一次小型世界杯，通过出售门票、转播权以及赞助权，耐克公司获得了一连串的收入。[14]

成为活动和客户关系的一部分：附带效应

对几乎所有受赞助的活动、球队和其他项目而言，都有一群人深陷其中，他们为此付出精力，并对其了如指掌。受赞助的活动也许成为他们生活中的重要部分，也许是他们表达自我的工具——对有些人而言，赞助歌剧或者持有飞机季票是他们自我认知的重要组成部分。参照群体的存在（如49人队季票的其他持有者或者巨人队比赛的其他参与者）巩固了个体与活动之间的联系。

自豪感这一因素和自我认知有关。有些人会为本国奥运代表队、当地博物馆或比赛，或者公司的某项计划产生强烈的自豪感（超过95%的美国人和90%的英国人都认为奥运会是国家自豪感的来源[15]），这种情感可成为连接个人与赞助活动的重要推动力。

赞助商能否成为这种情感承诺、自我表达效应以及社会联系的一部分呢？是否存在附带效应，使品牌不仅产生关联，而且融入其中呢？这种效应的结果不仅影响参与其中的人，也波及与之有关的人。

有三个因素可以预示附带效应的发生。首先，品牌可能需要长期紧密关联并冠名的球队或活动（例如阿迪达斯Predator杯赛、丰田野猫队或是泛美公开赛）。例如，仅仅将雪佛兰海报连同其他10家赞助商的海报一起贴在赛车上是不够的。赛车上必须刷上雪佛兰的标识色，漆上雪佛兰的标语，并作为雪佛兰车队的赛车出赛。产品在赞助活动中会发挥作用，品牌也应该和该产品联系起来。例如，只有鹏斯（Pennzoil）润滑油或保时捷汽车成为赛车队的赞助商，才符合逻辑，如果赞助商是酷爱牌饮料（Kool-Aid）则显得牛头不对马嘴。

其次，活动必须成为人们生活的一部分（而不是一个只有在方便的时候才去听的音乐会）。这种融合程度的指标包括人们的参与水平，追踪新闻了解活动的意愿，让他人也了解活动，并使活动成为一种标识的意愿。举个极端的例子，得克萨斯 Longhorn 橄榄球的狂热粉丝并不只是在方便的时候才去看比赛——事实上，他们的生活已完全被球队的时刻表所支配。

最后，有些人认为品牌对活动的赞助是一种冒险，这种想法易于产生附带效应。巴克莱银行（Barclays Bank）在佳能退出之后赞助了英国足球，佳能之所以退出在一定程度上是因为比赛中的足球流氓行为[16]。但巴克莱银行觉得此项赞助很吸引人们的关注，与英国的社会结构密切关联，而且也是连接年轻观众的纽带。对赞助活动的调研发现，球迷们认为巴克莱银行赞助足球是冒了风险的，而且对足球事业的健康发展至关重要。事实上，国家性金融机构的背书对联赛形象大有帮助——当然，也使其赞助更有价值。

效果转移

很多活动的赞助都包含一个基本逻辑假设，那就是由于观众喜爱并享受某项活动，这种好感有可能转移到品牌上来。同样的道理，这种好感的转移也可以解释为什么有些广告会取得成功。大量事实表明，人们喜爱某个广告并不仅仅是产生关注和兴趣，这种好感还能够转移到品牌上来。在赞助活动中也可能出现同样的现象。

哪里可能出错

有些赞助充其量只是进行自我管理的措施，而有些则相当成功。是什么造成了这两种截然不同的结果？让我们回过头来看看可能出现的问题，以便从中吸取经验和教训。

失败的活动

赞助活动一旦失败,赞助就成了一种浪费,甚至还可能损害赞助商的名声。柯达公司曾经赞助了"柯达自由骑车节",来自 100 个城市的人们只需支付 23 美元,就可以去那里骑自行车、野餐,还可以观看 Huey Lewis 音乐会转播。问题是,组织者提供的服务仅能满足他们原先承诺的 50 万人中的很小一部分;薄弱的组织和淡薄的理念从一开始就出了问题[17]。对于高尔夫球比赛以及其他过分关注个人技术的活动、赛事而言,一旦顶级选手不参加比赛或提前退出比赛(因为失败或受伤),活动效果就会受到威胁。

出现不良关联

最糟的情况莫过于出现不良关联,进而损害品牌形象。某保险公司曾赞助过一辆赛车,但赛车后来被撞毁了。IBM 公司赞助了 1996 年亚特兰大夏季奥运会,想借此展示公司传递及时信息的最新技术,结果 IBM 公司的系统出了问题,致使公司在全世界范围内名誉受损。

将多个赞助企业混在一起有可能产生混淆,甚至有损品牌联想。例如,Sprint 公司是 1994 年足球世界杯的二级赞助商,而万事达卡则是本届世界杯的官方赞助商。当 Sprint 公司向人们提供印有世界杯标识的名片时,万事达卡公司将其告上法庭,并且胜诉。Sprint 的世界杯赞助并非彻底失败,只是对这家电信公司的负面宣传阻碍了它的成功。

良好关联没有出现

有时候品牌和活动之间存在天然的契合,但是很多人忽视了这一点。在这种情况下,我们需要进一步凸显这种契合,这样做是值得的。在 1992 年奥运会期间,精工通过广告向人们宣传赛事计时和精工计时之间的契合联系:

"我们是时钟,我们站在第 25 届奥运会上每位追求卓越的选手身后。我们是精工,是衡量卓越的标准。"[18]

因为赛车手头盔下不能戴时髦太阳镜,所以 Revo 公司预见对赛车的赞助不会产生良好效果。因此,Revo 公司决定重新加工赛车的挡风玻璃,在上面嵌上 Revo 的品牌名称,这样观众就能通过电视看到。通过这项追加的技术研发,公司有效地提升了赞助赛车活动的价值,因为赞助活动将 Revo 和挡风玻璃技术联系了起来。

丧失未来赞助权

如果成功建立和受赞助活动之间的联系,那么退出该活动将是一种浪费。从逻辑上讲,长期的赞助既可以产生更紧密的品牌联系,也可以用较少的投入产生更持久的影响。如果是因为活动和赞助商之间缺少关联(法律上或者道德上)而导致丧失赞助权的话,那么投资就白费了。更糟的情况是,受赞助的活动有些颇受欢迎的关联会被竞争对手获得。因此,和主办单位达成协议以便在随后的几年里有权重新获得赞助权,这样做的好处显而易见。在 1988 年奥运会之前美国运通卡痛失赞助权,使其落入 Visa 卡之手,至今运通卡仍在为此付出代价。而认为 Visa 卡是国际旅行最佳信用卡的人数比例从奥运会之前的 11.5% 升至奥运会之后的 27%。[19]

混乱的赞助商

有时候将品牌依附于受赞助项目是很困难的,因为有太多的赞助商和广告牌会造成混乱。在对赞助活动进行评估时,应该考虑这种混乱及其对品牌联系、品牌展示的干扰。解决这种混乱的一种方法就是运用各种媒介,如促销和网络,来建立品牌和活动之间的连接。

如果有电视参与，那么在混乱背景下展示品牌的一种方法就是使用虚拟广告牌，即在电视转播中，在足球场地或网球场地中央这些显眼且能够加强品牌和赛事关联的区域打上品牌标识。这种广告牌具有 3D 效果，可以出现在醒目的位置，而且不影响比赛。

隐蔽营销

重要活动的赞助商面临的风险在于，其竞争对手可能会进行隐蔽营销，企图将他们自己和并非由他们赞助的活动联系起来。如果出现这种情况，就会造成赞助品牌付钱、竞争品牌获益的被动格局。

隐蔽营销的一种方式就是通过媒体广告连接活动。例如，耐克公司于 1992 年巴塞罗那奥运会和 1996 年亚特兰大奥运会期间，开展了大胆的公告牌广告宣传活动。这些活动成功地使人们误以为耐克是奥运赞助商，以至于奥组委要求在亚特兰大之后的举办城市雅典在 2000 年奥运会开始前 6 周，将所有户外广告设施移交给组委会。类似的情况还有，在 1992 年法国阿尔贝维尔冬奥会期间，联邦快递发布了一系列广告，导致 61% 的观众误以为联邦快递就是官方赞助商，而真正的赞助商美国邮递服务公司（仅有 13% 的观众认定它为赞助商）却并不显眼[20]。另一种隐蔽营销的方式是赞助子活动。比如，富士公司通过赞助美国游泳队，从而分割了柯达公司在世界范围内对 1988 年奥运会的赞助权。

我们可以投入更多的资源来联系活动以及与活动相关的广告和促销，从而抵制隐蔽营销，极端的做法就是公开指出竞争对手并非赞助商。1996 年 Visa 卡为了捍卫其奥运会赞助权，发布广告公开声明美国运通卡没有奥运会活动赞助权。这一举措帮助 Visa 卡增强了其专属意识，并削弱了美国运通卡隐蔽营销的影响；同时，这也帮助 Visa 卡将自身定位为美国运通卡的竞争对手（在自我表达型利益方面），从而避开真正的竞争对手万事达卡。[21]

赞助成本过高

赞助可以带来客观的投资回报,例如,Sprint 公司通过成功赞助 1994 年足球世界杯,获得的收益是其在电话业务上的累计投资的 2.5 倍[22]。但是也有赞助收益和价值让赞助商失望的时候,这是由于成本太高所致。当成本随着时间逐步攀升时,过度投资的可能性也在增大。

如何对赞助进行评估,从而确定是不是正确的投资呢?像 Sprint 公司那样将赞助与销售联结起来,具备这样实力的公司实属罕见。但是,运用标准工业评估法,将赞助的影响力与基准措施相比较还是有可能的。这种评估方法就是下面所描述的"IEG 赞助评估服务"。

IEG 赞助评估服务

每年,IEG 都会调研 3000 种可能的赞助活动,审计 500 多种赞助活动和合同。通过分析赞助费用和赞助收益之间的关系,IEG 对所有领域赞助收益的价值都了如指掌。使用一种适合的算法,IEG 通过分析五大类因素可以计算出所推荐项目的赞助预算费用,这五大类因素包括:有形收益(经过测量和未经测量的媒体印象、转播中出现的广告牌、门票等)、无形收益(例如观众忠诚度、类别排他性以及活动影响力)、地域影响(本地影响和全球影响)、成本/收益比(包括根据项目类型进行投资收益分析)以及该赞助商特有的因素(例如赞助时间长短和在某类别中的竞争力)。

IEG 的评估是非常全面的,而且由于它是不涉及出售赞助权的第三方中立机构,因此它的评估报告具有相当高的客观性。在美国,有超过 130 家主要的活动赞助商都采用 IEG 的评估服务。

有效赞助的 7 个关键

企业如何才能确定并成功管理赞助呢？纵观成功和失败赞助商的经验，我们可以确定 7 条关键的指导原则，如图 7-5 所示，这些原则将有助于我们改善赞助活动。

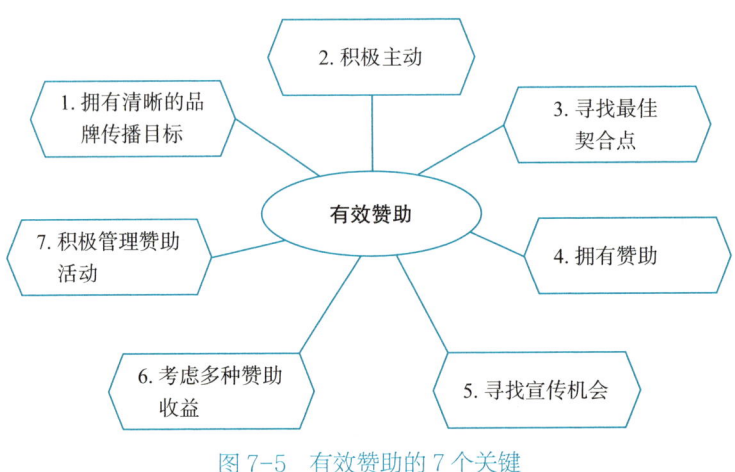

图 7-5　有效赞助的 7 个关键

1. 拥有清晰的品牌传播目标

赞助策略必须与传播目标相适应。通常有 3 种传播目标：增加曝光度（知名度）、开发品牌联想以及发展客户关系。以上每一点都是赞助策略的重要推动要素。

当然，要拥有清晰的传播目标，首先需要对品牌本质、核心识别、拓展识别以及价值主张有一定的了解，同时还要进行优先排序。确定赞助的目标是加强既有的关联，还是改变既有关联，或者两者都是。对所需关联的了解应该能够推动赞助策略的实施——不仅是选择赞助项目，而且还要对其进行管理和开发。

2. 积极主动

赞助的诱惑在于公司在既有的赞助活动中草率选择，特别是当有些企业每年会收到成千的赞助邀请时更是如此。然而，对赞助活动的选择是需要进行积极主动的管理的，需要设定理想赞助活动的评价标准，并依据这些标准进行评分，列出高分选项，从而实现对赞助活动的有效筛选。积极主动能够使赞助尽可能新颖原创，避免出现混淆。为了精确评估潜在赞助项目，需要获得有关目标观众的基本信息以及相关关联。按照赞助活动的不同性质对其进行分类，并与不同性质的传播任务相匹配，这种方法通常能对赞助活动进行有效的筛选。

像图7-6这样的简单评估矩阵对于小范围内的赞助项目筛选是有用的。该矩阵要求评估的第一个维度是赞助项目与品牌识别之间的契合度：赞助商应该开发怎样的核心识别关联；第二个维度是赞助项目的互动程度，这里的关键问题是：赞助能在多大限度内为品牌提供展示其识别的机会？

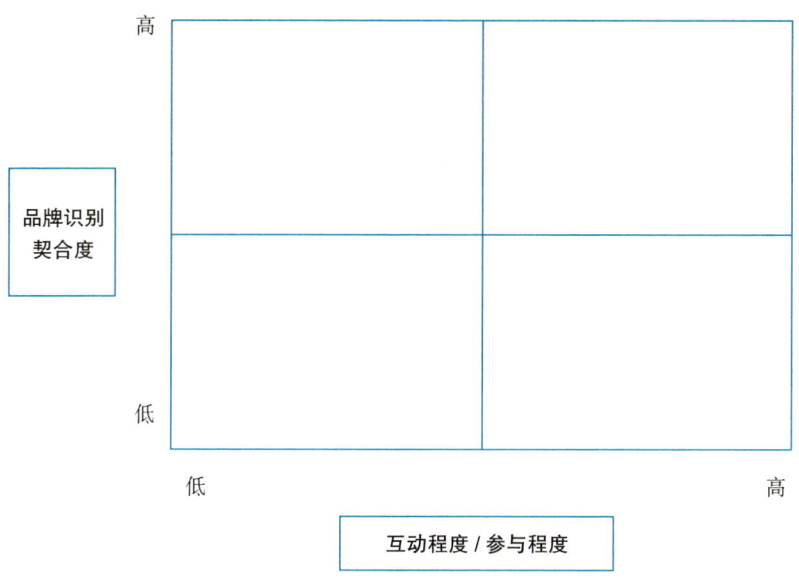

图7-6　赞助的简单评估矩阵

3. 寻找最佳契合点

赞助活动和品牌之间的最佳契合点比普通契合点要好很多，牵强附会或者风马牛不相及都是致命的缺陷。最佳契合点的一个特征就是赞助活动的核心本质和产品展示浑然一体。杜邦保暖内衣和白令海峡之间的契合就是很好的例证。以奥运会为例，精工表为赛事计时，UPS 投递入场券，Champion 为美国代表队提供入场和领奖统一服装，它们在这些方面所发挥的作用很容易将赞助商与奥运会联系起来。

4. 拥有赞助

成功赞助的关键任务是建立品牌和活动之间的关联。当品牌成为活动本身不可或缺的部分时，这项任务就能更容易有效完成。正如前文所提到的，成功的真正关键在于长期赞助该活动，而非仅在活动举行期间才赞助。回顾一下奥运会历史，赞助品牌通过这种有意义的方式和奥运会联系在一起的还不到半数。活动赞助权具有以下几点含义。

（1）考虑将资源聚焦于一个或若干活动上，而非和多个活动形成松散的关联。

（2）建立长期关系和合同，防止事情进展顺利时，竞争对手取而代之。

（3）考虑是否使用冠名赞助。

（4）警惕出现赞助混乱。

（5）考虑隐蔽营销的威胁，并制订应对方案。

5. 寻找宣传机会

大多数有效的赞助活动都有一个特点：一般说来，有效赞助的预算成本应该是赞助本身成本的 3～4 倍；需要用这些增加的预算来帮助连接品牌和活动，并且充分发掘活动的潜在价值。宣传有助于更成功、更高效地达成品牌创建的目标。此外，如果活动本身或者活动中的产品展示策略具有宣传价值，那就意味着宣传本身具有利益诉求，也就是说，你用不着再大费周折地去开展什么活动了。

6. 考虑多种赞助收益

一些赞助通过创造展示品牌的机会以及建立和巩固品牌联想为企业带来利润。另外，赞助还能以其他方式实现有意义的品牌创建目标——让关键客户参与活动、展示新产品、进行组织内的品牌创建动员，以及将品牌流入活动/客户关系中。需要再次强调的是，对赞助进行全面透彻的评估是大有裨益的。

相对而言，有雄厚资金做后盾的强势品牌从赞助中受益更多，而小品牌则处于劣势。通常，要买断赞助权是花费不菲的。为了使赞助活动盈利，小品牌可以考虑和其他强势品牌合作营销。例如，Ocean Spray 选择与宝丽来（Polaroid）和吉列共同赞助 Dale Jarrett's Busch Series 的参赛队，这样既能分摊赞助费用，也能提高企业产品在零售商和消费者中的影响力。

7. 积极管理赞助活动

成功的赞助不会凭空出现——需要设定目标，制订达成目标的方案，最后衡量结果。由于赞助需要联合品牌进行运作，因此需要不断运用复合标语，积极打造品牌知名度和相关关联，从而创建共同品牌。共同品牌是赞助的最终资产。积极管理也意味着组织更广泛的参与，就像万事达卡案例研究所显示的，广泛的组织参与对世界杯的赞助产生了积极、重要的影响。

赞助可以非常有力。想想以下这些赞助活动：维珍通过气球挑战赛来展现品牌个性，阿迪达斯品牌通过街头篮球挑战赛提升知名度以及参与度，土星通过"回家盛会"建立起品牌与消费者之间的关系，贺曼通过"荣誉之屋"建立起品牌联想。这些成功的赞助活动并非特例，它们都是拥有所有权的，经过积极管理，融入品牌创建过程之中，并且以品牌战略目标为目的。和品牌创建中的很多其他要素一样，"良好"和"伟大"之间有着本质的区别。因此，我们应该将目标定得更高一些。

思考题

1. 对你的品牌所采用的赞助策略进行评估。这些赞助项目有哪些关联？这些关联是如何促进品牌创建的？
2. 选出品牌核心识别中的优先项。鉴别可能会产生相似联想的不同活动，如体育运动、娱乐运动、文化事业或是命名活动等。
3. 通过强化识别要素，赞助可以非常成功。通过开发或强化核心识别或拓展识别的要素，你的赞助活动是否和品牌创建的其他方式互补？
4. 找出那些与品牌之间形成最佳契合的竞争对手的赞助活动。找出本行业以外具有最佳契合点的赞助案例，同时考虑一下企业专属活动。
5. 如何管理你的赞助？是否需要改进？如何在组织内有效地协调赞助活动？

BRAND LEADERSHIP

第 8 章

创建品牌
网络的作用

网络为我们提供一种满足消费者需要的无可比拟的新方式，这是过去经由销售人员上门推销所无法做到的。

——乔治·费舍尔，柯达公司前首席执行官

网络所体现出的对媒体与商业的整合能力，从某种意义上说也许会从根本上动摇现有商业信息的交流方式。

——马丁·麦克拉南，Prophet 铂慧的互联网专家

抓住机遇一试身手；
相信它一定会改变你的生活；
坚持下去你就能受益于此；
那时你可以尝试更多，
先前所做的一切将会启发出更多的灵感。

——弗雷德里希·尼采，早期的互联网专家

美国电话电报公司与奥运会

作为1996年奥运会赞助活动的一部分，美国电话电报公司（AT&T）创建了一个网站，为人们提供亲临奥运赛场的虚拟体验。访问者可以通过其中的页面浏览奥运村的生活，这可是只有奥运官员和运动员才能体验到的。在网站的其他页面上，访问者可以随意畅游奥运博物馆，获得最新的体育赛事信息，或参加虚拟比赛并与其他参赛者一决高下。当然，访问者在做这些事的同时，通常也会浏览AT&T的主页。[1]

网站所能给予访问者的不仅仅是趣味信息，而且还为访问者提供了一个深入了解奥运会的独特视角。对于AT&T而言，网站除了能够增加公司品牌展示的机会（每天会有30多万的浏览量）以外，还创建出了关键的品牌关联。网站访问者的积极参与将AT&T品牌与奥运会紧密地联系在一起，这种关联性远远超过了传统广告方式可以达到的广度和深度，同时也使奥运会本身的声望和刺激性与AT&T品牌之间的关联得到强化成为可能。网站这一工具显示了通信媒介的实力，间接加强了AT&T的品牌价值。

H&R Block

H&R Block网站以一种既严肃又清晰的方式，描述了公司提供的预缴税款服务以及其他金融产品和服务。H&R Block网站的功能除了培育潜在客户以外，还提供实践性很强的信息和工具，比如有关税务的新闻、访问虚拟税务顾问"Henry"、下载预缴税款软件以及介绍各联邦或各州的不同税务构成等。网站也因此成为其1800万名顾客获得信息和资料的一条经济、有效的途径。网站在许多网络终端和雅虎搜索引擎上的广告聚焦了相当的人气。

为了给枯燥的网站增添趣味，公司还策划了广告活动，邀请顾客参加

"H&R Block：我们替您缴税"的比赛。5万多名顾客参加了这个长达10周的游戏。参加者每周收到3封电子邮件，内容包括税收实务、关于H&R公司独有的缴税服务信息，以及一系列的细节问题。每周电子邮件的回复率是40%，有97%的人完成了整整10周的比赛。赛后调查表明，H&R Block的一些具体服务的品牌知名度和网站访问量一样都得到了大幅提升。

高洁丝网站

高洁丝网站面向的是年轻女性，她们的身体发育和生活环境都处于变化与压力之中。因此网站的设计，无论是视觉、感觉或是文字都让年轻的女孩觉得舒适放松，感觉这就是她们的世界，可以畅通交流。网站的目标就是建立与年轻女孩和少妇的联系，并使"高洁丝"产品成为她们生活中的重要组成部分。图8-1是高洁丝网站上的一个网页。

网站上有关女性生理期的信息板块包括从解剖学角度分析生理期的生理特点、情绪的变化、适度的运动、如何照顾好自己的身体、女性成熟特征、生理周期、经前综合征以及身体不适症状和其他女性经常关心的问题。产品页面则提供了基于个人需要的产品建议（如夜用型、运动型、超薄型等）。"女孩的事情"这一页面让女孩们自由发表意见，进行自测，或者随意浏览。例如，在这里，女孩们可以就她们喜欢或讨厌的事情发表意见和评论，随后还能看到她们自己的评论在网上公布出来。这种论坛形成的社会联系有较大的影响力，更重要的是，这种社会联系中包含了"高洁丝"品牌。也许对很多人来说，无法就此相信"高洁丝"网站会成为最成功的互联网站之一，但它确实影响了大量的女孩。

相对而言，尽管互联网对消费者的影响时间并不算长，但对于企业的品牌及品牌创建着实影响巨大。许多强势品牌，包括那些早期的在线品牌，如美国在线、亚马逊网站和雅虎,都注意到通过它们自己独一无二的传播渠道和基于消费经验的顾客关联可以创建品牌。同时,如 Gap、ESPN、迪士尼等很多企业,尽管已经建立起了知名度很高的品牌,但仍然在网络建设上投入大量资源,以保持品牌优势。

图 8-1　高丝洁网页截图

无疑我们已经进入数字时代，这个时代的强势品牌将是那些能够很好地运用网络作为品牌创建工具的品牌。作为品牌创建工具，网络普及的增速已经步入快车道，数量惊人。在美国，网络在短短的 5 年内进入了 5000 万个家庭，而达到这个目标电视用了 13 年，广播用了 38 年。在其他一些国家中，这一增长速度虽然不像在美国那么快，但同样令人印象深刻。值得一提的是，那些之前无法接触到西方媒体的人们，通过互联网方便地实现了信息的共享。

从网络对商务模式的巨大作用和对品牌传播的影响来看，网络本身处于一种飞速发展的模式之中。戴尔、嘉信、亚马逊、eBay 和其他网络品牌表明，网络对整个工业的主导商业模式形成挑战，并在此过程中创建出强势品牌。同时品牌传播也发生了变化，品牌在网络上的出现增强了其他传媒工具的效用，犹如黏合剂一样把各种传播活动的作用整合了起来。

网络的独特属性

大多数传统媒体广告都假定受众是被动的信息接收者，品牌的创建者不仅要设计广告的内容，还要设计广告的背景。通过广告，品牌以精心修饰的割裂方式构建起来，并反复地冲击消费者的内心。从某种程度上说，传统的电台媒体广告在品牌和受众之间竖立起了一道屏障，因为后者在整个营销过程中不扮演任何角色。这就像是在博物馆的防护栏之外欣赏一幅名画或是雕像一样，那些传统的、成功的品牌创建者冷漠地把品牌塑造成了纯粹的"纪念碑"，就像万宝路品牌被深深植入美国西部印象一样，因此任何有关万宝路品牌的传播活动都经过完美的修饰，以便能够反映出那种西部印象的感觉。

起初，品牌创造者把网络也当成另一种广告媒介。出现在网页上的一个个孤立的品牌广告，非常像传统电视商业广告——按照固定的节目单，一周内不停地播放。播放效果的衡量标准就是广告的目标受众人数。网站似乎只是在翻版平面广告和电视广告，并以传统的观点，用点击率（每千次曝光成本等）来衡量广告效果，这当然是不尽如人意的。

从某种意义上说，这种情形出现在网络普及的早期并不奇怪。从古代的雅典（最早将舞蹈和歌唱融合成戏剧）到第一个电视节目（就是把摄像机对准在麦克风前说话的播音员），新的信息交流方式都是建立在较早的、传统的交流方式之上的。不过人们还是认识到网络是一种截然不同的媒体。广告仍可以发挥作用，但它需要与整个网络环境相融合，在品牌创建方面，广告将很少发挥主导作用。

与传统广告模式不同的是，网络需要体验。在网络环境下，受众的角色是积极且主动的，正是这种主动而非被动的观念改变了一切。受众心里有一个功能性的目标，即从网络上寻找自己想要的信息、娱乐和交易，同时忽略所有阻碍他们实现目标的东西（包括速度慢的网站或简陋的导航）。通过网络创建品牌的工作如果迎合了这种理念，所产生的体验要远比通过广播媒介广告在创建品牌上来得更加有力。

如果还是无法相信，你可以设想一下，在亲身游历迪士尼乐园与看一部迪士尼电影这两件事上，体验和认识一个品牌所起的作用差异有多大。在迪士尼乐园游玩一天，你会觉得与迪士尼产生了一种极其强烈的个人情感联系，这种情感即使是看最好的迪士尼电影也是无法产生的。同样地，光顾陶瓷谷仓（Pottery Barn）商场相对于看它的印刷广告而言，前者更能以一种丰富、真实的方式使顾客和品牌发生联系。要加深对网络这一新型品牌构建工具的理解，用主题公园或零售商场等基于顾客亲身体验的模式是一种贴切的类比，比那种顾客只能被动地接受的传统广告更有作用。

从最早的概念到现有的对网络广告的支持，网络体验的发展和维护比广告更为复杂。防护栏之后极其孤立的广告品牌不再安全，它必须进入消费者中间，到一个风险和机遇均等的环境中去。创建网络品牌是科学和艺术相结合的过程，它需要新的思维和技巧，同时还要充分了解网络本身的独特属性——那就是网络的互动性和参与性，提供最新、最丰富的信息，以及个性化的体验。

第一，网络具有互动性和参与性。网络冲浪者可以在网上玩游戏、聊天、查资料、发表观点或听音乐，这一切只要轻点鼠标，或敲击键盘就可以实现。你可以在百事可乐的网站上欣赏音乐；可以在美国运通站点上讲述自己的经济状况并得到具体的咨询；通过电子邮件往来，你可以向康柏电脑公司询问电脑升级的事项；在通用磨坊提供的校园网络空间内，孩子们甚至可以和兔子 Trix、小妖怪 Lucky Charms 互通电子邮件；在 Peapod 网络超市上购买食品之前，顾客可以先通过相关网点了解食品的价格及营养方面的信息；在英特尔公司的网站上，人们可以交换对公司及产品的意见。通过提供网络互动平台，可以刺激受众产生强烈的甚至是狂热的品牌交流，这在其他情况下是不会发生的（至少顾客的声音是不被重视的）。

人们在网络上的互动会产生十分有意义、与品牌相关联的社会体验。即使是那些没有在星巴克网站上聊天的人也会感觉自己感受到了这种体验，网络的社会化功能使品牌甚至有可能成为人们生活中的重要部分，品牌的作用几乎发挥到了极致。

购物体验并不总是和创建品牌有关，因为那些制作华丽却孤立空洞的广播电视媒体广告对很多品牌的产品销售产生了反作用，使得顾客转而购买其他品牌的产品。然而，网络总是能够为企业提供直接服务其顾客的机会，并把品牌与顾客的关系转化成一种强有力的创建品牌经验。像 Longs Drugs（美国一家连锁药店）和康柏这样的一些公司，正在尝试通过使用网络来获取其竞争对手 Drugstore.com（美国营养品网站）和戴尔公司所采用的垂直模式的益处。

因为更大的参与性与互动性使得网络与传统媒介截然不同，由网络所产生的对品牌的影响，无论正向还是负向，都似乎更为强烈，所学习到的知识更容易记忆，并且影响未来的行为，客户的积极参与更容易和品牌产生联系。

这样的品牌更容易成为人们生活中的一部分，并在不断变化的流行趋势中发挥作用。一般来说，由于伴随第一时间参与而产生的经验和付出的努力极为珍贵，这使得所创建出的品牌联想更为有力。

第二，网络所提供的信息新鲜、及时、丰富——实际上，这种有深度的信息除了在网络上以外，在其他地方是找不到的。正因为如此，福特公司可以通过网站详细介绍其产品线，为每种车型提供说明。在网站上可以采用不同的形式来组织这些信息，从人们的生活方式、使用习惯或气候环境等角度展示相关车型，甚至提供定购信息，即使直接定购无法实现，它可以提供所有经销商的名录。

汽车、保险产品、滑雪用具或摩托车等产品都需要购买者的高度参与，亲自收集大量的信息并进行分析和判断。在网络上，品牌可以通过提供有价值的、直观的信息参与到这个过程中，并同时对消费者的购买意愿产生影响。更重要的是，这样做同时减少了竞争对手影响消费者的机会。

网络上最新、最时尚的信息或广告，还会让人感受到企业的活力和现代感。网站如果能吸引受众重复访问，就会有助于建立起品牌与顾客之间的联系。一个网站可以有最新的评论、卡通片、游戏、关于治疗疾病的最新信息或新产品介绍等形形色色的内容，这促使人们把网站收入"收藏夹"并定期进行访问。一些网站提供最新的新闻或数据（如在 Schwab 网站上的股票指数，或 ESPN 上的体育赛事比分），使得网站被频繁浏览。例如 CNN 新闻网站，一天更新 30～40 次新闻；阿迪达斯网站不仅在世界杯期间提供实时的赛事情况，还不断翻新其他重要比赛的成绩；李维斯的网站后台每个月都推出不同风格的摇滚乐新人或乐队，以期为李维斯品牌增加时代感，访问者可在网上听音乐、看视频，甚至可以办理旅行手续。

丰富、细致的品牌信息传播加深了品牌与消费者之间的关系。从个人角度来讲，人们能够更多地了解那些个性特征和生活背景与自己相类似的人，比如你的好朋友、家人、商务伙伴。同样，如果网站可以激励消费者真正了解一个品牌（也即了解品牌的历史、标识象征和价值观），一种更深刻的联系就会油然而生。

　　第三，网络是个性化的。一个访问网站的人可以在菜单上选择他感兴趣的话题，并忽略与自己无关的内容。比如麦当劳网站的导入页面是一家人一起走进餐厅，这时如果点击家长按钮，网站的内容就趋向成人化；如果点击孩子按钮，展示的内容就是面向儿童的。产品信息和功能性利益的展示都可以个性化。在 AT&T 网站选择电话业务的页面上，人们可以进一步选择他们是对节省时间还是节省金钱更感兴趣，然后网站才链接针对性的信息给访问者。

　　即使在受众没有直接参与的情况下，网站的设计也可以做到个性化。可以通过参考访问者的资料（其过去在网站上的使用和活动情况）来设计针对单一消费者的站点。访客在 Gap 网站上买衣服，网站就会记录访问者喜爱的颜色和款式；亚马逊网站的书目推荐同样也是基于购买者之前的购买记录的；一个食品网站可以收藏起访问者感兴趣的食谱类型，并根据人们的饮食习惯不断地筛选和改进网站的内容及设计风格。一些网站（如 Hotmail、Firefly 或 Pointcast）都通过人们在网站上注册时提供的信息，设计有针对性的品牌体验。尽管人们对隐私权的担忧会妨碍网站最大限度地获取个人资料，但大批量客户化定制的时代还是来临了。

　　个性化还意味着品牌针对不同的细分市场，可以有不同的品牌定位和品牌识别。正如上文所述，麦当劳网站会根据儿童或成人进行不同的品牌定位。Robert Krups 是经营小家电的品牌，在欧洲网站上其品牌定位是"物超所值"，而在美国网站上它则定位于高端的溢价产品，两个网站的设计风格和感觉都十分不一样。CDNow 网站上严肃音乐和摇滚音乐的背景大相径庭，相关网页的浏览体验和品牌联想也迥然不同。

　　在其他媒体上，品牌联想往往因为非目标市场的干扰而被削弱（尽管客户细分对企业很重要，但并不是唯一主要的目标）。不幸的是，没有任何一种针对某个目标群体的传播方式会对非目标市场产生吸引，甚至会引起非目标市场的反感。而在网络环境下，信息经过了定制化的精心筛选，所以可以避免目标以外的受众群体接触那些集中针对某些目标受众的传播内容。

个性化还意味着所有创建品牌的活动，从构建品牌联想到建立消费者与品牌的联系，都可以变得更为有效。网络可以为每个访问者针对性地创造出一个虚拟品牌，使品牌联想更明确，从而更有力地建立起顾客与品牌之间的联系。个性化是网络互动和信息日渐丰富的必然结果，就像是每个游览迪士尼乐园的人都会有独特的个人体验一样，每位网络顾客都会产生个性化的品牌体验。

在网络上创建品牌

图 8-2 介绍了在网络上进行品牌创建的 6 种工具。作为最有效的工具，网站及运用广告和赞助这两项工具将被详细讨论，并且本书将给出如何有效使用它们的建议。另外的四个工具——企业内网、客户外联网、网络公关和电子邮件，同样具有重要的品牌创建潜能。对网络的有效运用包括了解各种工具的用途及使用方法，忽视其中任何一个都会削弱网络的品牌创建功效。

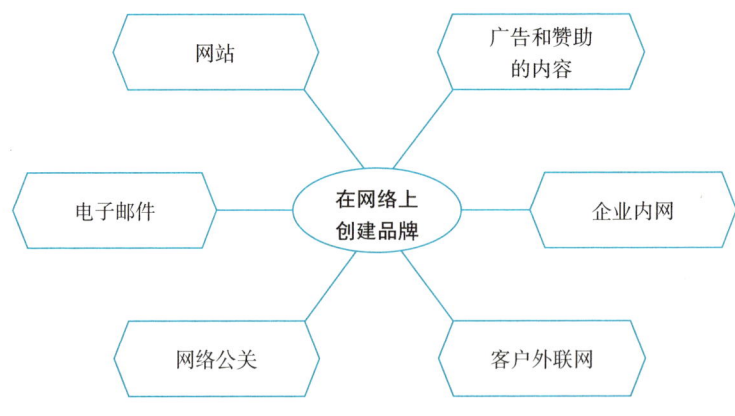

图 8-2　在网络上创建品牌

网站

一个专门为品牌设立的网站（或者是子网站）可能是最具有威力的品牌创建工具。这在某种程度上是因为网站可以根据品牌创建需求，以及品牌与顾客间的关系合理安排内容，并且可以集聚所有力量来创造和加强品牌联想。

广告和赞助的内容

网络上的横幅广告和其他付费的视觉形象、信息以及活动都可以用来提供品牌可视性和品牌联想，同时也鼓励人们点击进入各个具体网站。一个品牌也可以赞助第三方网站发布内容和信息（如目录信息、游戏或其他活动）。"赞助"赋予公司利用另外的品牌联想的能力，并可在互联网上占有一席之地。

企业内网

就像第2章和第3章所阐述的，品牌的主要作用之一就是在企业组织内部（以及品牌创建伙伴之间）沟通品牌识别，从而使每个人都知道并了解品牌的内涵。类似这样的信息共享和达成共识，是有效创建品牌的基础。

企业内网（一种企业组织联系其成员及合作伙伴的私人网站系统）在组织内部传播品牌和品牌识别方面起到关键作用。威廉姆斯－索诺玛的搜寻目录提供了世界范围内最好的产品，它的内网支持这一核心识别内容，网站罗列了各种优秀产品的详细资料，并为这些产品的网站提供链接。创新是3M的品牌精髓，其员工通过内部局域网讨论技术问题，使其成为创新思维的来源。在任何时候，内网的使用者（购买者、管理者、客户顾问和其他人）都会感受到品牌精髓所蕴含的潜能与活力。

企业内网还可以更为直接地传播品牌识别、品牌策略和最佳实践，以便强化品牌识别和视觉表现的规则与原则。李维斯的网站上就有一整套品牌管理模式，包括为所有的现有和酝酿中的品牌制定的细分策略、品牌识别和相关品牌策略，还有最佳实践执行方案等，这样遍布在世界各地的李维斯员工与品牌相关的一系列工作都能和最新的品牌策略同步。德州仪器（Texas Instruments）有一个专为品牌经理们开设的名为"传播咖啡屋"的内网，该内网上罗列了公司所有的广告、品牌管理框架和品牌策略描述，并提供可视的产品演示指导，这个网站使公司的传播活动能始终保持协调一致。也有一些公司利用内网传播和说明品牌识别内容，如角色模式和视觉象征等，这便于员工和品牌合作伙伴更好地了解品牌。视觉象征在全球品牌管理中尤为重要，它可以避免因语言问题而导致说明不够充分，甚至引起歧义的情况发生。

企业内网的作用强大，但也并非完美无瑕。一个有效的内网系统可以整合信息，使信息及时、有效地发挥作用；同时内网系统还需要提供一种便捷的方法，让潜在的使用者了解在何时、如何使用内部局域网。

客户外联网

企业应该向客户开放内部局域网的一部分，使他们能够与公司的内部系统联系起来。客户外联网一般都会允许消费者了解产品信息、下订单、接受支持，使客户感觉自己是企业的一部分。

例如，戴尔公司建立了一个有密码保护且为客户定制开发的客户外联网。这些站点，就像戴尔主页一样，允许200家戴尔最大客户的员工直接选择不同型号的电脑来适应各自系统的需要。这些员工还可以接触到一般只限于戴尔公司内部发布的信息，如过去的销售数据和戴尔工程师用来处理电脑问题的技术数据库。联邦快递的网站允许客户在网上下单，获取货运标签的条形码和发票，客户也可以直接追踪查询快递的运输环节和投递信息。顾客与企业员工同等地掌握信息，他们觉得自己就好像是联邦快递的一部分（这不仅使客户觉得自己很受重视，同时也减少了公司的开支）。

客户外联网可以从多个方面创建品牌。戴尔公司的主页不仅提供了更好的服务，同时也增加了诸如高效、响应性等核心识别的品牌联想。此外，更重要的是，网站让顾客觉得自己是戴尔大家庭的一分子。与客户的这种关系是品牌所有者们最希望获得的，也即让客户自愿地成为公司的忠诚消费者。

外联网提供了相当多的创建品牌的机会，特别地，外联网无论是从网站设计、视觉效果上，还是从所提供的内容上，都可以针对品牌而定制开发。在互联网上所使用的许多有效的创建品牌方式同样可以运用在外联网上。这并不奇怪，因为外联网的功用就如同互联网网站一样（而事实上它们也的确常被当作互联网网站使用）。

网络公关

网络公关包含了不受品牌限制的网络交流，比如网上的个人主页、新闻或娱乐站点、论坛和聊天室等。围绕品牌及其应用所建立的特定讨论组和聊天室已经证明了它们对销售的根本性作用——既有积极的，也有消极的。Iomega 是一家生产 Zip 磁盘驱动器的公司，曾经得益于网络公关的作用而获得了大量订单。英特尔公司曾因奔腾处理器在计算方面的瑕疵产生了并不是很严重的漏洞，但这件事因为网络上的大规模议论而损害了公司的形象。现实的销售活动一直有这种规律，满意的顾客可能向 3 个或 4 个人述说自己的经历，而不满意的顾客要向 10～15 个人诉苦抱怨才会平复心情。现在要小心的是，通过网络，不满意的顾客可以毫不费力地向数以万计的人抱怨。

幸运的是，网络公关可以控制这些不利情况的发生。其中最直接的方法就是让员工或其他代理人参加这些讨论或是进入网络聊天室。这种参与不仅可以影响谈话的内容，而且可以影响谈话的基调。另一种方法是鼓励积极的公开讨论。Specsaver 是英国一家销售光学仪器的连锁店，它把自己网站上的论题与一些关于光学仪器的新闻联系起来供大家讨论。

有关公司的负面信息一旦出现，很快就会被反映到互联网上（就像上面描述的人们参与的情形），或从互联网以外的媒介蔓延开来（通过新闻媒体或广告）。如果信息是错误的，就必须及时纠正。如果那些负面信息有真实的成分，就必须尽快承认并加以处理。简单地听凭负面信息的传播是十分危险的。

不管是通过 E-mail 还是通过聊天室，与顾客在网络上进行过于频繁的交流都会成为多余的举动，或带来的很可能是问题而非机会。在网络出现以前，消费者只能在公众听不到的范围内议论品牌。但现在，企业总能得到人们关于品牌或品牌使用情况的第一手反馈——不管是好还是坏。获得这样的信息为企业提供了重要的机会，可以帮助企业发现新的应用领域，也可以让企业得到产品使用问题的解决方案，再或是可以让企业提早听到严重问题的预警。

电子邮件

作为一种针对客户服务、营销和其他传播沟通活动而日益流行的渠道，电子邮件正成为一种强有力的品牌创建工具，它是最个人化的联系方式。1-800-FLOWERS 网站利用电子邮件，提醒客户关于他们自己的一些重要纪念日或生日；巴诺书店（Barnes&Noble）通过电子邮件发布店内的产品信息并开展促销活动；联合银行用电子邮件发布专门的房产净值贷款利率；Buy.com 用电子邮件确认订货或运送情况，并发布新产品。这种通过电子邮件交流的方式在公司和客户之间建立起了一种稳定的联系，同时提醒顾客记住品牌及其与品牌的联系。为了避免让顾客产生反感，投递信息的数量要尽量减少并确保每条信息都有价值（有时甚至还要提醒接收者如何删除他们认为没有价值的信息）。

因为网络是互动的，所以电子邮件也可以由客户发给网站。这其中最为常见的失误是无法向客户询问问题或得到反馈，更常犯的错误是无法倾听或回应顾客。互联网上的一天是相当长的时间，一周简直就意味着永远。缓慢又含糊不清的回复会使顾客觉得企业并不重视他们。大量的用户希望通过电子邮件而非传统方式传达信息，这种情况是史无前例的。究竟如何掌控信息是永远值得企业和员工付出努力去探寻的。

品牌创建网站

网站可以成为品牌创建计划中的重要组成部分，因为它不仅可以传递信息，还能形成体验和感知的联想，同时能够充分挖掘和利用其他品牌创建活动。网站的强大功能部分源于人们能够在网站上亲身体验，能有效地控制品牌关联，并与品牌建立密切联系。这样一来，"伟大的创意却无法让人记住品牌"的矛盾就得以解决。当网站包括电子商务功能或及时不断地更新信息时，人们最好的体验就是把网站加入收藏夹，从而提高对品牌的忠诚度。

一个网站如何成为有效的品牌创建工具呢？图8-3总结、提炼了五条原则，下面逐项讨论。

1. 创造积极体验

为了使人们的体验更为积极，网站应该具备三种基本特性。第一，应该便于使用，不要让访问者感到不知所措。网站包含的信息和提供的活动应该迎合受众的预期。第二，要具有有价值的内容，网站信息要能提供有价值的东西，如网上交易、娱乐或社会经验交流等。如果网站不吸引人，人们不把它放进"书签"收藏或不再重复访问，网站就一点价值也没有了。网站提供实质性内容的程度将影响它是否能强化品牌的功能性、情感性或自我表达型利益，从而加强品牌实力。第三，应该挖掘出网络的独特性，特别是加强参与且具备互动性（如百事网站）、个性（如亚马逊网站）和时效性（如CNN网站）。

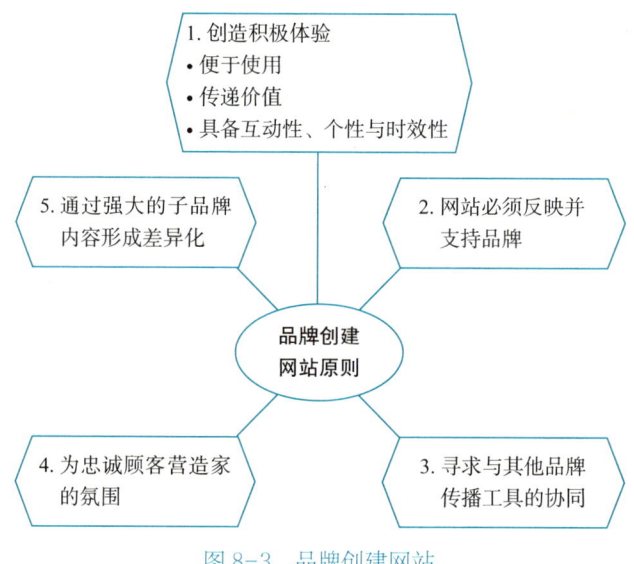

图8-3 品牌创建网站

2. 网站必须反映并支持品牌

网站或任何其他形式的品牌宣传方式都应该反映和支持品牌。一般来说，单一的网站功能往往会导致一些盲目的体验，无法建立或加强品牌关联。相反，如果想把网站建设好并富有娱乐性，就要投入大量精力来设计适合品牌内容的网站，或建立一个功能强大、反应迅速的网站（不是那种一下载图片，速度就变慢的网站）。对这些工作起驱动作用的是品牌识别而不是单纯的创意。

网络能够对品牌的核心识别关联形成直接支持。例如，可口可乐站点上就有个分页面，引导访问者看到最酷、最新、最好玩的东西，这三点正是可口可乐的核心识别要素。其时刻刷新的终端允许访问者自由作曲或下载"永远的可口可乐"这支歌。这样创造出的联想,不但能针对目标消费者,而且内容丰富、简洁明了、引人入胜。美孚网站则充分调动公司内部和外部的角色模式,来营造类似领导地位、合作关系和信任感等核心识别内容,任何一个试图了解美孚品牌内容的访问者都能从中得到乐趣和知识。

网站还可以支持情感性的关联内容。比如贺曼网站通过帮助人们表达各种感受和了解他人的生活来传播品牌的核心识别。[2] 该网站有个板块专门用于教人们如何更有创意地说"我爱你";另一个板块名为"浪漫的建议",教人们如何维系与爱人之间的关系;"创意工程"(Creative Project)板块提供手工制作的情人节礼物样品、小游戏和年轻人的情人节信箱。结果是,人们对贺曼品牌产生了深厚的感情。

品牌标识有时也是品牌联想的主要驱动元素,网站应该利用并强化这样的联系。维珍网站有一个"布兰森日记"的板块,记录理查德·布兰森的生活经历,便于人们记住品牌符号之一——理查德·布兰森。"土星"是美国通用汽车公司的一款汽车品牌,其制造工厂位于田纳西州的春山市,为体现这款车型平易近人的个性和独特的企业价值观与经营理念,网站用简单的图片广告展示田纳西州的田园自然风光和土星造型的标识,提醒顾客"土星"品牌所提倡的回归自然的主题。品食乐的"面团宝宝"形象和美孚石油的红色"飞马"标识有着同样的作用,那就是加强了网站的视觉效果,使网站看上去更舒服(使用类似的图标)、有趣(增加有意义的图像),并且与品牌的联系更为紧密。

外观和感受

如果一个品牌无论是在概念上还是视觉标识上都很有冲击力,而且网站也做得很好,那么访问者就会感到他置身于整个品牌世界中。品牌的外观和视觉效果应体现在色调、布局和个性上,如柯达的黄色、维珍航空的红色、哈雷－戴维森的黑色、德国妙卡巧克力的淡紫色以及金霸王电池的黑底橘红色，这些专属色彩都服务于品牌的创建。服装品牌 Gap 的店铺有一种干净利落的感觉，蒂芙尼的胸针华丽富贵，"维多利亚的秘密"的内衣令人充满想象力，这些理念都可以在制作精良的网站上表现出来。户外装备品牌里昂比恩用指路牌的形式引导访问者点击那些具有乡野气息的网站；打开哈雷－戴维森的网站首先会看到一个黑色的主页，然后跳出一个"注意道路，道路是不会注意你的"的句子；伊莱克斯是瑞典的一个生产家庭用品的公司，与家庭关系密切，它的网站通过一个真实家庭住宅来展示其家用产品的特色；人们可以在网上了解 Essen 品牌家族，还可以给网站发送电子邮件。

超越产品和服务的信息

网站可以成为针对某一特定主题发布权威信息的来源。如高洁丝网站提供的信息围绕少女所面临的问题，包括如何面对身体和生活的变化等。康之选网站提供锻炼、休闲和营养方面的信息，使品牌得以开发更深层次的价值联想（健康的身体和更好的生活方式）。Claritin 是一家制药企业，其网站为访客提供有关减轻过敏症状的信息，包括每日的用药量、产品信息和如何处理过敏症状等。

一个提供权威信息的网站可以通过三种方法创建品牌。第一，为品牌建立信任感、原创性和权威性等通常无法直接表达的核心识别要素。"高洁丝"仅仅依靠承诺来宣扬自己是少女生活的权威，尽管人们不大可能相信（甚至会觉得不够真诚），但高洁丝网站通过提供有用的信息就能将这种诉求含蓄地表达出来。第二，网站的功能可以使品牌潜移默化地成为人们生活方式中的重要部分，建立起品牌的权威。第三，网站使得品牌有了一种可以和顾客接触交流的机会，如果只是把网站当成促销工具，要达到创建品牌的目的将会很难。

网站试图传递的各种关键信息应该是真实的。回顾过去的 5 年，各种特殊兴趣门类当中的主导性网站数量非常有限，不管是意大利厨艺、时尚影评，还是健康生活或自行车越野赛。谁会成为专业网站的胜利者呢？如何成为赢家？要成为专业领域的主导性网站需要长期、沉重的投入，但那些仅仅为能够保持网站运营而进行的投入无疑是一种浪费。一个关键问题是，网站不借助与一些卓有信誉、前景良好的品牌产生联系（如《消费者报告》和美国牙齿协会），而希望凭一己之力脱颖而出，这绝不是个现实的想法。

对许多品牌来说，与其他品牌合作创建网站是一个不错的选择。首先它分担了成本，但更大的回报是成为一个被一大批兴趣相投的消费者牢牢记住的网站。Medizin.Aktuell 是一个由 9 家欧洲制药公司联合创建的网站，它们提供最新的与治疗特殊疾病（如关节炎）有关的药物研究信息。这种联合能产生一个更好的定位以吸引固定的访问者，因为这样的网站比单个公司网站有更高的信誉。

3. 寻求与其他品牌传播工具的协同

通常一个网站会由一群有共同风格和目标的人来开发和管理，结果就会变得比较孤立，无法与其他传播媒介相协同。这是极易陷入的陷阱，必须要避免。

整合传媒——协调所有品牌信息使其协同工作的思想已经流行了 10 多年，并激励了许多广告人及其合作伙伴的创新活动。当然，网络为整合传媒注入了新的内容。即便不是占主导地位，网络也极有可能成为整合传媒的构成部分和黏合剂。

打造网络旗舰店

在创建品牌方面，旗舰店概念是一个极其有效的创建工具，它能够赋予品牌生命力、活力以及有形感知力。我们可以了解一下里昂比恩位于缅因州自由港的旗舰店，商店会赋予客户某种角色，并为游客们提供一个亲身体验品牌历史和品牌发展历程的机会（正如第 6 章所提及的，这是吸引游客的重要方法所在）。同样，耐克城着力体现耐克品牌的经营宗旨，商店表达出的品牌个性、品牌象征和情感联系因为有了与商品的紧密关联，进而发挥出更大的功效。

网站能在某些环境下发挥同旗舰店一样的功能。网站以丰富、相互关联和真实可信的方式展现品牌，为各项传播活动奠定基础。网站能把品牌自身和客户的使用体验紧密地联系起来，并且像车轮的轮轴一样调动起其他传播工具。这就好比实体店中的旗舰店，品牌网站成为品牌创建工作的核心，并以生动而真实的方式反映了品牌识别的内容。即使网站在打造品牌过程中的作用不是处于核心地位，它也能加强并整合广告、赞助、推销和宣传等其他传媒活动的功效。

支持广告

大多数广告媒体，尤其是电视广告、户外广告、购物点广告（POP）、包装和印刷广告所提供的内容都是有限的。网络能够弥补传统媒介这一缺陷，它可以包含内容极其丰富的信息。广告可以激发人们了解品牌的兴趣，网站则能够讲述品牌背后的故事。广告可以宣传一个新的产品，网络不仅可以提供产品细节，还能够详细说明产品的用途。这种详细描述商品使用事项的作用，可以有效地补充广告信息的不足，为品牌带来价值。

媒体（包括广告）应该体现这样的作用，即吸引顾客登录并浏览网站。把网址直接登在其他媒体上固然有用，但要想吸引大量客户访问网站还需要更加积极主动的方式。如果把广告最重要的作用设定为吸引人们带着某种特定目的去访问网站，广告的角色和执行方式也将会随之改变。

广告的图片和信息在网站主页上会得到加强。研究表明，如果广告中的信息在诸如广播和电视等多种渠道中呈现，要比电视广告单兵作战的效果更加显著。例如，宝马公司曾经用最新的平面广告中的视觉图形和图像作为网站的模板，结果网站加强了广告所倡导的工艺卓越、富有美感和出类拔萃等品牌核心关联内容。

支持赞助活动

在网站上发布商业赞助活动日程安排的信息和其他人们感兴趣的、与商业赞助活动有关的细节及新闻报道，均能对各种商业赞助活动形成强有力的支持。网站不仅能够展示活动的附加价值，而且能使商业赞助活动与品牌的关系更紧密、更深入、更丰富。例如"佳得乐"在网站上发布"Hoop it up"篮球赛的日程安排，百事可乐网站提供它所赞助的音乐会信息等。

商业赞助活动还能带来制造新闻的机会。如温布尔登、Masters 或印地 500 等赛事就有许多花絮是人们希望在网上看到的。印地 500 的 Valvoline 网站对赛车信息紧追不舍，提供每分钟都在变化的时速、驾驶员的最新情况及赛车新闻，这使得人们更确信 Valvoline（胜牌润滑油）是与赛车紧密联系的创新型品牌。

支持促销

店内促销或媒体促销都可以在网上得到支持，因为网站可以同时包容游戏、活动和内容。Oscar Mayer 的网站就支持和增强各项推销活动，如"寻找天才之旅"（Talent Search Tour）活动就是挑选儿童来演唱 Oscar Mayer 的广告歌曲；通过网络介绍选秀活动，并发布最新的活动动态，从而扩大了 Oscar Mayer 赛事的影响范围和影响力。游戏对于平面广告或电视媒体来说太过复杂，但如果得到网站的支持而显得非常可行，促销活动也可以变得更为丰富、互动。

支持宣传活动

宣传活动的重要作用之一是制造与品牌有关的新闻，在这方面网络的时效性与海量信息使其可以扮演重要的角色。网络可以加速信息的传递，从而接触到大量的受众。企业不必再依赖与记者的良好关系，通过网络就能发布信息并加强公关活动。例如，卢卡斯电影公司在《星球大战前传》公映前，为了调动影迷的情绪，精心设计了自己的网站来宣传电影。他们不断地在网上向影迷发布最新消息，激起影迷的热情并将热情一直保持到周末首映。"星球大战"网站掌握了电影最新、最权威的信息，使其他的非官方网站全都黯然失色。一些公关公司如今还提供一种新的服务，就是把赛事活动的情况提前制作预存在电脑里，再发布到多个网站上，并通过电子邮件把内容传递给数以万计的专业媒体工作者。

吸引网站的访问者

整体品牌传播活动也需要反过来支持网站。要成为主导网站需要有外部可视性，这就是一些大的网络品牌虽然已经拥有了大量的网络空间，却还需要网络以外的媒体的原因。雅虎靠在一些主要城市设立富有创意的路牌广告赢得知名度，并且把这项工作延伸到其他有实质性内容的媒体广告上。要占据主导地位就要在人们心理上营造一个主导者的形象，这需要突出、频繁的可视化传播。

4. 为忠诚顾客营造家的氛围

网站应该把自身打造成为品牌忠诚顾客的家，让这些顾客参与到各类产品活动中，并保持其对品牌的忠诚度。企业在集中精力扩大消费群体的同时，也不应忽视那些忠实的老客户，网站更要注意培养和维护该群体以及他们与品牌的关系，任何与消费者有情感联系的品牌都要保证自己的网站是认可和重视这个群体的。

品牌忠实拥护者的重要性远超过销售量。忠诚顾客可以成为其他消费者的模仿对象，他们对品牌的热情可以影响企业的员工和合作伙伴。忠诚顾客因为将自身置于产品或品牌当中，因此往往成为品牌的推广大使。

看看哈雷－戴维森网站在维护忠诚顾客中所起的作用：公司的网站提供各种活动和产品的信息，顾客可以在这里购买产品，向技术专家咨询技术问题，网站还是热情的顾客们联络和聚会的地方，也因此成为品牌传播活动的轴心和哈雷－戴维森热衷者的大本营。

Snapple 是一个特立独行却有着忠实追随者的软饮料品牌，它的网站向忠实顾客群体提供信息，丰富他们对于产品的体验。网站设计了一系列游戏来体现 Snapple 品牌，包括一个很有趣的射击游戏，访问者可以在游戏里射击一些移动的目标；还有一款寻宝游戏，要求访问者找出藏在网站里的 6 个瓶子。访问者也可以找到自己的 Snapple 星座，在那里他们可以找到符合个人品位的个性形象设计和每月读物。

忠诚顾客渴望了解品牌的历史

了解一个人、一个地方或是一个公司的起源有助于建立起对所了解事物的某种兴趣和联系，品牌也是如此。品牌的发展历史能把功能性联系转化为一种有深度的情感联系。此外，如果关于品牌历史的故事非常生动，特别是当故事涉及真人真事时就会更为有趣。网站为讲述这些故事提供了最为合适的平台。

在哈雷－戴维森网站上人们可以了解到，哈雷和戴维森这两位设计者如何在 1901 年时简化了自行车的设计。大家可以读到哈雷与 Pancho Villa 的斗争，他在第一次世界大战时的经历，以及多年来哈雷－戴维森的发展和创新历程。对于哈雷－戴维森的核心消费者和潜在消费者来说，这些故事都是哈雷－戴维森品牌魅力的一部分。

在里昂比恩（L.L. Bean）网站上，品牌创建者的故事反映了该品牌的精髓。创始人比恩本身就是缅因州的一位户外运动爱好者，他在 1912 年创建了以自己名字为品牌的公司，接下来一连串的故事都和他有关。故事从比恩设计的轻质皮革鞋面、防水橡胶底的皮靴开始，然后是由于第一批皮靴出现缝合问题所引发的后来百分百满意度保证的承诺。比恩于1917年在缅因州的自由港成立的专卖店是另一个里程碑。一个喜欢浏览里昂比恩网站的顾客可能比其他零售顾客更忠诚，这在很大程度上要归功于品牌的历史故事。

一些热衷于品牌标识的人有足够的兴趣想了解那些关于标识的故事——它有什么来历，标识有什么意义，又是如何发展的，比如 Fruit of the Loom 这个内衣品牌就会讲述它的水果标识究竟有什么样的起源。贝蒂妙厨展示了多年来8个不同的贝蒂妙厨标识，请客户辨认每个标识所对应的年份，这个游戏生动地展示了贝蒂妙厨品牌的发展历程。

5. 通过强大的子品牌内容形成差异化

很多网站集聚功能性利益，而这一点是极易被模仿的。因此网站必须要面临如何通过提供别人无法模仿的内容形成自身差异化的问题，当然不能产生过大的投入。方法之一是开发一些无形资产，如成为一些专业领域的权威网站（比如户外烧烤、杀虫方法等）；另一种制造差异化的方法是设计品牌化的功能、特色、服务或构成，让它们发挥网站"银弹品牌"的作用。

银弹品牌所产生的利益不仅在于其能够体现出母品牌的特点，而且还增强了母品牌的差异性。关键在于银弹品牌所产生的利益是品牌化的，而品牌是为企业所专有的。即使它们的功能被人模仿，银弹品牌依然能保持特色，为人所知。相反，太多的网站只描述它们的利益，比如亚马逊书店因为缺乏强有力的品牌特征，竞争者可以轻松模仿它的书目推荐。酒业零售网站 Virtual Vineyard 也会被抄袭，但它提供的一项专业咨询服务"Ask the Cork Dork 咨询"难以被竞争者模仿。

另一个成功的例子是"汰渍的污渍侦探",它专门提供对付顽固污渍的各种解决之道。在弹出菜单的帮助下,使用者可以选择污渍的类型、面料的种类、面料的颜色以及款式,然后获得处理污渍的科学建议。"汰渍的污渍侦探"生动地展现了汰渍在清洁用品领域的专业性和领导性,还反映了它50年来不断创新的特质。作为一个经典的银弹品牌,它体现出了品牌的精华,并且其自身的商标和品名也随之品牌化。竞争者可以抄袭其品牌的功能性利益,但超越"汰渍污渍侦探"是十分艰难的。

还有个案例来自大型威权旅游网站 Travelocity 的 Road Warrior。这个网站正在努力成为"商务旅行资源大全",网站提供全球几千个旅游目的地的最新商业折扣情况、新闻事件和气象资料,并提供货币兑换、预订房间及租车打折等服务。网站会提醒旅行者确认航班的变化,并提供个人化的目的地娱乐和商务旅游指导。Road Warrior 的服务犹如 Travelocity.com 的银弹品牌,通过为商务旅行者提供超值服务从而带来了技术领先的品牌关联,并加强了品牌与顾客的关系。Road Warrior 有自己的品牌和标识,进而形成了自己的品牌资产,这意味着其他竞争者将很难对其进行模仿。

里昂比恩的"公园搜索"也很有说服力。网站的访问者可以使用"公园搜索"功能,点击浏览1500处景点,包括公园、森林和野生动物栖息地等。访问者可以了解各公园提供的多达36种诸如远足、划艇、观鸟、滑雪等活动的具体信息,访问者还可以通过网站链接北加州旅行公司的数据库,了解所有山地自行车的活动信息。

品牌化功能服务为一些比较枯燥的品牌或网站注入了亲切的个性。安永会计师事务所有一项网络业务叫"厄尼咨询"(Ernie service),这项服务允许它的签约客户按照计时付费的方式,向其遍布在全球的会计师进行业务咨询。与以往提供的所有权服务不同的是,这项服务显得更加亲近,它为品牌增添了亲切、友好的个性内容,使得新老用户都与品牌产生了更为紧密的联系。

广告和赞助的内容

在本章开头，我们已经谈到网络提供给参与者的是积极主动的体验，而非在传统媒体中的被动接收。同时我们也应清楚地看到被动的广告将会失去网络的潜在优势，但这样说并不意味着广告和商业赞助在网络上发挥不了品牌创建作用。应该强调的是，如果这些内容能和网络的背景相适应，将确实会对网络起到支撑作用。

网站广告是一种付费项目，它最简单的形式就是横幅广告或者其他一些变体，但网络也可以采用一些其他的方式。比如某个公司允许访问者用公司的品牌标识代替光标；如果你是奔驰汽车或是哈雷－戴维斯的拥趸者，在上网时使用这样独特的光标不是更为有趣吗？

网站的商业赞助活动是网站很有特色的一部分，能够为品牌提供有价值的内容。像 Best Western 酒店集团赞助 CNN 的互动节目"城市指南"，在网站发布许多城市酒店的信息，颇受欢迎。别克的"君威"品牌赞助了 NCAA 女子篮球联赛，IBM 公司以"Shockwave IBM Virtual Dunkathon"的名义赞助了许多体育或游戏网站（如 nba.com）来吸引那些精通技术的年轻人，否则，他们可能就会漠视 IBM 网站的存在。

商业赞助活动作为创建品牌行动中的一部分，可以为品牌带来大量的实质性利益，正如同我们曾在第 7 章所详细讨论过的一样。同样，这样的效果也会出现在网络世界里。

网站的局限性

广告和赞助活动之所以在网络时代仍有其发挥作用的空间，主要原因是网站也有自己的局限性。网站可以很独特，提供互动的、个性化的参与，并提供最新、最丰富的数据，这是它与生俱来的优势，因而它往往是在网络上创建品牌的基石。但要开设一个可以吸引并留住顾客的网站并不是一件容易的事。"如果我们建立了网站就会得到好处"的假设在网络环境中是很不现实的，因为它要面对激烈的竞争，并且要吸引目标明确的受众。公司必须为客户访问自己的网站提供充足的理由，还要想方设法让潜在客户知道这个网站的存在。寻找一个访问网站的理由并打开知名度的确是一项非常艰巨的任务。

更为重要的是，网站终端并不适用于所有的品牌，它们最适合那些能在网上进行订购的产品（如书本、股票或电脑硬件），或是那些顾客需要了解很多相关信息的产品（如汽车或旅行）。如果一个品牌不具有以上任何一种特性——比如Dreyer的冰激凌，"舒适"（Schick）剃须刀，或是卡夫奶酪——那么想通过网站进行品牌创建就要付出双倍的努力。如果没有电子商务或是品牌信息，网站就必须找到其他吸引顾客的办法，比如增加娱乐新闻或是大众感兴趣的信息。但即使找到这些办法，网站也未必就能与品牌产生联系，也许还要与一个知名的、更独立的第三方网站竞争，网站也因此会更难以吸引访问者，因为花时间浏览这样的网站意义不大。

即便是强大的品牌网站也可能只有少量受众，他们就是那些纯粹喜爱产品本身的忠实顾客。像"土星"汽车的网站，就可能只对那些忠实的品牌拥护者或者正在市场上寻找"土星"汽车的人起作用。如果更大的受众群体（不是正在买车而是准备将来买车的人）没有访问土星网站的想法，厂家就必须找到创建品牌的其他方法。当IBM在NBA网站上赞助一个比赛时，品牌就会进入人们的视野并吸引他们，否则这些人有可能永远都不会访问IBM网站。当网站吸引不了受众或受众不够多时，网上的商业广告和赞助活动对品牌的创建还有作用？这种商业活动比直接突出品牌网站会更有效吗？他们究竟是否能吸引那些不被网站吸引的品牌顾客，或者是那些跟网站没有直接关系的产品用户？网络广告和赞助活动真的可以胜任以往依靠传统媒体来创建品牌的任务，并创造和强化品牌联想吗？下面的研究会为你提供一些令人振奋的数据。

网络广告的作用

美国互联网广告署（IAB）和市场咨询机构明略行（Millward Brown Interactive）在1997年年中进行了关于网络广告对创建品牌产生何种影响的研究活动。[3] 该研究在12个网站上进行了有关网络广告的调查，包括CNN、ESPN、Lycos和Ziff-Davis网站等。调查人员从这些测试网站上随机抽取了16 000多名被访者，让他们接触了其中一些实验广告和控制广告。过了一段时间以后（1～7天），要求被访者通过电子邮件回答一个简短问卷，结果发现在这项调查中，实验组和控制组之间唯一的区别就是与网络广告的接触情况。

实验结果清楚地表明网络广告确实可以帮助创建品牌。关于"你知道这个品牌吗"的调查统计显示，各品牌的平均知晓率达到61%～64%，尽管有3个品牌本来就有接近百分百的知晓率。其中，一个新的品牌，达美航空公司的知名度从43%增加到66%，另外一个品牌——新闻搜索引擎Deja News也从28%增加到了44%。在另一个调查项"你看到过这个广告吗"的统计结果表明，品牌知晓率平均数值从34%增加到44%，说明广告确实被受众注意到了。

从统计结果来看，实验组有一半的被调查者对品牌的认知受到了重大的影响。即使实验只显示了一些内容简单有限的广告，还是有这样的效果。可以用沃尔沃的广告来举例说明。广告只是展现了一辆汽车和一句主题词"时尚，快捷"，其产生的结果如表8-1所示。

表8-1 品牌认知——沃尔沃豪华汽车

	实验组	控制组
认为是款好车	17%	11%
认为与其他汽车有区别	11%	7%

一些指导原则

即使广告和赞助活动是可以在网络上起作用的，但仍然存在很多问题。

问题之一是广告和赞助活动如何能够引人注目并避免被忽视或讨厌，后者不仅无法帮助创建品牌还会起反作用。与电视、广播和广告牌的受众不同，网络的受众有主动权，而且很少主动配合。在这种情况下，应该如何挖掘和利用网络的独特性呢？这些独特性包括网络的个性化、互动性和最新、最丰富的信息来源等优点。

以下原则为广告和赞助活动就如何解决这些问题，如何通过打造品牌知名度、创建品牌联想和强化品牌忠诚度来在网上进行品牌创建提出了若干建议。

目标明确

所有广告都是从目标定位开始的，但是在网络上目标定位尤其重要，原因有二：第一，网络广告从每千次曝光成本来看相对比较昂贵，所以要尽力避免过多的非目标受众会冲淡广告的作用；第二，网站的访问者容易忽视广告，因此广告的内容就十分重要。只有目标明确针对受众才能提高网络广告的价值。

在网上进行目标定位有很多方法。一是将在诸如 HotWired、亚马逊或 America Online 这些终端网站上获得的隐含或明确的受众信息作为定位的基础；二是以任务指令为基础，比如在雅虎或 Excite 等主要搜索引擎上用户使用的关键词。这也是为什么在主要的搜索引擎上，美乐啤酒购买了关键词"beer"，IBM 购买了关键词"laptop"和"notebook"，Libri（德国的一个书本销售商）购买了关键词"book"。当访问者到搜索引擎上使用这些关键词进行搜索时，有关这些公司的弹出式广告就会首先映入人们眼帘。

考虑环境关联

背景环境，像 Parent Soup 或迪士尼，不仅发展了一类受众，同时也展现了一系列品牌联想。这些与背景内容的联系非常重要，因为它们会像在平面广告和广播电视媒体中一样，对品牌联想产生潜在影响。

某实验说明了一个具有冲击力且定位准确的网站在传播品牌联想时的威力。实验中，一个 Dockers 服装广告出现在 HotWired 网站上，展示了 Dockes 品牌服装宽松舒适、时尚活泼的形象。[4] 当 HotWired 的浏览者感觉到 Dockers 的服装风格与 HotWired 网络社区形象的差别时，他们因此更新了对 Dockers 服装的品牌认知。

与环境建立联系

在适当背景中出现的广告条尽管仍旧被视为广告，却变得不那么令人厌烦，而且更倾向于对目标品牌联想形成支撑。比如英特尔在 Mplayer 游戏社区的站点上采用了 5～10 个弹出广告（在下载游戏时出现），告诉受众通过使用新的奔腾 II 处理器可以提高性能。当然，在下载的背景下插播这样的广告，很容易就让人联想到使用奔腾 II 处理器就意味着减少等待时间。惠普有一则广告提示你可以将正在观赏的页面彩打出来，此时广告不仅承担广告自身的功能，还直接提供出使用说明。

成为主网站的一个部分

如果品牌成为一个参与者，赞助活动将会与品牌产生强联系。英特尔使用它的 BunnyPeople（房屋清洁工的人物形象）来营造这种参与性。英特尔 BunnyPeople 被分散发布在 Mplayer 网站的每个页面中，参加游戏的人点击一个形象就能选择一种彩色的 Bunnies 作为它的 Mplayer 代表。

互动广告

互动广告要求受众输入一些必要的资料以产生互动联系。研究表明，互动广告比那些单纯把使用者链接到另一个网页上的非互动广告要高出 70% 的点击率。[5] 例如，John Hancock 把广告条置于一些热门网站的首页，广告图片上是一个小姑娘，并伴随以下问题："她（　）岁，我希望她去（　）上学，我该怎么做？"使用者可以输入其女儿的年龄和想去的学校，然后网站就会帮助使用者计算出为达到此目标需要每月节省下来多少钱。一个简单的谜语、内容、卡通片段或一系列如 John Hancock 广告那样简洁的问题，就可以促使顾客不停地考虑对产品或服务的需要，同时他们也会期望与这个品牌发生联系。

提供新闻、娱乐或其他的刺激

有多种途径可以刺激目标受众群体参与到广告中来，或至少能够接受广告的出现。像 Variety 和《福布斯》那样的杂志在它们的广告中放置新闻标题。惠普的广告条链接着一个生动的乒乓球游戏，受众可以通过该游戏与电脑竞技。这类站点经常被下载者光顾，最终网站上相伴随出现的广告也达成传播实效（与传统广告相比，这些广告非常诱人甚至成为人们谈论的话题）。其他厂商则通过提供免费电脑或网络接入等方式，来换取能够在网站上展现广告的机会。

标识和标语

网络广告条就像实体广告牌一样，所能承载的内容容量有限。这样一来，我们如何使它更有效地发挥作用呢？使用一个令人印象深刻的标语和标识是有效方式之一。诸如"人人都喜欢莎莉"和"安静的公司"这样的标语，以及像品食乐的"面团宝宝"和富国银行的旧式驿马车这样的形象标识，都将使得通过网络广告条载体进行品牌传播变得可行。

目标和评价标准

对那些为了增加访问量或为了直接产生回应而设计的广告，点击率（比如说，当鼠标点击把访问者带入到广告商的网站上）当然是相关的评价指标。

然而，点击率并非一定能够反映出广告在获取品牌知名度和创建品牌关联方面的能力。实际上，根据国际广告协会的研究，点击率与增强品牌知名度之间的相互性几乎为零，在被调查的 12 个广告中，最有效的沃尔沃和"舒适"广告与点击率之间也几乎没有任何关系。如果点击率在网络广告效果评估中占主要地位，为了一味追求点击率，品牌创建就会出现偏离策略的倾向。评估中所需要的其实是像国际广告协会那样，用与知名度和联想度有关的实验来代替点击率。网络的优点就是在网上进行这样的实验是可行的，而且费用合理。

最后的思考

马丁·麦克拉南是 Prophet 铂慧中使用互联网的先驱者，他认为"网络所体现出的对媒体与商业的整合能力，从某种意义上说也许会从根本上动摇现有商业信息的交流方式"。他的观点意味着众多网络品牌的创建者需要对网络有一个正确的认识。单纯的电子商务品牌不应仅仅提供方便的订货途径（这样会最终导致无法盈利），而是应该通过个性、社区、内容及娱乐创造更长期的访问和品牌忠诚度。这些与网络相关的品牌也应尽可能使用所有的品牌创建工具，而不是简单地局限在网络上。

在互联网之外的品牌也不应只把网络看成另一种品牌传播媒介。即使网络不是这类品牌创建的驱动者，也应是整个品牌创建工作中不可或缺的一部分。更重要的是，网络的引入可以改变商务模式和传统传播工具的角色。网络在某些情况下应该被视为超越品牌传播并将品牌创建延展至从产品开发到服务支持的整体价值链上的有效方式。

网络的发展十分迅速，以至于不是每个传统的品牌传播管理者都可以简单地掌控品牌的网络创建活动并取得成效。企业内部需要有熟知各种品牌传播方式（包括线上线下）的高级管理者，他们要能够识别新出现的电子商务模式，发现和利用电子商务的机会。尽管今天首席网络官这一职位在企业中还很少见，但在未来，对于那些要创造真正的持续竞争优势的品牌来说，这个职位是必不可少的。

对外部网络传播伙伴的选择也同样十分关键。大多数传统广告代理商把网络仅看作另一个品牌传播方式，只有少部分人有相应的技术专长和从事电子商务的能力。相似地，也很少有网络开发者懂得如何利用他们的网络技能来进行品牌创建。在这方面需要制定一个在强大而清晰的品牌识别驱动下的数字化品牌战略。这种品牌识别能确保企业内部和外部涉及执行工作的人最大限度地挖掘网络创建品牌的潜力，时下它比黄金还稀有和珍贵。

网络是一种体验，挑战在于需要将这种体验与品牌相关联起来。品牌是一种无法被模仿的无形资产，所以，创建品牌的诀窍就是创造一种让受众与品牌发生联系的体验。为了实现网络所带给我们的品牌创建机会，可以通过运用网络的独特性质以及与网络科技发展保持同步来创造这种关键的体验。

思考题

1. 你的网站支持你的品牌吗？品牌标识符号是否被使用并被强化？
2. 网站能否吸引访问者重复访问？
3. 你的网站是否能通过为顾客带来附加价值从而实现对品牌的强化？
4. 那些负责网站建设的人员对品牌识别有清晰的了解吗？
5. 你的网站是否设立了与现有或潜在的客户对话的功能？该功能是否更好地将你和你的客户相连接？能否加强客户的反馈？这种信息在组织内部如何运用？
6. 你有一个能够与品牌、市场和非网上媒体相协调一致的网络形象吗？
7. 基于以上 6 个问题进行网络审核，检验一下你的网上品牌形象。

BRAND LEADERSHIP

第 9 章

创建品牌
超越媒体广告

每个人经历的总是多于他所理解的,然而往往是经历而非理解在影响着人们的行为。

——马歇尔·麦克卢汉

拒绝平庸。

——雷蒙德·罗必凯,扬罗必凯公司的创始人

雀巢阿利特

雀巢公司在法国家庭前往南部阳光海岸度假的必经之道——Autoroute Sud 的休息点，设立了"婴儿服务站"，供应尿布、婴儿食品和其他东西。雀巢公司这样做并不是什么公益行为，其目的是让"雀巢阿利特"（Nestle's Alete）婴儿食品品牌更加贴近顾客生活。这一举措通过为消费者及其宝宝提供产品与服务体验，将公司婴儿产品品牌从情感和产品功能上与消费者建立起紧密联系。

惠普

惠普在曼哈顿市区设立了一个产品展示中心，它邀请路人进来参观印地500控制中心的复制品，该中心采用惠普彩色打印机记录各种工作。以"商业色彩"为宣传主题，该展示活动旨在帮助参观者了解色彩和惠普打印机在如今变化日趋快速的经济社会里的重要性。控制中心的光芒不但吸引了参观者，也成为关键目标品牌联想的来源。

前进保险

美国前进保险公司（Progressive Insurance）无论是在经营汽车保险业务，还是在消费者中间建立品牌方面，都不拘于传统且富有创新精神。当发现缓慢的报险程序成为出险客户最主要的投诉后，公司引入了一项具有品牌效应的超速报险服务——即时应答。印有醒目的"即时应答"图样的保险处理流动车在关键交通区域循回流动，以确保一旦出现交通事故可以在当场进行处理。前进品牌流动车创造了相关的、强有力的视觉识别，司机和顾客们都说，前进品牌流动车每次都能紧随着警察及时赶到事故现场。

宝马

宝马举办的网球和高尔夫赛事为其构建起强有力的顾客-品牌联系。该赛事是为网球和高尔夫球的业余爱好者及车迷们举办的，每年都选择欧洲风景秀丽的景点举办一次。赛事的目的是增加消费者的生活乐趣，并让他们相互交流汽车和运动的相关话题。比赛前后的公关活动、直接营销和促销活动以及赛事本身，都为比赛创造了良好氛围，给消费者留下了有关宝马品牌的美好回忆、感知、印象和积极的情感，进而从情感上加深了宝马品牌与消费者之间的联系。

在古埃及，法老或国王去世后，祭师把他们的身体制成木乃伊，放在一个由一组相互嵌套的棺材所组成的精美石棺里。然后，石棺被埋葬在"国王谷"形成各自的坟墓，这些坟墓都是全国的能工巧匠们花费多年的时间精雕细琢而成的。

古埃及的法老墓里有20多个墓室和走廊，墙壁上装饰着艺术家们精心制作的壁画和浮雕。壁画表述着法老们的故事——他们所信仰和崇拜的事物，还描述了他们生前的活动，例如法老生活中的重要组成部分——狩猎。墓室里还有陪葬品和法老的其他珠宝等物品。

从某种意义上讲，古埃及法老墓的建造者就是品牌创建者，他们试图在有限的墓室空间里设计出令人印象深刻的视觉象征。他们创造了一些能够用以更好地描述法老生平的联想符号（他们的信仰和价值观、他们的日常生活和所拥有的财富等）。最终，他们通过兴建一座建筑，在彼此之间建立起深深的联系，而且所有这些都是在没有任何媒体广告的情况下实现的！

品牌创建任务

对于品牌战略的执行通常都集中在彰显（或加强）品牌知名度、品牌联想和深度的客户关系上（见图9-1），这每一项任务都是由品牌识别和品牌定位所引导的。即使是品牌知名度的建立也需要战略指引——某些传播方式可能与品牌识别体系不相容。

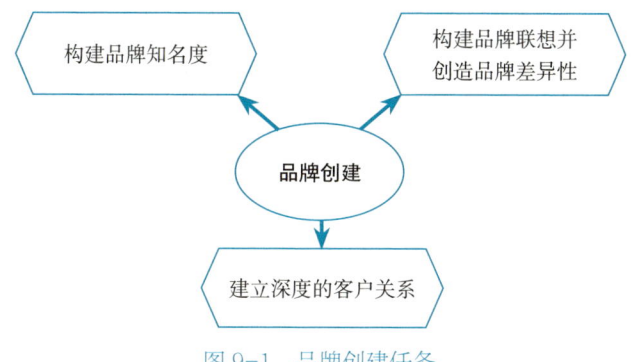

图9-1 品牌创建任务

品牌知名度的影响力经常被低估。诸如英特尔、可口可乐和万事达卡等品牌之所以能在市场上占据主导地位，很大程度上与它们的市场可见度有关。这些品牌的视觉标识无处不在，不但使得在每次购买活动中激发人们关注到它们，还进一步影响到人们对品牌的认知。例如，英特尔品牌之所以能向市场传递出领导、成功、高品质甚至是激情和动力等信息，多数是倚仗其市场可见度的功劳。

品牌知名度由几大要素共同构成，包括品牌认知（如你听说过这个品牌吗）、无提示回想（如你知道什么品牌）以及第一提及知名度（如你第一个想到的品牌是什么），所有这些都出现在消费者购买过程和品牌态度结构中。这些要素的相对重要性取决于其所在的竞争环境。对于一个在大市场上推出的小品牌或新兴品牌而言，品牌认知度极为重要。而在其他情况下，无提示回想则显得更为重要。在《创建强势品牌》一书中讨论过掉入"墓地"的危险

（人们对品牌认知度很高但回忆度很低）。对于一个主导品牌，特别是竞争于诸如口香糖等冲动消费型市场的品牌来说，第一提及知名度是至关重要的。大多数情况下，对上述 3 个层面的认知都应成为指导品牌管理工作目标和衡量最终结果的标准。

构建品牌联想作为品牌构建工作的核心，直接由品牌识别所驱动。其目标不仅是要建立起强有力的品牌联想，还要创造出诸如西南航空、蒂芙尼和捷豹这样的差异化品牌。扬罗必凯品牌资产评估模型基于对 30 多个国家的超过 1.3 万个品牌的调查研究指出，差异化对于打造强势品牌至关重要，其重要性高于品牌尊重度、相关性和认知度。[1] 根据扬罗必凯品牌资产评估模型，新品牌一般都是从建立差异化开始的，而品牌走向衰落的前导性指标也是其差异性的消失。品牌忠诚度需要以独特的品牌个性为基础，要给一个普通品牌赋予过多的内涵是很难的。

真正强势的品牌，像哈雷 - 戴维森和土星一样，在获得品牌知名度和差异性的基础之上更进了一步，与客户群建立起了深厚关系，这种关系意味着品牌已成为消费者生活或自我认知中有意义的一部分。这种与消费者的深度关系一旦得到建立，品牌的功能性、情感性和自我表达型利益都会相对集中。消费者将更为忠诚，他们会更乐于向别人推介品牌，宣传品牌的优点，并为品牌的不足辩护。

建立深度关系：寻找顾客的兴奋点

与特定市场中的客户群体建立深度关系通常要比仅强调销售数据来得重要。忠诚客户不仅会去影响其他人，而且会为企业形成一个稳固的市场份额。并不是说所有的品牌都能建立起一个强大而忠诚的核心顾客群，像 Dash 清洁剂那种低客户参与度的功能性品牌就无法做到这一点。但对于那些能够建立起自己的忠诚客户群的品牌而言，这无疑是企业的一项十分重要的资产。

客户关系模型

如果没有对消费者形成详细深入的了解,品牌就无法与客户建立起深度关系,这需要找到顾客兴奋点——作为消费者生活的一部分,代表了其显著参与和消费承诺,并表达出他们的自我观念意识。寻找顾客兴奋点的方法之一是对现有的忠诚顾客群进行观察,想想他们为什么对品牌如此痴迷?有时,采用透过现象看本质的定性研究也是有效途径之一。但无论怎样,了解消费者的关键是要把其当作一个独立个体而不是一个群体去考察,即品牌是如何与顾客自我认知及其生活方式发生联系的?最后是要去考察消费者的价值观和信仰、行为和兴趣爱好以及其拥有物(换句话说,也就是去了解他们是什么、做什么、有什么)。正如图9-2 "客户关系模型" 所展示的,大多数人的本质从这三个维度就能得到体现。

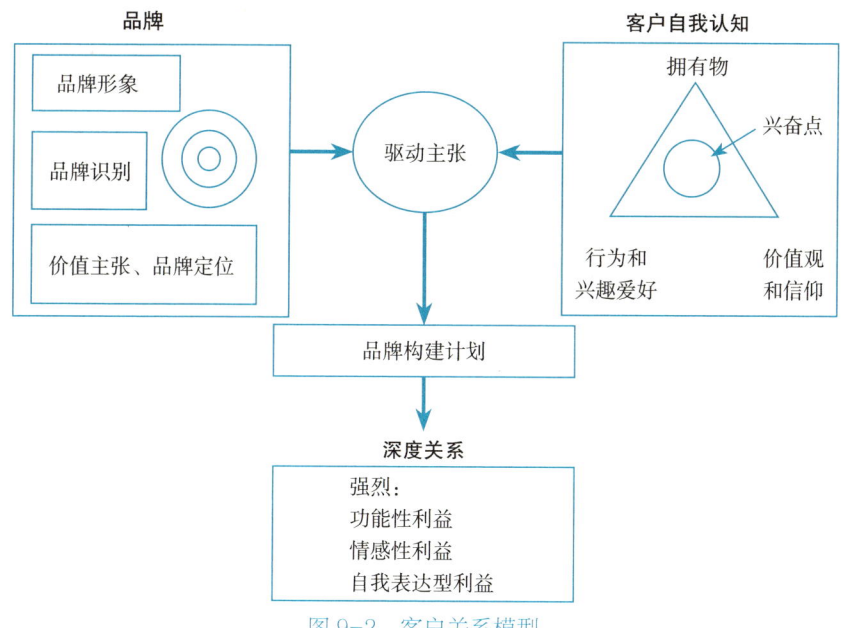

图9-2　客户关系模型

价值观和信仰。价值观和信仰反映了一个人的本质,即其赞成什么、反对什么。美体小铺连接的是关注社会问题的人群,它的一些活动,如支持第三世界经济、拯救鲸鱼和环保意识等，都与有着相同价值观和信仰的消费者产生共鸣；"麦当劳之屋"活动为有身患重病儿童的家庭提供住宿，在有相同价值观和信仰的麦当劳消费者中激起了很大的反响；苹果公司"非同凡想"（Think different）的口号和非传统的电脑外壳颜色吸引了那些想法与众不同的消费者，他们极具个性，喜欢挑战貌似强大的竞争者。类似地，微软用口号"今天你想去哪儿"所表达出的梦幻般的价值观也同样用以与特定顾客建立联系。

行为和兴趣爱好。消费者自我认知的第二个方面是他们的行为和兴趣爱好，比如说打网球、看足球比赛、旅行、做家务、照顾家人、投资、健身、社交和外出吃饭等。如果品牌能成为这些行为或兴趣爱好的一部分，并能为消费者带来额外的功能性利益，那么它就能成为消费者生活的一部分。例如，The North Face（美国户外运动品牌）通过为徒步旅行者和攀岩者提供设备和专业建议，以帮助他们完成冒险，进而融入消费者的户外探险活动。嘉信理财作为在线券商，在投资者改进投资组合的过程中发挥作用，融入投资者的在线投资活动。

拥有物。你拥有什么就会成为什么。拥有物在此的界定非常宽泛，包括人员、场所、理念、群体和事物，所有这些都能表现和加深人的自我认知。[2] 问题是要把品牌和这些拥有物联系起来。当然，在某些情况下（如哈雷－戴维森），品牌本身就是这个拥有物之一，并传达着情感性和自我表达型利益。当一个顾客拿着一件哈雷－戴维森T恤说"这个品牌就是我"，并讲述品牌如何成为他生活的一部分时，或者当梅赛德斯－奔驰给人带来一种成就感时，就表明品牌已经与消费者建立起了深度关系。

驱动主张

如图9-2所示，品牌创建的核心是一种驱动主张，即一个核心概念（如品牌个性）或方案（如阿迪达斯的街头篮球挑战赛或耐克城），以此为核心才能制订一系列相互协同的品牌创建计划。一个好的驱动主张应该能够通过以下方式对品牌计划形成促进作用。

- 通过打造品牌知名度、构建品牌联想和建立与顾客的关系来建设品牌。
- 与顾客产生共鸣。
- 打破常规。

在许多情况下，驱动主张都由顾客兴奋点所激发。阿迪达斯以其街头篮球挑战赛作为驱动主张来抓住顾客兴奋点，它年轻的目标顾客群被周末这种充满社交性和对抗性的体育活动所吸引。表 9-1 列举了其他的驱动主张以及在此背后的顾客兴奋点。

表 9-1 驱动主张的例子

品牌	顾客兴奋点	驱动主张
阿迪达斯	团队对抗的周末活动	阿迪达斯街头篮球挑战赛
可口可乐	爱国主义和庆祝的欢乐	奥运火炬传递
哈雷-戴维森	自由和充满男子气概	哈雷车友会
美极	为家人和朋友快乐地烹饪	Kochstudio
星巴克	享受每日的咖啡社交时光	再现欧洲咖啡屋体验
豪雅表	与帆船运动竞技精神的身份认同相融合	赞助怀特布莱德帆船比赛

驱动主张还来源于客户关系模型中的品牌自身维度。例如，下面的形式都可作为驱动主张的基础。

- 产品。IBM 的 ThinkPad、苹果的 iMac 和奥迪的 TT 品牌，都是能够驱动品牌创建的品牌标识。
- 定位。哈根达斯的故事（将在本章后面介绍）就是一个例证，说明品牌定位是一系列品牌活动背后的驱动主张。
- 品牌个性。维珍的个性激发出了许多驱动主张，例如热气球活动。

显然一个有创意的品牌驱动主张,如耐克城和阿迪达斯街头篮球挑战赛,是打破常规的关键,为系列品牌创建活动确立了核心思想。但究竟如何能产生这种驱动主张呢?这里有运气的成分。管理大师汤姆·彼得斯曾经建议:"在混乱中享受意外发现的乐趣——这就是秘方。"然而,有些公司比较幸运却并非偶然,就像路易斯·巴斯德所说的,"机会是给有准备的人的"。一个组织应形成一种文化和结构,在其中人们能够发现不寻常的主张,也许更为重要的是,使人们有意愿和权力去支持该主张并最终实现它。组织还应建立起某种程序,进而提高找到成功驱动主张的可能性,该程序应包括下面三个步骤。

第一步是发现品牌和顾客最重要的方面。对该品牌来说,这些方面包括品牌形象和品牌识别(包括品牌个性、品牌标识和品牌精髓、价值主张和品牌定位);对顾客来说,这些方面包括前面提到的行为和兴趣爱好、价值观和信仰以及拥有物。到底是以上哪一个产生了潜在的顾客兴奋点?

第二步是在第一步提出的理念、概念和想法的基础上界定可能的驱动主张。以下几个基本问题有助于做到这一点:品牌真正的魅力在哪里?什么能与顾客产生真正的共鸣?与其他品牌的不同之处在哪里?要回答这些问题,举办一次正式的创意主题研讨会将是一项值得的投资,但要注意拿出最终方案,而不仅仅是一次头脑风暴而已。[3]

第三步是评估备选驱动主张。什么样的品牌创建计划能够支持各个驱动主张?结果会有何影响?该驱动主张最终使多少目标顾客参与进来?要设计什么样的品牌联想?如何对成功进行测度?如何改进概念使其更完善?

霍巴特公司

作为一家食品设备专业制造商,霍巴特公司(Hobart)已有百年历史,虽然看上去公司并不像是一个行业领袖,但通过历史的沉淀,霍巴特已经在市场中形成了稳固的高品质产品形象。除了是行业内最大的企业，霍巴特的业务还涵盖了零售业（餐馆和面包屋）、食品服务业（学校食堂等），以及主要食品制造等领域。而其他领导型企业仅专精于某一特定的产品类别（如冰箱），或知名于产业的某一细分领域。

尽管如此，霍巴特仍有更多的追求。它不仅仅满足于产品领导者的地位，还试图通过成为行业内的精神领袖来获取持续竞争优势。驱动主张的任务就是为餐馆和集团餐饮客户日常可能遇到的问题提供建议和解决方案，这些问题包括发现和留住优秀员工，保证食品安全，降低成本，提高市场占有率和增加同类门店销售量等。所有这些共同界定出了顾客的兴奋点。

为顾客提供日常问题解决方案的驱动主张，最终演变成了一场以公共关系为主导的品牌创建活动，平面广告对解决具体顾客问题的措施进行了宣传。例如，有一则广告的画面上显示出一个挂在餐馆卫生间洗手池上方的标语，上面写道"员工回去工作前必须洗手"，画外之音问道："还需要更全面的措施来保证食品安全吗？"广告画面下方通过显示出"坚固的设备，真诚的忠告"这一广告语，表达出霍巴特所推崇的解决方案。

在亨斯利·西格尔·本茨勒这家B2B宣传策划公司的帮助下，印刷广告宣传活动在霍巴特品牌创建整体工作中起到的作用很小。霍巴特与商业媒体记者进行直接接触，不仅向外界传递"产品布局信息"，还表明"发展理念构想"。相关报道文章的标题极具特色，如"冷冻之战：智能冰箱捍卫食客对抗食源性疾病"（该文章出现在《宾馆杂志》中）。霍巴特还改变了其新产品的发布方式，在发布过程中更为强调产品是如何帮助客户解决其主要商业问题的。例如，霍巴特涡轮清洗机的广告较少宣传其清洗设备管嘴的特种功效，而更多地重点介绍该设备如何能够使诸如刷盘、洗碗这样令人厌烦的工作变得简单且富有乐趣，进而营造出更加令人愉悦的厨房环境，餐饮服务人员也乐在其中。

霍巴特还创办了一份顾客杂志，名为《智者——为食品行业专家们提供建议的季刊》。该杂志不是为了企业自我吹嘘，而是刊登出一些符合新行业标准的有深度文章供业内人士参考。为了在行业贸易博览会上宣传这一重要理念，霍巴特在会场展台处特地开设了"信息中心"，让行业专家面对面地解答人们在经营中所遇到的难题。在公司内部，领导层决策信息得以通过部门和公司级会议或内部简报得到进一步强化。

霍巴特分享其建议的另一个途径，是通过在诸如"家庭饮食替代品峰会"和"全国食品服务咨询大会"这样的行业研讨会或行业活动上发表演讲、陈述观点。此外，公司还在其官方网站上提供大量信息，包括优秀的论文、行业专家就相关问题的解答、短评和每周更新的其他资料。同时，霍巴特也经常将某些重要信息发布在业内人士经常浏览的其他网站上，还通过各种印刷媒介发布一些摘要性资料。

资料来源：感谢 Steve Kissing of Hensley、Segal 和 Rentschler，他建议使用这个驱动主张的例子，并提供了详细资料。

业务关系模型

企业组织本身也是客户，但原客户关系模型要经过修改才能适应组织模式。和个人一样，组织自身也有其价值观与信仰。在客户关系模型里，消费者自我认知三角中的行为和兴趣爱好及拥有物需要由企业组织的使命和组织问题所取代。

价值观与信仰

不同组织的价值观各不相同。积极参与社会事业是美体小铺价值观的重点体现,而其他公司的价值观则更可能侧重支持艺术或慈善活动。惠普特别重视员工和他们的专业水准及个人成就,雪佛兰始终关注环境问题,3M 则处处提倡创新精神。

组织使命

每个组织都有自己的使命或活动界定。例如,通用汽车设计、生产和销售汽车;施乐是数码文件处理公司;迪士尼娱乐大众。使命对企业的重要性不但体现在功能上,还体现在情感上,这就是它们存在的意义。品牌如果想寻找与企业能够建立起的联系,就应该审视其广泛定义的使命。例如,通用汽车的供应商可以通过涉及公路、汽车安全或汽车拉力赛等与企业产生联系,供应商品牌也因此能显示出它如何融入汽车行业以及它在社会中的地位。

组织存在的问题

每个组织都存在一些问题,同时也有能够用以解决这些问题的资产。上面介绍的霍巴特就为我们展示了一个如何将问题是转化为驱动主张的例子。要解决问题,企业首先要清楚客户在使用产品或服务的过程中将遇到的主要障碍,然后再将自己转化成解决这些问题的权威专家。

品牌创建工具

无论企业的目标是要加强市场认知度、创造关联物还是与客户建立深度关系,都要从驱动主张出发,构建起一系列品牌创建计划。历史经验表明,多数品牌创建努力的基础是对媒体广告的有效利用。有人认为成功的品牌创建工作主要包括找到一个优秀的广告代理商,激发他们设计出富有创意的广告，再资助一场轰轰烈烈的推广活动，这种观点已经非常过时了。因此，即便可能之前非常奏效，但如今依靠把创建品牌的工作交给富有创意的广告代理公司已不再是确保品牌创建成功的灵丹妙药。

毫无疑问，媒体广告的确是品牌创建的有力工具，特别是同"喝牛奶了吗"这样声势浩大的推广活动一样效果显著，品牌创建资助中的很大部分资金也将源源不断地注入这些活动中。然而，媒体广告也存在许多问题和局限，导致人们通常忽略了其他有效的品牌创建工具。

由于专业性"小众"杂志和报纸以及专业电台的兴起，媒体广告呈现出分散化的趋势。这有积极的一面，因为目标受众群更容易在品牌友好的环境中接收到针对他们的信息。同时，这也意味着先前与媒体广告密切相关的规模经济性如今变得不确定，因为有更多的广告需要分别通过不同的渠道到达同一客户群。此外，过多的广告使得相应的资源和专业人才数量相对减少，要获得所需要的创意效果也将越来越难。

广播媒体上不断缩短的广告使得品牌宣传推广越来越混乱，从而导致了听众拒绝接收广告信息的风险。研究发现，消费者对广告持怀疑态度。某项消费者研究显示，在英国只有16%的人承认他们注意过商业广告，65%的人表示不再相信电视广告，1/3的人认为广告让人讨厌。[4] 尽管这样的调查结果不排除某些偏见导致数字上的夸大，但也要冷静地意识到84%的消费者已经忽略了广告，而只有1/3的消费者能容忍和信任广告。

尤其需要品牌创建者注意的是，如今绝大部分的媒体广告已经成为过气的工具，与其他工具相比，媒体广告对于加深受众关注的作用已经十分有限，进而，广告在辅助品牌建立深度客户关系方面的潜力也相对较小。

幸运的是，不一定非要把媒体广告当作品牌创建的主导性工具。事实证明，强势品牌已经被其他功效显著的工具所创建，这些工具包括网络、赞助活动、品牌宣传、直销、旗舰店、客户俱乐部、样品展示、广告牌和其他视觉标识、具有品牌效应的公众服务项目（如麦当劳之屋）、户外展览和店内陈设等，以上所列也仅仅是所有工具的部分列举。回想一下阿迪达斯街头篮球挑战赛、耐克城商店、维珍的公关技巧和万事达卡的世界杯赞助活动等，这样的工具还有很多。对一个还是以广告宣传为全部品牌创建工具的企业来说，可能部分原因在于它缺少内容专家，因此对以上所列的各种品牌创建工具的掌握与运用将会成为摆在它面前的一大挑战。

创建品牌：来自欧洲的几个模式

本章后半部分将向大家展示几个超越媒体广告创建品牌的成功案例，个个都非常精彩。之所以选择的都是来自欧洲的个案，部分原因在于欧洲媒体广告的制度性限制非常明显，因此以其他方式代替媒体广告的做法十分盛行。讨论完这些模式后，我们还将从以下所进行的案例研究和先前三章的相关内容中为品牌创建总结出一些指导性原则。

美极的故事

朱利亚斯·美极（Julius Maggi）在大约100年前首次开发出了脱水汤料，并以此创建了美极公司，其开办初衷是为那些没有时间和经济能力烹饪正式家庭食品的工薪阶层妇女提供营养美味的食品。几年后，他又发明了液体调味品（见图9-3），这些后来成为美极公司的标识性产品。产品独特的包装瓶在欧洲德语地区广为人知，就如同美国人熟悉可口可乐的包装瓶一样。美极液体调味品成为许多厨师备受赞扬的原因所在。在第二次世界大战之后，美极被雀巢收购。

20世纪八九十年代，在发现其核心顾客群年岁渐老之后，美极开始将目标转向年轻一代，为他们提供烹饪产品、速食产品和冷冻食品，还开发了儿童和不同种族客户群的产品生产线。这些创新继承了美极的传统，反映了"成为消费者厨房里的好朋友"的品牌精髓，还体现了以下核心识别要素。

图9-3　源自100年前的美极液体调味品

伙伴关系：通过为顾客提供创意、方法和产品，使他们能够烹饪出营养美味、简单便捷且价格实惠的食品，成为人们烹饪的好伙伴。

创新性：不断开创便捷、美味新天地。

德国是美极最重要的市场之一，媒体广告（聚焦于品牌能为消费者做些什么或什么使得美极产品新颖、独特且受欢迎）在德国市场上仍然为支持美极品牌发挥着关键作用。但从投资规模和影响力来看，在德国的品牌创建工作更多的是以"美极烹饪中心"（Maggi Kochstudio）概念而展开的，同时，美极的这个驱动主张又是在消费者对烹饪的热情激发下而产生的。

1959年建立于美极法兰克福总部的最早"烹饪中心"，如今主要用来拍摄演示产品的广告。消费者对该中心的参观渴望，促使美极把"烹饪中心"

的概念延伸到其他传播工具上。几年之后,"烹饪中心"已成为美极与消费者之间伙伴关系的最全面展示。除了最初用于电视摄影场景外,还有七项主要的品牌创建活动与"烹饪中心"相关联(见图9-4)。每项活动都发挥着其特有的作用,它们形成的整合效应则有效地支持了美极品牌。

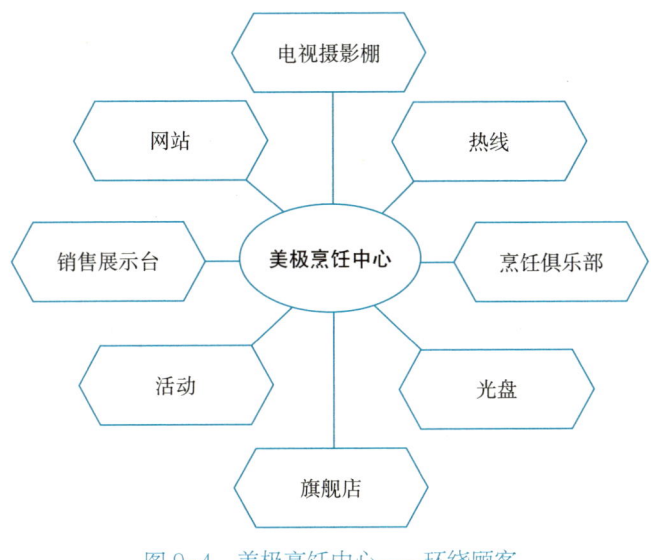

图9-4 美极烹饪中心——环绕顾客

热线

在支持那些通过所有接触点参与到美极品牌创建工作中的忠实顾客方面,"烹饪中心"热线为消费者提供了更好地提出建议和要求的工具。热线的工作人员每天平均要回复150个电话咨询和70封来信。从这些来信来电中得到的启发将通报给美极其他相关部门,特别是研究和开发部门。

烹饪俱乐部

1992年美极成立了"烹饪俱乐部",如今已发展成为拥有40万名会员(占德国总人口的0.5%)的俱乐部,并每年出版3份杂志。1996年5月美极开始鼓励消费者以"美极"的名义成立地方性"烹饪俱乐部",几年之后就发展到 400 多个,这些俱乐部都有自己的出版物"Topfgucker"和发言人。

光盘

"美极烹饪俱乐部"的多媒体光盘名为"快乐烹饪",里面有 300 多个食谱、美食家百科全书、音乐、视频和价值型用户服务手册等。其中有 150 多种美食制作演示在舒缓的背景音乐下展现,大多数菜肴附带介绍了营养信息,还配有一项搜索功能,根据消费者手头的材料提供各种菜肴的配方。

旗舰店

占地 2000 平方英尺的美极法兰克福旗舰店建成于 1996 年。该旗舰店以美极受欢迎的会面与社交场所闻名,其中专设了一个具有美极特色的产品和用具展区,包括调味盒、围裙、烹饪手册和新颖的美极棕色瓶形状的香料喷洒器。

该旗舰店拥有两个厨房。在位于店面前面的样本厨房里,参观者可以观看工作人员烹制美极产品,和他们直接交流,还可以得到一张写着配方的卡片。在体验厨房里,参观者体验用配备好的日常烹饪服务器自己烹制并品尝食品,这里还为初学者、糖尿病患者和儿童准备了特殊的烹饪课程。每天在美极网站上都实况转播一堂烹饪课,每个星期的"烹饪实况"(一个可以电话参与的广播节目)都吸引了众多听众与美极工作人员交流烹调与营养的问题。包括广告牌在内的地方性广告用来促进店面的交易。

活动

美极公司通过组织各种活动为品牌增添活力和新意。例如,在 1997 年公司成立百年庆典上,公司邀请了 1000 多位社会名流来到法兰克福参加盛大的烹饪宴会。参会者并不是坐下来享用美食,而是站在准备好的 800 多个炉灶旁大展厨艺。这项活动创造了一项吉尼斯世界纪录——世界上最大的厨房。该活动为美极公司赢得了巨大的公众认知度和声誉，也同时为参会者留下了一个难忘而有趣的回忆。

销售展示台

设在商场现场制作区的美极"烹饪中心"展示台配备有触摸式查寻系统，可以帮助顾客轻松获得烹饪和营养方面的信息。包括美极产品在内的许多配方都可以根据客户要求打印出来。这些展示台还配有一个活动探测器，如果有人经过，它会自动问好："你好，这里是美极烹饪中心。"展示台还为顾客展示美极从1936年起的系列旧广告片，顾客还可以要求复印经典的美极广告。

网站

美极官网也是围绕"烹饪中心"的概念设计的。主页的欢迎词如下："欢迎登录美极烹饪中心。对我们来说，烹饪的意义不只是准备一顿饭，烹饪就是生活的乐趣！我们希望和大家分享乐趣！"网站上设有供人们相互间交流及与美极展开对话的各种论坛，还开设了食谱比赛频道、公告栏、现场直播旗舰店里的烹饪课、中心俱乐部申请入口、在线商店、电子邮件回复中心，提供营养信息、美极产品介绍和其他烹饪及娱乐信息等。

美极烹饪中心计划是公司扮演消费者伙伴角色的一个工具，它不但向顾客提供各种烹调工具，还教人们如何用好这些工具。通过美极的超产品定位，其品牌核心识别得到支撑。通过这些举措，美极形成了与竞争者之间的明显差异。

美极通过触及消费者的兴奋点与顾客建立起了深度关系。这群消费者热爱食品和烹饪，在上面花费时间，通过追求拥有不同的烹饪工具来表达他们对烹饪的热爱。美极通过成为他们的伙伴并帮助他们出色烹饪，进而和他们建立起联系，也因此带来了显著的情感性和自我表达型利益。GFK 的数据调查研究表明，1998 年美极是德国最受欢迎的包装食品品牌，有 87% 的消费者定期购买和使用美极产品。美极的"烹饪中心"计划对取得如此卓越的成就功不可没。

斯沃琪：主导公众

斯沃琪手表成立于 1983 年，它向世人展示一款手表同时可以引领时尚前沿并彰显来自瑞士的艺术风尚，并且体现出乐趣、年轻、活力和享受等元素。在传播该品牌识别的过程中，斯沃琪主要依靠通过市场上的各种宣传手段、针对性的赞助活动和动态的产品线来赚取公众的认知度。驱动主张是基于品牌个性陈述所表现出的差异性（甚至是奇特）、乐观向上的精神和时尚风格。斯沃琪手表登陆德国、西班牙、日本市场的方式，都是在相应城市的摩天大楼上悬挂巨型手表来吸引眼球。在法兰克福，写在长达 165 米的巨型手表上的标题显示：瑞士、斯沃琪，DM60。这一举动吸引了大量媒体和目标客户群。

斯沃琪还赞助了多项活动，如在布雷肯里奇举行的自由式滑雪世界杯、在 Roxy 举办的首届国际街舞冠军赛、在伦敦举办的另类世界小姐表演，在巴黎的街区涂鸦、奇异自然历史博物馆之旅以及在布鲁士举办的"L'heure est à l'art"演出等。对于斯沃琪而言，以上多种形式的媒体沟通方式已经成为传递斯沃琪品牌信息和品牌本身的一部分。实际上，斯沃琪通过这些活动界定出了一种斯沃琪生活方式——被斯沃琪和其顾客所共同分享的生活态度和价值观。

动态更新的产品线为斯沃琪带来客户的极大关注。斯沃琪在一年内多次发布其新型号的手表,其中某些产品,如时尚运动手表,虽然本身有重大的技术创新,但更多的还是通过时尚驱动。斯沃琪扮演着流行文化运动的积极支持者角色,受其资助的著名设计师和艺术家包括 Keith Haring、Alessandro Mendini、Kiki Picasso 和 Pierre Alechinsky 等。斯沃琪的每一款新手表都是非主流的、奇特的、令人兴奋的。此外,像在观测哈雷彗星、纪念新思维运动、东欧的开放、全球夏季年会等各种大事件当中,斯沃琪都会推出值得收藏的纪念手表。

哈根达斯的故事

格兰德·梅特于1989年创建了哈根达斯,当时正值欧洲经济衰退、市场萎缩、竞争者林立。那时,联合利华、雀巢、火星和其他众多主要的小型地方性冰激凌制造商(如德国的 Scholler、瑞士的 Movenpick 和意大利的 Sagit)的广告密集,它们拥有很高的市场知名度,控制着欧洲超市冷冻箱中的有限空间。强势的私有品牌占据了某些国家40%的外带产品市场。而当时格兰德·梅特的食品种类不多,欧洲食品销售渠道中也很少能见到。

与竞争品牌相比,哈根达斯冰激凌口味更淳厚、奶油更浓,售价也相对高出一大截——比最接近的竞争者贵30%~40%,比低价产品贵9倍之多。针对成熟且富有的客户群,格兰德·梅特将哈根达斯定位成全年都能享用的口感好的高级冰激凌,该定位也成了哈根达斯的驱动主张。虚构的斯堪的纳维亚品牌名唤起了人们对自然和新鲜的联想,这与冰激凌的主要产品特征相一致。

向市场引入像哈根达斯这样的新产品的传统做法是以大型广告宣传为前导,但格兰德·梅特另辟蹊径,他在欧洲知名且人流密集的富人街区开设了几个豪华的冰激凌大厅(见图9-5)。这种咖啡厅风格的店铺营造出一种高雅、优质、洁净而自然的气氛（与哈根达斯在美国开设的无菌冰激凌店不同）。哈根达斯店面外观醒目，人流络绎不绝，借此，它又发起了极具攻击性的样品尝试计划，哈根达斯为路过的行人营造出一种积极的、流连忘返的环境。

图 9-5　哈根达斯店前景象

样品尝试计划与哈根达斯赞助主题为"哈根达斯——献给快乐，献给艺术"的活动紧密相连，活动附加的关联物增强了品牌形象。例如，对于多场歌剧表演的赞助活动使得哈根达斯能在适当的地方被适当的人群所见并品尝。在前卫的歌剧工厂的作品《唐·乔万尼》中，剧情做了小小的修改：唐要了杯冰沙，端上来的却是一杯哈根达斯冰激凌，结果意外地引起了公众的关注。

哈根达斯还进驻高档酒店和餐馆，但只销售给在菜单上打上哈根达斯名字的客户。与这项活动相伴随的是一次促销活动，消费者购买一桶哈根达斯冰激凌就能获得一张折价券，凭折价券可以到指定的餐馆享用二人餐。这同样加强了哈根达斯品牌所需要的高贵、上等的形象。当哈根达斯进入超市和便利店等销售渠道时，它用具有品牌标识的玻璃门冷冻柜展示不同口味的冰激凌，这使它与其他同类品牌区别开来，其他品牌的冰激凌一般放在零售商那拥挤且通常破旧的冷柜下面。

受到一部感性的美国电影《爱你九周半》的启发，哈根达斯在进入市场时还采用了投入相对较低的黑白广告宣传，以广告为蓝本制作了一张音乐CD，在400多家音像店和食品店中销售。

哈根达斯的品牌创建努力有多方面的成功。冰激凌大厅吸引了许多过路人，如位于伦敦莱斯特广场的大厅在开业的头一个夏天，一周就售出了5万多支冰激凌。4000多家欧洲零售商在其店内放置了哈根达斯的冷冻柜。尽管仅花费了100万美元的媒体广告费用，哈根达斯在英国的品牌认知度却在几个月内达到50%以上，仅用了5年时间，其在欧洲的销售额就从1000万欧元上升到1.8亿欧元，之后不久便占有了30%的高端冰激凌市场，与此同时，却保持着价格远高于其他纷纷出现的仿制品牌。

作为驱动主张的品牌体验

迪士尼乐园、星巴克与诺德斯特龙的驱动主张就是该品牌为人们提供的所有功能性和情感性体验。这些体验的背景和与之相关的颜色、味道及其他感知都有助于创建和强化人们对品牌的联想。下面是如何制造强烈的品牌体验的一些原则：

- **积极的客户参与**。人们通过主动参与比被动观察所学到的东西要多得多。为了使消费者与品牌发生直接联系，哈根达斯在冰激凌大厅里提供试吃服务；宝马赞助的网球与高尔夫球巡回赛为人们提供试驾的机会；而参加阿迪达斯街头篮球挑战赛的队伍穿着的则是阿迪达斯的球衣和球鞋。
- **全面的感官刺激**。持续对消费者的视觉、听觉、味觉和触觉等全面感官进行刺激比仅对其中一两项感官进行刺激的品牌体验来得更使人记忆深刻。例如，广播电台广告只能诉诸消费者的听觉。相反，衬衫制造商托马斯·平克的商店里充满了亚麻织物的气味，给人一种清新感，将对嗅觉的刺激与对衣物的触觉和视觉融为一体。

- **用与品牌相联系的线索支持品牌体验。**要把品牌与难忘的体验相联系，就要设置一些暗示品牌定位的背景线索。例如，耐克生产的"飞人乔丹"运动鞋的透明后跟从视觉上强化了人们对"充气气囊"的联想。颜色也能对品牌体验产生影响，在金色或铂金容器里的机油让人感觉比装在蓝色或黑色容器里的机油品质更高。阿迪达斯街头篮球挑战赛没有裁判和仲裁，给参与者形成的体验就是在这里公平比赛是常态。
- **通过多个接触点延展体验。**通常任何体验都包含几种能够形成顾客感知的可能途径。产品的形状、外观特点和色彩都会影响人们在使用时的体验。同样，广告或销售现场所包含的信息也会产生或强化情感性利益。

福楼特克斯的故事

1986年，福楼特克斯（Flow Tex）为欧洲引进了无须挖沟的平行钻孔安装技术，为公用设施、地方政府部门以及其他事业性和私营性的管道和电缆埋放公司提供服务。这项技术优势十分突出，由于在安放电缆和管道时无须挖沟，因此可以节约大量的时间和资金。对住在施工现场附近的居民来说也是益处显著，它防止了传统作业方式所引起的交通堵塞，大大降低了施工噪声，而且由于不用砍伐树木和挖地沟，野生动物和绿化带也得到了有效保护。

在一项看似少有重大发明的业务里，福楼特克斯脱颖而出。在业内，公司由于找到了特别且有效的方法来解决棘手的市政工程问题而广为人知。福楼特克斯是业内唯一一家实施纵向整合策略的平行钻孔公司，它不但设计和发展了该项技术，还将该技术运用到小型的和规模较大的安装项目中。创新、坚持和对事业的热情成为公司引以为豪的资本，同时也构成了公司的企业文化。

20 世纪 90 年代初，公司管理层意识到某些因素正制约着公司的发展。首先，地方性总承建商已经购买了相似的技术，并在其大型市政工程服务中同样提供非开挖安装技术。其次，大多数决策者仍倾向使用从古罗马时代流传下来的陈旧但仍可行的挖沟安装技术，理由是尽管平行钻孔安装技术的优点很多，但尝试新东西总要冒风险。最后，福楼特克斯逐渐被认为是一家专业技术公司，只能在诸如保护历史博物馆这种特定项目上有用武之地。

公司管理层需要某种方式与市政和公用设施决策部门有效沟通福楼特克斯的技术优势，于是公司开始寻找开启这些部门兴奋点的方法，随之他们发现，市政和公用设施部门的管理人员越来越引起普通市民的关注，并受到影响力巨大的欧洲消费者群体的问责。这种压力就是他们的兴奋点。

福楼特克斯可以帮助这些官员回应市民和消费者对施工的不便和破坏环境等问题的关注。不再挖沟！采用福楼特克斯的技术进行施工可以帮助市政官员在公众心目中建立起担当责任并积极进步的正面形象。问题的症结找到了，但对问题的解决还有一个障碍：就是福楼特克斯还是一家不知名的小公司。因此，公司管理层决定改变这种不利现状。

创建福楼特克斯品牌的驱动主张就是向公众和消费者宣传福楼特克斯技术的好处。然而，为了让消费者感兴趣，易理解，福楼特克斯所要交流的不能仅仅是公众没兴趣或难以理解的技术性问题。因此，福楼特克斯决定向公众展示其独特的公司个性和企业文化。

这种品牌创建策略在行业里不仅少见，而且带有风险。工程公司很少大举开展品牌创建活动，次级承建商也从未试图通过直接与消费者沟通来影响公共管理部门。许多人认为福楼特克斯的投资是在浪费钱，公共管理部门是不会对此做出正面回应的。此外，作为一家小型专业安装服务供应商，福楼特克斯的行业地位也不适合其扩大品牌传播活动。而且由于公司发展太快，也没有时间来定义品牌识别。

尽管如此，福楼特克斯还是决定进行尝试。首先，它定义了品牌识别：福楼特克斯应该以其非传统的、有效地解决市政工程问题的方法而闻名。其中最为关键的是，如何有效表达和陈述公司的独特文化——创始人的信仰与价值观，以及员工们亲切地称之为"这里的味道"的企业气氛。福楼特克斯的品牌个性非常特别：作为一家小型私有企业，它把工程建设所需要的实力、原则，与敬业、活力、富有朝气、轻松愉快的做事风格巧妙地融合在一起。

接下来，公司必须找到一个简单的途径来传播其基础技术。第一步是为品牌设计视觉标识。他们将蓝白色作为品牌LOGO的主色调，蓝色表现出福楼特克斯的高科技特征，白色强化了洁净的感觉——这是消费者关心的利益。品牌名用斜体书写，下面有一道弧线，试图传达一种流动的动感。为了支撑整体设计感，图案下面还附有一句广告口号"构想－安装"，强调福楼特克斯提供的是从规划设计到最终交付的全过程解决方案，而不仅仅是个卖硬件设备的公司。

另一个品牌图形是房子与树的卡通图，如图9-6所示，这种设计是为了表明福楼特克斯是如何在地下施工而不影响地面自然景观和现存建筑物的。该图案被当作简明有效地说明福楼特克斯的平行钻孔技术功能性利益的工具，并被用于各种传播活动中。这是一个将原本枯燥复杂的事情生动形象地进行讲述的绝妙方式。

同时，公司还制定了强大的5年期品牌创建规划，打头阵的是在行业和公众关注的杂志上开展的印刷媒体广告活动，紧随其后的是提高市场认知度的小型电视广告活动。广告以轻松幽默的手法通过生活片段的演示向社会公众宣传非开挖安装技术的施工益处。这种直接针对消费者的方法与众不同，因为方法本身也强化了福楼特克斯品牌的创新联想。

图9-6　福楼特克斯品牌图形

另一个重要的创新是大量使用各种品牌创建活动来直接影响市政、公用设施和公共管理部门的决策者们。每项活动都围绕一个具体的、能够吸引某部分特定人群的主题而展开，如环境技术的运用、在电力市场上出现的具体电缆问题等。针对每个主题，公司都开发出一个面向多方受众的整合品牌创建计划，映射出影响决策者采用福楼特克斯技术的诸多影响因素。

每项品牌创建活动都精心规划，循序渐进。一开始都先发送一份直邮广告（印刷材料、视频或光盘），接着邀请人们参加在中心城市举行的主题研讨会议，再进一步是公共关系和推广活动。这些活动在公司网站所开辟的专栏频道上得到进一步大力宣传，并邀请相关决策者登录浏览。顾客在收到第一封直邮信件后不久，一位福楼特克斯的销售工程师就会与其进行联系。通过在所有品牌创建方式中采用相同的主题和视觉设计，这些活动均与福楼特克斯印刷广告相互联系在一起。品牌视觉认知度将进一步在贸易展览会和福楼特克斯赞助的ATP网球巡回赛上得到加强。贸易展览会成为一个演示产品的理想场所，也是宣传福楼特克斯的作业方式、文化以及彰显公司及员工果敢和富有活力个性的展示场地。

5年期品牌创建规划的实施带给福楼特克斯极大的成功。直接与顾客沟通打破了二者的距离，并间接地建立起果敢、创新和开放的企业关联，这些已经构成了福楼特克斯的文化要素。另一个成功要素是公司达成了一种罕见的平衡，即在专业工程杂志所提供的专业信息与针对二级市场和最终用户的广泛接触中找到了平衡。这其中更重要的是，福楼特克斯运用多种品牌创建方式，通过主题活动直接影响到国家、市政、郊区和公共管理部门的决策者。这些品牌创建手段就好像是篮球比赛中的全场紧逼战术一样，有效地对这些决策者形成包围之势。福楼特克斯成功地将品牌创建活动运用到贯穿欧洲快速增长的特许经营系统，也因此被誉为平行钻孔技术界的"麦当劳"。

吉百利主题公园

20世纪90年代初，糖果制造商凯迪博里创办了"吉百利世界"。那时到伯明翰参观该工厂（现在已经转成博物馆、主题公园和举办巧克力主题活动的商店）的人们会受到一位来自墨西哥尤卡坦州森林的佩刀印第安神父的欢迎。之后，人们便开始了一段两个半小时的旅途，浏览巧克力的发展历史，并欣赏诸如埃尔南·科尔特斯英雄和阿兹特克国王 Montezuma 的种种传说。参观者还可以了解到有关可可豆和巧克力的由来和源起，还有吉百利在1824年如何创办了第一家杂货店，如何通过与英国的贸易逐步发展壮大的相关信息。借助将巧克力的历史与吉百利的发展融为一体，吉百利将自己定位成生产纯正巧克力的权威。

然而，更重要的是，参观者可以有机会免费品尝到上百种吉百利巧克力糖果，由此激发出对吉百利巧克力的直接体验及其对于吉百利宣传语"巧克力——好滋味"的认可与支持。"吉百利世界"与其他欧洲品牌一样都是将公司大门向公众开放的，例如，在瑞士游客可以参观雀巢公司，另外还有许多葡萄园和酿酒体验之旅。但"吉百利世界"的不同之处在于，其参观是具有盈利性的，它向参观者收费，但尽管如此，每年仍有大约50万名游客纷至沓来。

福特银河车的故事

福特银河车（Ford Galaxy）生产线建设于1995年年底，其面向的是规模虽小但增长前景良好的欧洲多功能汽车（multipurpose vehicle，MPV）市场。坐落在葡萄牙的福特与大众合资公司生产了银河、大众夏朗（VW Sharan）和Seat Alhambra三款经典箱形客货两用车。这些汽车外观时尚，在舒适度和操控性方面广受赞扬，并获得了几个欧洲奖项。福特最早遇到的问题是如何把银河车引进英国——福特最大的海外市场。基于巧妙的定位策略和进取的直销活动，这次市场推广十分成功。

定位

福特需要参照现有的多功能汽车品牌（雷诺Espace和克莱斯勒Voyager）对银河进行定位，现有主要品牌的目标客户都是有孩子的家庭。同类品牌都将MPV定位成能够在全家野餐、度假或其他外出活动时带上孩子、狗和外出必需品的运输工具。基于这种定位，MPV在人们心目中的印象就是一种功能性工具，几乎没有任何风格或个性可言，典型的平庸先生。

福特试图通过把银河定位成"轿车加强版"来打破人们对MPV的成见，即保持轿车的大小、外观和风格，但比轿车有更大的存储空间。基于这样的定位，福特银河跃然成为繁忙经理们的首选高级轿车，具有丰富的功能性和自我表达型特质。银河的这种市场形象使其非常适合集团采购，而这正是福特所希望争取的细分市场（从价格变动区间来看，几乎一半左右的汽车都是由公司购买作为员工用车的）。这种定位转化为驱动主张：飞机旅行头等舱的隐喻，内含着舒适、宽敞且豪华的品牌联想。银行在该隐喻的启发下提炼出驱动主张的概念，甚至连如何进行传播也有了方向。

在最早的广告片画面中，在人们熟悉的英国航空电视广告的背景音乐里，一个商人看上去像正搭乘舒适的头等舱飞机去旅行。当镜头推远时，随即发现旅行者正驾驶着一辆银河汽车,汽车驶过一片广袤大地时的户外镜头(在蓝天白云的映衬下)给人以飞机的形象并产生空间的联想。"最棒的旅行"(Travel First Class)作为广告语出现在画面中。由一辆普通轿车通过视觉变换转化成为银河车,这一过程生动地强调了与普通轿车外观、大小相同的银河车不是那种常见的笨重、操控性差的货车。其他增加品牌市场可见度的活动还包括在希思罗机场候机厅陈列银河车,以及针对商务旅行者在适当的地方放置触摸式屏幕的展示台。

直销和试驾

直销要向目标受众群发送各种邮件,目的是产生感知度、传达品牌联想以及(也是最重要的)赢得消费者。"银河车"直销的核心活动是向10万名符合条件的顾客发送一个预告性的邮件包。1994年5月发出的第一批邮件旨在说服市场上那些有客货两用车购买意向的人推迟他们的购买计划;其余的预告性邮件则在1995年7月,即银河车上市前夕发出。

直销工作的关键在于,创造和积极发掘潜在顾客的个人资料库。各种资料来源包括某重要车展的8000名参观者,走进经销店的5000名潜在顾客,从内部和外部资料库搜索、筛选的34万名潜在顾客(其中有9万人是对邮件做出回应的),75 000名接触过放置在第三方的"银河车"明信片以及300万信用卡用户和60万名收到过《福特》杂志的人,作为多项"赢辆银河车"促销活动之一,这些人通过杂志获得了为期一个月的试驾机会。

另一项针对集团客户的独立直销活动,包括直接通过邮件向接收者分析说明"银河车"的购车总费用。此外,13万名驾驶公司车的员工和46万名"福特商业俱乐部"成员(福特车主的组织)也收到了"银河车"的预告邮包。

除了直销活动外,其他活动也用来鼓励人们前来体验驾驶"银河车"的乐趣。例如,福特为集团客户的管理者和驾驶员提供了一项400辆汽车贷款。同时,在集团客户购买者参加的重要车展中,"银河车"也煞费心思。在其中一次展会上,"银河车"被用来在会展现场和泊车处接送参会者。这样一来,至少每位集团客户购买者都有一次乘坐"银河车"的体验。

为了努力让那些从零售商手上购车的顾客能够试驾"银河车",福特充分发挥了其在英国的庞大销售体系优势。其中一项计划是为经销商慷慨提供演示品和借用品,另外一项则鼓励经销商根据零售顾客的特殊兴趣爱好组织促销活动,如儿童的绘画比赛,"找不同"比赛,还和流行的 Muddy Fox 山地车联合举办活动等。

福特"银河车"在上市后不久,便取代了雷诺 Espace 成为英国同类车型中的领袖,迅速赢得 36% 的市场份额,其中有一半是集团采购的。品牌的力量既体现在其认知度和市场形象上,又反映在它的销售额上。在上市几个月后,"银河车"的无提示回想率达到 72%,而 Espace 是 85%。市场推广活动也为"银河车"建立起有关魅力/时髦、空间/宽敞等方面的积极联想。

福特连接

广告和直销,甚至是目标直销,都是向被动的消费者进行的单向传播。为此,福特借助互联网制订了一项计划,与福特车主以另外一种方式进行双向沟通,这种方式叫"福特连接",它把福特和经销商们通过电子邮件与庞大的福特车主网络联系起来。这种联系使得福特能够适时地与消费者进行有规律的对话。为了引导消费者说出其真实信息与感受,福特向受访者提供保险和其他增值服务,如其赞助的活动、促销参与、额外租用时间及免费更新"赫兹"电源插座等。如果能将连接计划扩展成针对所有交通相关需求的"一站式"商店,这可能会成为福特的另一个驱动主张。

"探戈"的故事

在由美国两大可乐品牌所主宰的软饮料市场中,"探戈"(Tango)是最成功的欧洲本土品牌。"探戈"水果口味浓厚，并带着英式幽默。"探戈"于1981年进入市场，目前已发展成为英国第三大水果碳酸饮料品牌。"探戈"在引领浓重口味的软饮料市场的同时，还能够在一个高度分割且同质化竞争的市场上保持高位定价，并牢牢占有12%的市场份额。

"探戈"的目标消费群不仅是英国的年轻人，还有那些心态年轻的人。其品牌识别基于浓厚的水果口味和一种态度与个性：特立独行、风趣幽默、冲动性情、玩世不恭。如果单单关注其口味这一功能性利益，"探戈"与其他同类品牌如芬达、新奇士和Orangina并无不同，但如果关注的是生活态度，那"探戈"的品牌是独树一帜的。

当一个市场被充分分割，在其中几乎找不到围绕产品或其他市场元素（如包装和价格等）建立差异化的机会时，要创建一个品牌是十分困难的。但"探戈"的投资方Britvic公司做到了这一点，它把品牌创建重点放在强调"探戈"与英国城市生活的密切联系上，这种联系体现在许多英国消费者共同的价值观和信仰上，包括英国式的幽默，在日常生活中寻找刺激和乐趣等。这些观念体现的是消费者的市场兴奋点，影响着"探戈"的品牌识别和定位策略，并为品牌提供出能够与美国竞争性饮料品牌相区别的差异点。

"探戈"的驱动主张是塑造探戈品牌风趣、顽皮的个性，并糅合进英国式的、有点古怪的幽默感。"探戈"几次成功的媒体广告推广活动开展于1992年到1999年。早期广告以一种出乎意料的方式——在"探戈"橙汁里找到真正的橙子——来强调"探戈"品牌的口味特点。伴随探戈品牌形象标识——"橙子人"所出现的一句广告语"被'探戈'了之后才知道"（指顾客之间互相恶作剧地愚弄）成了一句常用的英语口语。近乎疯狂的广告所展现的是普通居民如何被卷入一些奇异的品牌使用经历，如被橙子精灵用充气橡胶拳击手套打中脸颊，或是某人拼命地喝饮料直到撑得爆炸。其他各种非媒体广告方式还包括促销奖励计划、直接回应活动、创新的样品尝试机会、公关活动和在互联网上有影响力的推介等。

茶一直是英国饮料的传统象征,"探戈"最近的广告活动就在试图转变这种传统象征,用"探戈"饮料取代茶并将"探戈"品牌根植于消费者心中(见图9-7)。广告撷取了英国人生活里最常见的需要茶的场景,如在款待一位不速之客或在调解相互争吵的同事或朋友时。带着特有的幽默感,"探戈"通过在这些场合中出现并顶替茶的功用,进而创造出一个代替传统"喝茶时间"的"探戈时刻"。

图9-7 "探戈"的疯狂营销

"探戈"的夏季促销是其品牌创新的又一例证。正如消费者预期的那样,"探戈"以与其他同类品牌完全不同的方式把自己和1998年世界杯足球赛联系起来。它鼓励消费者待在家里而不是去法国看球赛(毕竟,英国人为什么要到法国去呢),为这些待在家里的球迷提供了一次中奖的机会,奖品包括宽屏幕电视、强力照明灯、充气沙发、肉馅饼、桌面足球游戏和一货车的"探戈"饮料等。

"探戈"品牌创建规划的一个重要部分就是"探戈"网站。该网站于1996年上线，至今已更新数次。网站邀请访问者参与到各种品牌活动中，跟随"无畏开拓者戈坦"（一个胖乎乎的橙子人）浏览全球网络上的"酷站"。网站提供一个随机搜索引擎，可以将浏览者带到像"恶作剧101"（一个"探戈"消费者网点，收集各种现实生活中的恶作剧）、"网络游戏"（互联网游戏终端站点）、"最酷的婚礼"（各种如何使婚礼更与众不同的建议）以及一个专门建议人们如何在4月愚人节对名人们恶搞的网站。"探戈"网站的这一版块充当着为浏览者导航的作用，所指引的各类网站都能充分地反映出"探戈"品牌的价值。

网站的另一页面为冲浪者提供每周更新的一款网络游戏，在游戏中玩家需要操控"戈坦"过30多关。赢得游戏的奖励是玩家最终可以得到一个精美的"探戈"杯。该游戏通过积分的方式将玩家一步步带入"探戈"世界。周冠军可以获得门票、计算机游戏、录像和免费度假等奖励；然后再从周冠军中挑选出佼佼者组成联队，角逐更大的奖项。这类游戏在16～24岁的核心客户群中非常流行，激发了他们定期浏览"探戈"网站。

还有很多品牌构建工具同时也强化了创新、出人意料和趣味性这些"探戈"品牌识别要素。1992年，"探戈"的包装重新设计为醒目的黑色罐子，这在同类产品中是首创。1999年"探戈"又进行了一次包装设计，采用三维图形设计，这又是一个首创。几年来，"探戈"通过不断增加新口味而掀起一个又一个新闻关注潮：黑加仑、柠檬和苹果。每种口味最初都被赋予一种不同的品牌识别。比如，苹果代表诱惑，饮料罐本身也反映出这一特征：从之前的"诱人苹果"的广告中选取元素，构成两片绿色诱人的嘴唇。柠檬最早的促销广告表现出一种极度的快感，其包装上就用黄色的果汁四处飞溅加以体现；橙子保持了原先狂野不驯的广告风格，通过包装上击碎真正橘子之后的大爆炸加以诠释；而黑加仑的包装让人联想起黑加仑果过电时的噼啪声。

"探戈"接着为各种口味的产品分别制订了适合的品牌创建计划,这些计划用以从视觉上传达每种口味原有的真实体验。

"探戈"这种具有创新性的、非传统的品牌创建工作对其销量的提升和品牌的发展起到了巨大的推动作用。调查显示,有超过25%的英国消费者说他们喝的是"探戈"。"探戈"排在耐克和李维斯之后,成为年轻人最喜欢的品牌之一。在最近一次有关什么品牌最能代表新英国形象的调查中,探戈排名前十位。

超越广告创建品牌:几点原则

基于以上个案研究和将于本书第四部分讨论的其他案例分析,这里总结出10条原则(见图9-8),用以帮助那些无意通过媒体广告创建品牌的管理者,给他们以启示。

1. 详细说明品牌识别、价值主张和品牌定位

品牌识别及其具有启发性的关联是所有有效品牌创建计划的基础,特别是在涉及采用多种品牌创建手段的时候更是如此。一个具有深度且内容丰富的品牌识别将对品牌传播活动的设计和实施起到有效的指导作用,以至品牌传播活动不会因发生纰漏而把矛盾和模糊的信息传达给消费者。然而遗憾的是,许多组织并没有形成一个简明、通用的品牌识别。取而代之的是,在这些企业里,品牌被放任自流,产品或市场经理随意地根据战术性的短期传播目标管理品牌。与之形成鲜明对比的是,诸如哈根达斯、斯沃琪和福特等成功品牌,都是基于清晰的品牌识别开展品牌创建活动的。此外,当耐克和阿迪达斯不断修正并明确其品牌定位之后,它们的品牌创建工作成效有了明显提高。

图 9-8　超越广告创建品牌

对品牌识别形成支撑的是价值主张和品牌定位。价值主张表明了品牌所要创建和传播的功能性、情感性和自我表达型利益，这是与消费者建立关系的前提和基础。品牌定位为各种改变形象以适应品牌识别的活动明确优先级，它发挥着品牌创建指南针的作用。因此，品牌定位必须十分聚焦。

2. 发现消费者兴奋点

一项品牌创建计划必须要努力去深入了解消费者，找到他们的市场兴奋点，也就是那些他们生活和自我认知的核心元素，要去发现能使品牌成为消费者关系及核心忠实客户群组成部分的兴奋点和途径。美极对烹饪的热爱打动了其忠实的消费群体。耐克的"Just do it"品牌创建活动激发了美国人行动起来，坚持体育运动和锻炼身体的热情。消费者收到的这些积极信息同时与耐克的品牌识别也紧密相关。霍巴特把消费者关心的问题转变成整个组织的兴奋点，并将其设定成有效创建品牌的基础。

3. 发现驱动主张

驱动主张能够帮助品牌与消费者产生共鸣，并从竞争中脱颖而出。驱动主张应该成为诸多品牌创建活动的中心，只有围绕设定品牌创建计划才能协调一致。驱动主张的来源可以是消费者、顾客兴奋点或是品牌本身（个性、标识、产品等）。例如，对美极来说，"烹饪中心"是其驱动主张；对阿迪达斯来说，街头篮球挑战赛是其驱动主张；对万事达卡来说，世界杯足球赛的赞助活动是其驱动主张；对霍巴特来说，成为思想领袖是其驱动主张；对哈根达斯来说，品牌定位是其驱动主张。

4. 让消费者参与

当消费者能够积极介入到企业的品牌创建活动中时，品牌与消费者的关系就会自然得到加深。调查表明，与其他后续的相关信息相比，消费者更加看中与品牌的前期互动，因此，强势品牌通常会通过试驾等各种前期体验方式接触消费者。[5] 美极的"烹饪中心"、福特"银河车"、耐克城扣篮活动、阿迪达斯的街头篮球挑战赛以及哈根达斯的欧洲冰激凌大厅等，所有这些都是精心设计的将消费者纳入到品牌创建中来的使用体验活动。而像斯沃琪和美极成立的俱乐部，则是让忠诚顾客参与到品牌创建活动中的最好办法，俱乐部不仅为忠诚顾客提供了一个活动参与的场所，还让顾客加入了一个志趣相投的社团。

5. 包围消费者

像耐克、美极或万事达卡那样将消费者置身于各种各样相互强化的品牌创建活动中。分别对各种品牌创建工具实施管理往往是人们的一种自然倾向，但大量调查研究表明，多种媒体所产生的协同效应远大于简单的效果加总。其一是因为所有方式的效用都会最终消退，其二是因为每种方式都从各自不同的角度面向消费者并填补其中的差异，而起主要作用的方式可以不止一种，如耐克实施的就是媒体广告、一流运动员的背书（如迈克尔·乔丹）和耐克城三种方式齐头并进。

6. 锁定目标

品牌创建工作需要对客户或细分市场进行精准定位以求与其产生共鸣，如果市场细分策略发生混乱，则品牌从一开始就会被弱化。因此，品牌创建工作必须在品牌聚焦和品牌普适之间达成平衡，品牌过于集中会失去广泛的诉求点，过于宽泛又容易空洞无物。正如本书第 2 章所介绍的，解决方法是要制定出适合不同细分市场的品牌定位或是品牌识别。

与目标客户的接触越紧密越好。像"福特连接"或亚马逊的电子邮件沟通机制一样，许多方法通过互联网络巧妙地针对个体客户定制信息。其他品牌，像探戈和美极，则通过其他方式达成与客户的紧密关系。

7. 突出重围

无论是在广告还是在各种品牌创建方式中，都会存在对其他竞争对手的干扰。无论是以创新的方式执行一项熟悉的活动还是推出新的活动，品牌都需要以一种积极的方式为消费者带去惊喜，甚至是"惊吓"。耐克城、阿迪达斯街头篮球挑战赛、AT&T 的奥运会网站、斯沃琪轶事和美极的烹饪计划之所以能获得完胜，就在于它们的新鲜感。

不寻常的促销活动可以成为突出重围的有效工具。例如，大众在新型甲壳虫车上市时在全欧洲发起一场声势浩大的寻宝游戏。在游戏中，参与者要浏览网页，在不同站点破解游戏拼图及解答问题，在顺利过关后可以赢得奖项。这样的促销与过去完全不同，新鲜刺激。

8. 在品牌与品牌创建之间架设桥梁

构建强势品牌需要在所有的执行环节都表现出色、精益求精。但出色的执行需要与品牌建立起清晰的关联，而不是独立于品牌建设的另外一股力量。广告工作者几乎都精通于如何制作出被人们记忆的甚至是津津乐道的创意型广告，却没能够记住广告中所涉及的品牌。只有当该品牌是广告传播的主角并实际实施品牌创建计划时，这个问题才能得到解决。例如，从冠名上来看，阿迪达斯对阿迪达斯街头篮球挑战赛和DFB－阿迪达斯杯有拥有权。类似地，在耐克城、福特银河车的试驾活动和"探戈"网站计划中，各自品牌都处于活动的核心位置。

9. 追求可靠性和实质性

可靠性是一项强有力的品牌联想，检验品牌创建计划的试金石之一就是看它是否有助于品牌的可靠性。品牌定位和识别要素要以触碰到品牌的真实情感进行传播，并使其成为目标关联物的合法所有者。苹果、耐克和大众等品牌凭借新产品能够卷土重来绝非偶然。可靠性很大程度上是由产品和服务背后的实质性基础以及品牌传承所驱动的。沃尔沃对于生产安全汽车的承诺是可靠的，因为沃尔沃汽车本身传递了该承诺的实质，并贯穿于企业的发展历史。

10. 延伸品牌创建计划：让它动起来

接触品牌的人数制约了品牌创建计划的规模。要打破这种限制的挑战在于，如何充分挖掘和利用品牌创建计划，并使其超越核心信息的传播范围进而扩大影响。方法之一是开展小型活动，就像美极的地方性俱乐部和万事达卡的地方银行计划一样。方法之二是为这些计划提供提醒物，如免费样品、T恤衫等促销品和电子邮件信息等。方法之三是激发接触过品牌的人与他人分享信息，可以通过提供激励来进行。

公共关系和媒体广告都是增加品牌曝光度的有效途径。许多成功的品牌创建活动都通过精心策划尽可能地纳入新媒体的运用。例如，在1996年的一次促销活动中，多名影视名人被邀请参加了可口可乐奥运火炬传递活动（当时美国有5500人参加火炬的传递），这一举动极大地引发了媒体的兴趣，并免费以头版新闻的方式广为报道。在公关活动的帮助下，尽管星巴克和美体小铺在广告方面的投入很小，但它们仍然成为强势品牌，并成就了过10亿美元的业务增长。如果无法免费宣传，花钱也是值得的。例如，阿迪达斯在DFB－阿迪达斯足球杯比赛期间投入资金用于宣传足球的乐趣、刺激和激情，从而强化了阿迪达斯的重要品牌联想。

实现梦想：组织的问题

一旦制定出超越广告的品牌创建策略之后，如何将其付诸现实？在这种新环境下，至少两种组织能力是成功的关键因素——接洽多种媒体能力和跨媒体整合能力。

接洽多种媒体

在以下各种品牌创建方式中相关知识和技能是不可或缺的：赞助、关联缘由、一对一直销、消费者俱乐部、公众轶事、网络、公共关系、旗舰店、样品尝试和新兴媒体。品牌需要接洽到能在具体背景下产生效力的媒体，还需要更好地了解如何对接洽结果进行评估。为了获取协同效应，还需要熟悉不同媒体工具之间的相互关系。试图获取这种能力的组织需要开展以下工作。

减少组织的抵制。要将企业塑造成乐于接受创新想法的组织。哈根达斯以独立非正规公司的身份进入欧洲市场的现象绝非偶然，它直到获得成功后才归入母公司。毫无疑问，一位极具创新性的 CEO 在很大程度上奠定了斯沃琪的成功。

尝试各种想法。实验性、先导性计划有助于组织积累相关经验和技巧，并获取到关于哪些做法可行，哪些不行的一手资料。斯沃琪、阿迪达斯和哈根达斯无疑都从这些测试和实验中受益匪浅。

由专人或团队负责品牌创建计划。这类人员或团队对品牌创建工作直接负责。他们的任务之一是与品牌策划公司（熟悉赞助活动、促销、宣传、网络推广和直销）建立联系。任务之二是时刻洞察新传播技术，了解针对特定环境的评估机制，密切关注市场动态。任务之三是学习跨行业最佳实践。任务之四是系统地进行创新思维训练以不断创新。创新思维使宝马在土耳其推出了一项不同寻常的促销活动，比如把车藏在城市某个角落来寻宝，运用热气球宣传和各种富有悬念的推广手段。雀巢在瑞士本部设置了高级品牌管理职位，目的是鼓励在全球范围内开展超越媒体的品牌创建工作。

建立主要媒体管理能力。企业一旦确定了品牌的驱动主张和主要传播媒体或工具之后，组织随之应着重开发具有深度和实质性的自身品牌管理能力。如果品牌创建工作是以他人难以获取的企业资产为基础而开展的，那么该工作也难以被竞争对手所模仿。吉百利、斯沃琪、美极和哈根达斯等都在内部构建起针对主要媒体的管理能力，这成为它们保持持续竞争优势的关键。

跨媒体整合

对于品牌创建计划和媒体的协同整合必须基于丰富清晰的品牌识别和定位。当然，组织的支持也不可或缺。企业需要有专人或团队来管理品牌，从而保证品牌识别和定位得当，以及所有创建品牌的努力与整体战略相符。负责管理品牌的人员或团队应制定一个工作程序，用以鼓励创新，并在付诸实施之前及时对偏离战略的做法进行纠正。

传统广告代理商在协助或直接协调其他各媒体运作方面的能力各异。尽管多数广告代理商都声称他们能够制定和管理涉及面广的战略传播活动，但由于其太过于信赖广告，或无法将兄弟企业相关工作进行整合，因此往往无果而终。最有效的做法是综合多种传播能力并将其植入一个虚拟或现实的组织，最无效的做法则是让各种传播能力分散于各组织中，或无法聚焦。

除了广告代理商之外，采用超越媒体的传播手段进行弥补以及设计出有效的激励机制都能够对传播伙伴的创造性工作实现强化。正如俗话所说：能够衡量和奖赏的事情才能被做好。

思考题

1. 什么样的客户生活背景可以与品牌建立起联系？顾客的市场兴奋点是什么？
2. 对你的现行品牌创建计划进行评估。它们的目标是什么？如何衡量是否达到目标？取得的效果怎么样？
3. 在你所处的行业内外，各找出一个获取市场可见度的品牌创建最佳实践案例，并说明哪些有助于建立品牌联想，哪些有助于建立深度关系。你所识别出的方式方法为什么是有效的？
4. 在本部分所介绍的品牌创建方式里，你对哪个品牌认知度最高？为什么？
5. 收集一些品牌创建的失败案例，并说明你为什么认为它们是失败的。
6. 借助一些超常规的创新思维，寻找其他可行的品牌创建计划。
7. 如果媒体广告（或其他任何目前你所采用的品牌创建工具）明天突然消失，你将如何继续品牌创建工作？
8. 请自问：如果我们是一家时尚公司，我们该如何创建品牌？从拉尔夫·劳伦的成功中可以学到什么？在你所处的行业里，请列举出五六个主要的品牌创建方式。如果时间和金钱都不成问题，你如何使自己与众不同？

第五部分

品牌创建组织

BRAND LEADERSHIP

第 10 章

全球品牌领导地位[1]
不仅是全球性品牌

> 我不知道怎样才能一定成功，但我知道如果你企图讨好所有人，那必将失败。
>
> ——比尔·科斯比

麦当劳在欧洲[2]

一则对 1995 年麦当劳欧洲广告的评析揭露了一些令人困扰的事实。随着市场的不断扩大，广告在不同国家之间变得越来越不一致，甚至有时完全偏离了品牌本应有的核心识别要素。在地方市场上所做的广告更多地偏重于促销而非品牌建设。在一些国家，麦当劳的定位更多的是时尚与另类，而不是健康。在一则挪威的麦当劳广告中，一名餐馆的员工正在糊弄顾客坚持说本店没有汉堡，与此同时，他的同事却在厨房里狼吞虎咽地吃着麦当劳汉堡。而在西班牙的麦当劳广告中展现的是，在热烈的背景音乐下，一大群鱼贯而出的普通人脸上洋溢着欢快的笑容。

这种对品牌核心识别的渐渐偏离对麦当劳高效的商业模式（追求由地方市场自行主导市场决策）产生了意想不到的负面影响。麦当劳一向以其既是建立在普遍价值观基础上的全球性品牌，又与各个当地市场密切相关而自豪。同样的理念也决定了麦当劳的菜单上的核心食品是全球一致的，另外一些食品则是为迎合当地口味而开发和销售的。麦当劳在全球各地市场的广告由史以来都保持着本地化特征，引用一位麦当劳欧洲销售主管的话来说，就是麦当劳过去从没有一个泛欧洲的广告（更不用说全球性的广告），将来也不会有。

1995 年夏天，麦当劳欧洲六国（英国、比利时、西班牙、瑞士、瑞典、挪威）的代理商李奥贝纳发起了首次泛地区运动，通过确立品牌识别从而整合和驱动所有品牌传播工作，进而获取更高的品牌统一性。这次运动不但符合逻辑而且及时有效，因为欧洲人民的口味区别正逐渐缩小，并且欧盟的建立也指日可待。来自六个国家的创意总监和财务总监参加了这次为期六天的会议，会上分析讨论了大量有关食品发展趋势和顾客及其购买动机方面的市场调查资料。

该会议的目的在于确立一个能在六国通用的驱动广告的统一品牌识别和

品牌精髓。尽管挪威代表有些不情愿，但最终会议还是达成了一致。麦当劳关键联想被确定为健康的家庭场所、儿童、快速服务、美味食物、趣味以及麦当劳的魔力。紧随欧洲建立品牌识别的脚步，美国也启动了独立研发项目，其目的在于确立美国麦当劳的核心识别以及最终确立麦当劳的全球品牌精髓。该项目和欧洲的项目有异曲同工之妙，美国麦当劳的品牌精髓被定义为"值得信赖的朋友"，该定位能够体现出麦当劳的雄心壮志，能够保持和加强品牌前进的动力，也有助于消除诸如"屈尊俯就、笑里藏刀"等对麦当劳品牌的负面品牌认知。

李奥贝纳的各国代理店重新自主构建了能够体现麦当劳品牌核心识别和精髓的广告策略，这些广告巩固了麦当劳作为健康家庭型乐园的形象。即使这些广告的形式和内容在不同国家有所不同，但能通用。一个瑞典的广告描绘了这样一幅场景，一位职业母亲为了带着女儿去趟麦当劳而特意推迟了一个工作会议，结果在店里却看到了她的老板和儿子。在比利时的广告中，一个对自己新眼镜惴惴不安的小男生由于在麦当劳里得到一位女生的关注而变得兴奋起来。在英国的广告中，一个小男孩故意让父亲带他去麦当劳使他爸爸可以"偶遇"分居已久的妻子，而且更让小男孩高兴的是，父亲开始与母亲交谈起来。在挪威的广告中，一个男孩被他的祖母领着穿过一座超现实的城市，最后来到温馨舒适的麦当劳。

最近，一则获奖广告由瑞典和美国创意团队共同完成，该广告能够在包括瑞典在内的欧洲所有国家使用。由于该广告所渲染的是一种普遍价值观，因此它也可以在世界其他地区播放使用。图10-1向我们展示了一个名为"小薯条的爱情"广告中的四个片段，在画面中，一个年轻男孩在大街上向一位姑娘表达爱意，和姑娘分享他的心情和衬衫，却不愿意与其分享炸薯条。

图 10-1 麦当劳的一则广告

值得深思的问题

对麦当劳欧洲广告的简要回顾暴露出了一些重要问题。其中一些广告比其他广告做得更好,但是否就应该努力在各国使用这些最好的广告吗?如何在广告的一致性和效率性之间取得平衡?追求广告一致性的努力是否应该推广至整个欧洲甚至是全球?如果回答是肯定的,那么要怎么做?通过多个代理商能实现吗?怎么做才能不影响到创作活力?会议是否是实现目标的最好方法呢?在此过程中,客户扮演的角色是什么?这些问题都没有固定的答案。一些能够帮助企业在"地球村"里建立品牌的内容和方法将会在这一章节予以介绍。

全球性品牌

品客、Visa 卡、万宝路、索尼、麦当劳、耐克、IBM、吉列传感器、喜力、潘婷和迪士尼是很多品牌建造者所倾慕的品牌，因为它们可以称为全球性品牌，也就是说，这些品牌在品牌识别、定位、广告策略、个性、产品、包装、外观和质感等方面，具有全球通用的高度相似性。例如，在世界上的每一个地方，品客代表着趣味、社交氛围、新鲜感、不累赘、可信、整片的产品。此外，品客的包装、标识和广告在所有国家几乎都是相同的。

然而，像麦当劳一样，这些品牌并不像我们所想象那样的全球一致。品客在不同国家有不同的口味，它的广告也根据当地的文化量身定做。在任何地方，喜力啤酒都是和朋友在一起时的首选啤酒，但除了在荷兰本国以外，在这里，它更是一种大众且经常饮用的啤酒。Visa卡在不同国家有着不同的标识，比如阿根廷。即使是可口可乐，在某些地区（如在欧洲南部）也是有着相对较甜口味的产品。

撇开这些不同之处，越发全球化的品牌正显示出一些真正的优势。比如，一个全球性品牌可以获得显著的规模经济效应。IBM的一项广告策划，即便需要根据当地不同市场进行适当调整，但其总花费也要比为每个市场单独设计广告要少得多。其他项目的开发（如包装、网站设计、促销和赞助等），因其费用与投入可以分摊到多个国家，所以更加具有成本效益。规模经济性对于全球性的赞助（如世界杯或者奥运会）是至关重要的。

然而，也许更重要的是，效率的提高可能仅仅是使用了更好资源的结果。当IBM用奥美（Ogilvy & Mather）替换掉其几十家代理商之后，它立即成为寓言里那只无所不能的大象了。作为奥美最重要的客户，IBM获得了奥美自上而下最好的资源，其取得突破性进展的机会也大为增加。

跨市场的品牌曝光度也可获得效率提升。媒体的溢出效应使得全球性品牌相对于其媒体投入而言，能够获得更多收益。此外，当顾客出门旅游并在不同国家接触同一个品牌时，会使广告推销工作变得更加困难。顾客旅行对于跟旅游有关的产品，如信用卡、航班和酒店是至关重要的。

另外，全球性品牌本质上比较易于管理。品牌管理最基本的挑战在于建立一个清晰明了的品牌识别，然后想办法让这个品牌形象驱动所有的品牌构建活动。该挑战对于全球性品牌而言并不困难——Visa卡的"全世界范围内可接受"的定位要比管理许多国家特有品牌战略来得容易得多。并且，还可以采用更简单的组织系统和结构。

然而，运营全球性品牌的关键在于要找到一个适用于所有市场的品牌定位。例如，雪碧就有全球通行的品牌定位——诚实、不炒作、清新的口感。[3] 世界各地的孩子们已经对大吹大擂的广告和空头承诺感到厌烦，基于这样的事实，雪碧设定了品牌广告语："形象不重要，口渴最要紧，遵从自己的口渴感觉吧。"这一相信自己本能直觉的口号在全世界引起了共鸣。

有几种通用的品牌定位很有效用。其一是最好、最优的选择。诸如梅赛德斯、万宝龙、喜力啤酒和蒂芙尼等高端品牌之所以能够轻易跨越国界成为全球性品牌，是因为其不言而喻的优点为大多数文化所认可。另外一个例子是国家性定位。美国一些品牌的定位，如可口可乐、李维斯、芭斯罗缤冰激凌、肯德基和哈雷-戴维森在全球各地通行（也许除美国之外）。单纯的功能性利益也可用于多个市场（比如帮宝适的干爽、快乐宝宝）。

建立全球性品牌领导地位，而不是发展全球性品牌

尽管如此，但并不是所有高端的、美国的、体现功能性利益的品牌都可以成为全球性品牌，可还是有很多公司抵制不了将自己品牌全球化的诱惑，部分原因通常仅仅是企业主管人员自我膨胀的私欲使然，他们多数人认为品牌全球化是将自己推向成功商业领袖的最好选择。这些情况通常都有一个共同特征，都是企业明文规定只有全球化项目才予以推行的。将所有广告集中于统一代理机构的整合，以及全球性宣传广告主题的设计构成这种努力的基石。然而，盲目地朝品牌全球化目标的冲动性进发可能是一个错误决策，甚

至可能对品牌造成巨大损害，这其中有以下三个原因。

首先，规模经济性和范围经济性并不一定真实存在。长期以来，媒体溢出效应被人们所夸大，本地化的广告传播活动有时比引进并调整"全球化"策略更为有效且节约成本。此外，即使是杰出的全球性代理机构或其他传播伙伴也不能保证在任何国家都能提供卓越服务。

其次，即便假设全球性品牌真实存在，但品牌创建小组也不一定能够找到有效支持全球性品牌的策略。他们可能缺乏人力、信息、创意或执行力而最后不得不止步于中庸的策略。就算没有必须通行于世界各地的限制，要找到一个适用于某特定国家的优秀策略实际上已经相当困难。

最后，在不同市场存在本质区别的背景下，全球性品牌可能并不是最优或可行的选择。在下列情况下采用全球性品牌的意义就不大。

- 不同的市场地位。福特将"银河"客货两用车引入英国与德国市场时的操作策略，受到其在两国市场地位不同的影响。福特在英国是领先的汽车品牌，保持着高级品质的形象，而在德国，这个市场领导地位被大众汽车所占据。正如第 9 章所提及的，作为主导品牌，福特在英国面临的挑战是如何将市场从足球妈妈（一般指家住郊区、已婚并且家有学龄儿童的中产阶级女性）扩大到公司集团用户；因此"银河"被介绍为"非小货车"，并将其车载空间与飞机头等舱相媲美。而在德国，银河车只是简单地被介绍为"聪明的选择"而已。

- 不同的品牌形象。在美国，日本本田车意味着质量和可信赖，在 JD 功率排行榜上曾有骄人成绩。而在日本国内汽车市场，质量并无法构成差异化要素，本田则摇身一变成为年轻、有活力的赛车。

- 占据主动的定位。巧克力的最佳定位是与牛奶产生联系，体现出一杯牛奶缓缓注入巧克力棒的印象。然而，不同品牌已在各个市场抢占了这一定位（例如，吉百利在英国和 Milka 在德国）。

- 不同的客户动机。在芬兰，当发现用户对所感知的机器复杂性十分敏感后，佳能将其复印机定位成能增强用户能力，使他/她成为公司主导者的形象。而在德国和意大利，更传统的复印机性能描述则能收到更佳的效果。
- 对广告方式和标识象征的不同客户反应。主人公参加潘布罗纳（Pamplona）驱赶公牛赛的一则 Johnny Walker 的广告，在德国会显得过于鲁莽，在其他国家则会显得太过西班牙式。

全球性品牌战略经常产生误导。在品牌建设中，具有优先权的应该是建立全球性品牌领导地位而不是发展全球性品牌（尽管最后可能会建立起这样的品牌）。也就是说，以有效的、富有前瞻性的全球性品牌管理为支持，在各个市场都建立起强势品牌。全球性品牌管理应综合运用组织内的人力、系统、文化和构架，在全球范围内配置资源，创造协同效应，开发出能够协调并充分挖掘利用各国品牌策略的全球性品牌战略。

品牌创建的资源配置经常会走入传统的分散权力的误区，大市场所在国家得到最多的关注，而那些蕴含巨大发展机会的小市场却分不到充足的资源。有效的全球性品牌管理应从全球视角来识别机会并予以投入。

产生协同效应的途径包括共享研究方法、品牌创建投入费用、客户洞察、最佳实践经验、品牌策略的制定流程、品牌管理模式和词语、定位概念及执行力等。全球性品牌管理的挑战之一就是如何实现上述各方面的协同。

实际上，所有跨国公司都应积极地进行全球性品牌管理。在没有统一指导和管理的情况下所发展起来的相互独立的地方性品牌策略将不可避免地导致全球业绩平庸及竞争力的下降。由少数优秀管理者带来的零散成功通常是孤立且随机的，很难为全球品牌领导地位的构建工作带来任何有益借鉴。

我们采访了来自35家公司的主管人员（一半总部设在美国，另外一半设在欧洲或日本），他们都在多个不同国家成功地建立起强势品牌。其中大约一半的品牌涉及的是日常消费品，这类企业通常拥有最完善的全球品牌管理系统；其余品牌为耐用品、高新技术或服务品牌。尽管在每个公司都联系了几位受访人员，但主要的被采访对象要么是全球品牌经理，要么是高层管理者，通常是首席执行官。该研究聚焦于企业在全球范围内管理品牌所面临的机会与挑战，以及组织的应对策略。

基于这些访谈和本书所讨论的品牌概念，我们相信，致力于建立全球品牌领导地位的公司必须组建起具有以下功能的组织：

- 促进经验和最佳实践的跨国分享。
- 支持通用的全球品牌规划程序。
- 明确品牌管理责任以促进跨国协同，克服地区偏见。
- 执行优秀的品牌创建计划。

分享心得和最佳实践

一个分享心得、方法与最佳实践的跨国沟通系统是全球品牌管理中最基本也是最不具有威胁性的要素（见图10-2）。顾客的洞见在某一国家可能较为明显，而在另一国家却可能十分微妙且不易察觉。来自竞争者甚或是其他产业的最佳实践至关重要，因为其代表了已被证明有效的模式。

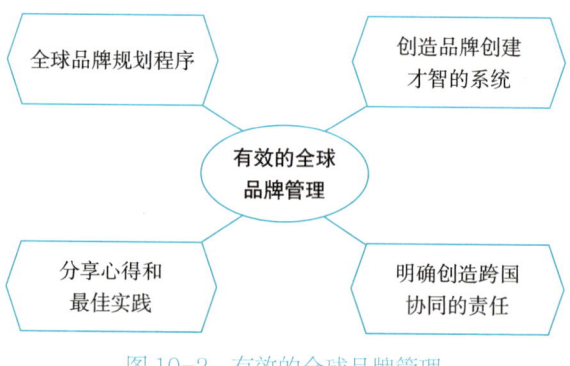

图10-2 有效的全球品牌管理

这样做的目的是拥有以下 3 点：①一个能够发现并获得有效最佳实践一手资料的全球机制；②一个将最佳实践传递给可受益人群的途径；③一个需要时刻轻易获取到最佳实践的简单易行的方法。

创建这样一种系统并不像听起来那么容易。工作繁忙的人们通常不愿花时间去解释为什么成功或失败；另外，他们不愿透露任何可能使自己遭受批评的信息。还有一个问题是当今商务人士所共同面对的：信息超载，并且"它在这儿不起作用"的想法经常阻碍公司鼓励员工对市场经验与知识进行分享。

为克服这些问题，公司需要营造出促进最佳实践自由交流的组织文化。另外，必须将人员与程序结合起来以创建一个相关且易于获取的知识库。采取激励措施是让人们互相分享知识的一种办法。例如，在美国管理体系中，企业记录那些分享自己心得和最佳实践经验的员工，并在年度业绩评估时对他们进行奖励。其他几家公司开发出一些程序和方法，用以创建促进分享的组织文化。

不论是正式的还是非正式的定期会议，都是交流心得和最佳实践经验的有效方式。例如汉高（欧洲包装和化学品公司），经常召集业绩前 20 名的国家品牌经理召开会议。这类会议的有效性取决于会议的形式及与会者。对于心得体会和最佳实践经验的正式汇报无疑可以发挥作用；例如，索尼就鼓励各国和地区展示其最好的广告方案。然而，由于挑战来自如何将想法付诸行动，真正的学习往往发生在与会者亲身参加工作小组或更加非正式的交流当中。在这类会议上形成人际联系，以便后续的互动交流，往往要比现场的信息分享来得重要。

菲多利公司每年大约举办 3 次市场营销研习班，聚集世界各地的一些营销主管或总经理到达拉斯市学习交流一个星期。该大学让参与者了解全球品牌管理的相关概念，帮助管理者们克服"我是不同的——全球计划在我的市场中行不通"的思维定式，为公司培养懂得如何"获取品牌"的人才。在这一星期当中，主要进行案例分析，介绍在某一个国家或地区成功实施的包装、广告或促销方案又成功地运用于另一国家的事例和经验。这些分析说明了成功经验甚至也可以传递给持怀疑态度的当地市场小组成员。

在交流心得和最佳实践经验过程中，企业局域网正日益起到积极（尽管通常是支持性的）作用。拥有其他国家相关人员的电子邮件地址是基本的前提，尽管这对发布有关竞争对手行动或技术动态的消息极有效用，但由于信息混乱或超载而使得通过电子邮件传递心得和最佳实践的方式效用甚微。然而，通过在企业局域网上安装一种程序可以减少这样的问题。美孚采用一套最佳实践共享网络，该网络由在某一领域，如引入新产品、品牌架构或零售点推介等有特长和兴趣的人们组成。每个网络都由一位高级管理人员提供支持和指导，由一位领导者或促进者提供必要的支持、思维引导和维护连续性。进而，相关的市场洞见、心得体会和最佳实践经验就能被筛选出来并公布到易于登录的局域网点上，这些局域网点由网络管理小组专门负责。

实地参观是了解最佳实践的最优方式。例如，本田派出工作小组"与最佳实践一起生活"，以使小组成员能够深入理解这些实践是如何起作用的。其他公司派出首席执行官级别的人员（如汉高和索尼）或品牌管理级人员（如IBM和美孚）去发掘和交流最佳实践经验，并为各国工作小组提供支持。对最佳实践的亲眼所见能够为参观者带来纯粹描述所无法达到的深刻理解。

宝洁公司在全球范围内为每一个品牌类别设置了一个由3～20人所组成的战略规划小组，用以激励和支持全球战略。他们的任务之一是获取当地市场知识，以便了解消费者，通过市场调查和各国的商业经验来提炼市场洞见，并向全球机构传播这一信息。另一项任务是找出特定国家的有效市场方案（如定位策略）并推动在其他市场进行试验；还有一项任务是制定全球资源策略。工作小组还制定出相关政策来对品牌策略的执行加以规定，明确说明在策略实施中哪些部分是不容变更的，哪些因素又是可以由各国管理人员灵活处理的。

对功能性层次上的方法进行分享是获得协同的又一方式。尽管福特在欧洲各国的做法差异甚远，研究方法和结论却得到有效分享。例如，英国福特擅长于市场细分研究和直邮广告推销。除了它们的市场洞见外，它们的技术和方法也被运用于其他国家，尤其是那些市场空间较小及支持预算较少的国家。这其中最为重要的是要实现功能性层次上的跨国交流。

对于市场心得和最佳实践经验的分享有多种形式，从诸如规划机构等正规结构到专家之间的非正规交流都有。有四条原则能够有助于确保该分享过程的有效性。其一，需要由一个小组或团队，正式或非正式的都行，建立起价值观，建立价值观的过程需要清楚且明晰。例如，单单创造全球协同的愿景是远远不够的，该团队还需要掌握专业知识和技能。其二，团队成员需要分享荣誉感、共同信仰和相互的友谊。对于谁对工作贡献了什么，谁没有做出贡献这些问题，必须十分清晰。其三，该团队需要一位高级管理人员启动工作，并支持和鼓励团队与组织内部各部门建立联系。其四，必须形成一种共享的感知，说明团队所努力实现的远大抱负是如何在品牌识别和愿景中得到阐释的。

通用的全球品牌规划程序

一位杰出的商品包装销售人员的经历向我们展示出在全球范围内管理品牌的一个基本问题。两年前，一位新任命的全球品牌经理组织了一场各国经理的市场策略陈述会。实际上，在陈述当中，所有国家的品牌经理都使用自己的词语、自己的报告模板以及提出自己的策略。真是一团糟，场面几乎无法控制，毫无疑问这导致了低劣的市场策略并削弱了品牌。这是应该避免的模式，却也是现在很流行的模式。

另外一家公司的做法稍好一点，它开发了全球规划系统，包括一个规划模板和词汇表。尽管如此，该做法却未能得到各国品牌经理的理解或接受。结果，这一系统增加的是混乱而非清晰。

品牌规划模板

那些在建立全球品牌领导地位方面走在前列的公司使用的是一种全球品牌规划模板，该模板适用于各个市场和各类产品，它能确保对于品牌陈述不论是在西班牙、新加坡或是智利，也不论是针对产品甲或是产品乙，看起来和听起来都是一致的。在所有情况下，品牌陈述所使用的是事先界定好的规范词语，相同的战略分析输入、相同的分析结构及相同的结论形式。在这方面尚存不足的多数公司都承认正是这方面的缺陷阻碍了它们成为有效的全球性竞争者，而且许多公司已着手开发该模板。一个通用的品牌规划程序是在全球市场上创造协同的基石。没有这种程序，整个组织将是分离割裂的。

本书所建议的模式为品牌规划程序及相关模板提供了构架基础。当然，也有其他模式。更进一步讲，根据实际背景环境及公司规划传统对通用模式进行适应性调整将取得良好效果。例如，一家向100个国家的食品店分销软饮料的公司进行品牌陈述时所需要强调的内容，与一家做直销的重型设备公司会存在很大差异。

然而，需要提及有一些基本的要素（见图10-3）——战略分析、品牌策略、品牌创建计划说明及对目标与评估的描述。更详细地说，对应每一要素都应考虑以下各维度。

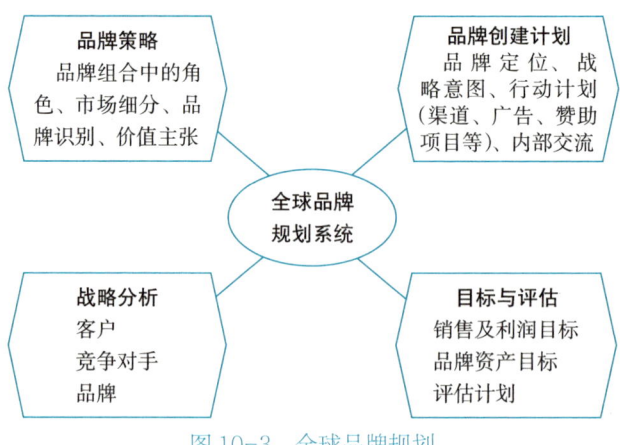

图10-3　全球品牌规划

战略分析

- 客户分析——关键客户群是哪些？客户动机是什么（真正的动机，而不是顾客自己所说的动机）？该产品类别能够向客户传递什么情感性利益和自我表达型利益？顾客的市场兴奋点是什么？该品牌能够与顾客生活和自我认知的哪些核心要素关联起来？未被满足的顾客需求的发展趋势如何？
- 竞争对手分析——谁是目标竞争者？它们是如何定位的？它们的品牌创建计划是什么，效率如何？谁正在冲出竞争的重围？采取的是什么方法？
- 品牌分析——品牌形象是什么？正面和负面各是什么？战略意图是什么？针对组织意愿和能达成的假设是什么？

品牌策略

- 品牌策略是如何与品牌组合联系起来的？它应扮演什么样的角色，是银弹品牌还是战略品牌？
- 谁是该品牌第一位和第二位的目标市场客户群？
- 品牌识别、品牌个性和品牌标识象征各是什么？
- 核心识别是什么？品牌精髓呢？
- 该品牌是如何形成差异性的？
- 支持品牌承诺的检验点和现有计划是什么？
- 价值取向是什么？
- 能够传递什么样的功能性、情感性和自我表达型利益？

品牌创建计划

- 品牌定位，品牌创建工作的当前目标是什么？

- 战略意图是什么？
- 在不同区域的行动计划及支持项目是什么？

  渠道。

  广告。

  赞助项目等。
- 品牌内部交流计划是什么？

目标与评估

- 销售及利润目标是什么？
- 分销目标是什么？
- 品牌资产的目标是什么？
- 如何评估品牌创建的成果？

  销售与利润。

  分销。

  顾客忠诚度。

  知名度。

  感知度。

  联想（包括个性与情感性利益）。

在该模板中有两个维度通常被忽视却十分重要。一个是员工和公司合作伙伴间的内部沟通计划，这对构建和传播品牌识别时所需要的清晰度和组织文化来说至关重要。正如第3章中所提到的，内部交流可以采用多种形式，如详细的操作手册（立顿热饮）、工作室（雀巢）、网络广播（戴姆勒-克莱斯勒）、新闻通讯（惠普）、一本光滑的精装硬皮书（沃尔沃）或无声视频（The Limited）等。

另外一个未被该模板充分利用的是评估。事实上行为受评估所驱动，没有评估，品牌创建工作通常只能是空谈。而评估工作的关键是要超越围绕销售及利润为核心，将品牌资产因素纳入评估体系当中。令人吃惊的是，极少公司有全球性品牌追踪体系。百事可乐是个例外。20世纪90年代中期，百事（包括它的菲多利品牌）引进了全球评估体系并运用于其所服务的各国。该系统很快成为非常适用的诊断和激励工具，以至于在其被采用后不久，百事的首席执行官罗杰·恩里科（Roger Enrico）便将其设定为公司的基础规范。该系统被称作市场P&L，包括产品资产（无视觉口味测试）、顾客资产（分销的广度和深度）、品牌资产（顾客的意见和品牌认知）。当百事国家地区级的经理们开会比较评估手段时，他们能很快了解到他人也因同样的原因而面临着同样的问题。这一发现无疑提高了经理们对该计划及他人经验的接受度。

品牌领导公司（The Brand Leadership Company）帮助斯伦贝谢资源管理服务（Schlumberger Resource Management Services）建立起一套品牌评估系统。除了对跨越主要国家的品牌进行测评外，该系统还包括对顾客忠诚度和对公司的产品、服务和解决方案等特定领域顾客满意度的诊断与评估。由该系统所处理和传导出的信息，不仅可以为公司带来提升满意度和保留特殊顾客群的短期实在利益，而且有助于获取构建品牌的长期利益。短期利益还可帮助对该系统的成本支出合理性进行评判。

适用全球的规划程序

应该要设立一种程序来确保规划工作的启动，但极少数的公司有这样的程序。麦当劳最近才开始启动规划程序来应对其品牌创建所面临的内外部挑战。有效规划程序的一个特征是它具有进程表和自身的节奏以确保规划工作的启动。世界变化飞速，以年度为时间单位进行战略规划的日子已经一去不复返。规划程序需要针对日新月异的技术创新、多变的竞争者行动和捉摸不定的消费者需求来加以适应和调整。艾森豪威尔将军曾说过:"计划本身并没什么,但计划却代表一切。"规划程序应该允许经理们根据自身市场的特殊情况对规划本身进行关键性调整。

此外,在规划程序中,我们还须定义各种角色和责任。谁负责协调这一程序?谁应被包括在决策机制内?在各阶段应将情况通报给谁?程序的各方面应得到谁的认可?谁负责规划程序的执行?

自上而下与自下而上

规划程序还需要建立一种机制将全球性品牌策略与各国品牌策略联系起来。该机制可以是自上而下的(全球性品牌策略为驱动力,国家品牌策略随之做相应调整),也可以是自下而上的(国家品牌策略逐步演变成地区乃至全球性品牌策略)。

采用自上而下方式的有索尼、美孚和其他一些设定全球性品牌策略并以国家级品牌策略做相应调整的公司。国家品牌策略可以通过增加品牌识别要素来对全球性品牌策略进行补充。国家品牌战略制定者也可以对品牌识别的某一要素持有不同的理解(领导地位在一个国家可以被理解成技术领先,而在另一国家可以被理解为市场领先)。在自上而下的方式中,国家品牌工作小组有责任去纠正任何造成全球性品牌策略偏离的行为,尤其是在发生冲突的情况下。

自下而上的方式使组织可以在国家品牌策略的基础上开发全球性品牌策略。具有相似性的国家品牌策略可以基于成熟程度(不发达、发展中、发达)或竞争环境(该品牌是领先者还是挑战者)归入同一群组。尽管这些群组中的品牌策略各有不同,但也有一些可以被纳入全球性品牌策略的共性。

随着时间的推移,由于相关经验和最佳实践逐步得到分享和采纳,不同策略(包括同一策略的变种)的数目通常在减少。向少数策略的集中将会产生较大程度的品牌协同效应。像梅赛德斯所采用的广告计划（该计划由一家领先的代理机构为其制定并包含 5 个左右的宣传活动）就可以为各国根据自身情况而选择使用。如果有 5 个而不是 55 个基本品牌策略，广告活动就会更加聚焦。

明确责任以实现跨国协同

地方性偏见通常会对全球性品牌协同效应的获取形成阻碍，具体而言，地方经理坚信他们所处的环境是独特的，任何来自其他市场对顾客的洞见和最佳实践都无法适用于他们的情况。这种信念的产生部分是基于他们对所在国家、竞争环境及顾客了解的信心，所以任何对这种信念的冲击都在某种程度上对他们的自尊及专业能力造成威胁。当地品牌小组可能也会在潜意识里觉得他们的行动自由受到了限制，他们被迫接受低效或非优的策略。此外，如果本地过去的策略是令人满意且有效用的，那么要对其进行改变就需要有令人信服的理由。

针对当地偏见的最终解决方案是建立一个中央集权的品牌管理体系以制定全球性品牌策略。尽管这种方法在诸如皇冠伏特加（Smirnoff）、索尼和 IBM 等公司的部分业务中取得了成效，但也存在一定风险（本章一开头就提到过），例如没有找到或无法执行有效的全球性品牌策略，或者这样的策略根本就不存在。另外，这种品牌管理方式可能仅仅是由于组织原因而无法推行，其中部分原因可能是组织根深蒂固的分权结构和文化与中央集权的品牌管理体系的矛盾冲突所致。因此，许多公司不得不寻找中央集权品牌管理之外的替代方法。

让各国品牌管理小组自愿且快速地接受并执行他人的最佳实践对多数公司来说都是一个巨大挑战。要应对这一挑战，需要有专人或专门团队来对全球性品牌进行管理。然而，某些拥有重要品牌的公司却缺少合适的人员或团队来负责该品牌的现象并不足为奇。如果没有任何受到驱动的人员或团队负责全球性品牌，就不能产生协同效应，品牌也将陷入无序状态。

我们的研究表明，存在四种可能的全球性品牌管理方式，该方式可以根据操作权限级别，以及是由团队还是个人来负责进行分类（见图10-4）。这四种类型可以分别被称为全球性品牌小组、业务管理小组、全球性品牌经理和品牌支持者。

中层管理	高层管理	
全球性品牌小组	业务管理小组	小组
全球性品牌经理	品牌支持者	个人

图10-4　谁在负责全球性的品牌管理

业务管理小组

20世纪90年代的宝洁是运用业务管理小组方法的典范，当高层管理者是那些将品牌视为公司核心资产的营销或品牌管理人员时，该方法最为合适。宝洁11个产品品类当中的任何一类均由一个专门的全球小组负责，该小组由对其区域内产品品类负有研发、生产制造和市场营销直线责任的4名管理者共同构成。全球产品品类小组由一位执行副总裁领导，例如，主管欧洲所有健康美容产品的管理者担任护发产品小组的领导。小组成员之间保持频繁的联系，并在一年之中正式会面五六次。每一个全球产品类别小组都要负责以下工作。

- 对该产品品类中所有品牌的品牌识别和品牌定位在全世界范围内进行定义。在宝洁，各国的品牌和广告经理实际上都是策略执行者。
- 对本地品牌创建的优秀经验进行管理，以促使其成为可以被其他国家进行试验或采纳的全球成功模式，一旦条件成熟就建立起全球性品牌。
- 通过规划产品品类识别技术来推动产品创新，这一技术可用于创建品牌和决定什么品牌应获得何种技术。例如，潘婷就先于其三个姊妹品牌获得了 Elastesse 技术（解决了戴头盔给头发带来的问题）。

由于有高层管理者的介入，小组在执行决策中便很少会遇到组织上的障碍。

品牌支持者

品牌支持者应该是企业高层管理人员，通常是首席执行官，他是推动和培育品牌工作的基本力量。品牌支持者管理结构特别适合于由品牌导向的高层管理者所运营的公司，这些管理者对品牌创建工作拥有极大的热情并有高超的品牌策略制定能力，这样的公司包括汉高、索尼、Gap、拜尔斯道夫（Beiersdorf）、妮维雅等。雀巢为其 12 个公司级战略品牌各配备了一名品牌支持者，每位品牌支持者都担任公司内另外一项工作，但仍旧负责该品牌在全球范围内的总体方向。例如，负责营养品的副总裁可能是 Carnation 的品牌支持者，而负责可溶咖啡的副总裁则可能是 Taster's Choice（在美国之外称为雀巢）的品牌支持者。

品牌支持者负责所有品牌延展决策（如将 Carnation 品牌用于白色牛奶巧克力棒上）并监控品牌在全世界的表述和使用。其必须熟知当地背景和管理人员，识别出市场诀窍和最佳实践，给予推广建议（有时是强制执行）。像在索尼一类的公司，品牌支持者需要极富远见，明确国家品牌识别与定位，并确保各国小组富有创造性和规范性地加以执行。品牌支持者是值得信赖并受尊敬的，这不仅是因为他的组织权力，还因为其具有丰富的经验、渊博的知识和敏锐的洞察力。品牌支持者的任何提议都应予以认真考量。

作为其"组织 2005"活动的一部分，宝洁计划在 21 世纪将地区产品品类经理小组的权限和责任集中到全球经理个人手中。这一改革旨在加速全球协同的进程并帮助创造更多的全球性品牌。当前，在宝洁的 83 个主要品牌当中，只有一小部分可以视之为全球性的品牌。

全球性品牌经理

在许多公司，尤其是处于高科技和服务行业里的企业，高层管理者往往缺少品牌创建甚至是市场营销的相关经验；而品牌管理专家却总是位居高管之下。此外，这类公司往往是分权化管理的，下辖高度自治的地区和国家级管理体系。在这样的环境里，消除地区偏见和创造跨国协同工作通常面临着巨大挑战。

全球性品牌经理（GBM）是个人而不是小组，他负责制定能产生强势品牌和全球协同效应的全球品牌策略。在 IBM 该人被称为品牌管理员，反映该职位在创建和保护品牌资产中的作用。在皇冠伏特加，一个强势品牌，GBM 被授予斯米诺/皇冠伏特加公司的总裁职位。在另一著名品牌哈根达斯中，全球品牌经理同时也担任该品牌主要市场（也即美国市场）的品牌经理。

尽管一些全球性品牌经理对一些市场营销活动有批准权（皇冠伏特加的 GBM 必须要对广告策略中的一些元素进行审核），但大多数全球性品牌经理实际上并无任何权力。因此，他们必须在没有发号施令权力的情况下去制定出相互协同且紧密一致的全球性品牌策略。以下四个方面对一个 GBM 的成功非常重要。

- 如果没有全球性品牌规划程序的话，就去创建一个，或者对现有的程序实施管理与运用。通用的规划程序能够为各国品牌经理提供规范的词语、模板、计划循环流程、结果和评估指标与方法，进而能够增加 GBM 参与并影响品牌策略的能力。

- 开发、调整和管理内部品牌交流系统。全球性品牌经理不应仅管理该系统，还要成为其中的关键组织部分。通过在全世界范围内了解客户、问题和最佳实践，他就能将自己置身于识别和传播协同机会的最佳位置。
- 寻找富有经验和才华横溢的人担任 GBM 职务。如果说对全球性品牌管理有什么可以重复出现的共识，那就是挑选合适的人选。只有当 GBM 具备实用的全球化经历、产品背景、精力充沛、可以信赖及巧妙应对各国品牌专家的人事技能时，该系统才能运行。如果人选错了，那么无论对该系统进行怎样的设计，都将走向失败。因此，设计出一套甄选、培训、教导和激励 GBM 人员的程序至关重要。
- 取得决策层的支持，否则全球性品牌管理人员就不得不身陷于向高管层无休止的解释说明当中，以使其认可对品牌的支持。如果公司里暂无决策层支持者，那么品牌经理可以尝试去创造出来。万事达卡的品牌经理就成功说服公司进而组建起一个 6 人品牌执行小组（从会员银行的董事会成员中挑选），为品牌创建计划提供建议，并在公司董事会上支持品牌创建活动。

有时对于 GBM 工作的支持缺乏承诺。当另外一种管理潮流出现或是承诺并没有被具体化时，决策层的支持就会逐渐消退，仅剩下 GBM 一个人在逆流中挣扎。正如英国人所说："这就像在西班牙的沙滩上建城堡。"如果遵循上述几点能够确保成功，那么缺乏其中任何一条都会削弱 GBM 成功的机会。

全球性品牌小组

GBM 通常被看成企业的局外人，另外一类参谋人员，其只会制造出更多的额外开支来支持背离眼前实际工作的繁多表格和会议。GBM 面临的挑战在于要与各国品牌经理协调一致，让人们认可全球性品牌管理的价值。由于有更多人的加入会创造更多的联系渠道，全球性品牌小组（global brand team，GBT）更有助于被人接受并搜集到大量的相关知识和经验。GBT 可代替 GBM 或与 GBM 相结合运作，由 GBM 担当 GBT 的推动者或领导者。

诸如美孚、惠普等公司里的 GBT 成员大都由来自世界各地、处于不同品牌创建阶段及不同竞争环境中的人员构成。像广告、市场调查、赞助活动或促销等功能性活动也可包括在小组工作范围内。GBT 的职责和 GBM 一样，都是负责在全球范围内进行品牌管理。同时，其成功的关键也和 GBM 所要求的一样，包括有效的全球品牌规划程序、全球品牌交流系统、合适的小组成员人选和高层管理者的支持等。

GBT 方式也存在一些问题，尤其是在没有 GBM 的情况下更是如此。第一，由于无人对全球性品牌决策的执行负责，而小组成员的基本工作压力又分散了他们的精力，进而导致执行力低下。第二，小组可能缺乏权限和精力来确保他们的建议在各国得到实施。美孚解决该问题的方式之一是采用从各国抽调人员组成行动小组来执行具体任务。第三，小组成员可能会因为政治或社会原因，而不得不接受当地产品或其同事的市场经验，结果是无法有效达成全球性品牌策略。

当功能完备的全球品牌规划制定出定义完善的全球性品牌策略之后，GBT 机制可以产生最大效用。之后品牌小组的工作重点则转变为对策略实施情况的监督和促进最佳实践的交流。

划分全球性品牌管理职责

某些公司通过业务单元或细分市场来划分 GBM 或 GBT 职责以使其职责更加切合实际。例如，由于各业务的品牌有本质区别，所以美孚将 GBT 划分为负责客车润滑剂业务、商用润滑剂业务和燃料业务，之后再由全球性品牌委员会协调各部分工作。

莱卡（Lycra），一个有着 35 年历史的杜邦公司品牌，为我们提供了另外一个职责划分的例子。弹性、舒适、可心和与你同步运动构成了莱卡的全球性品牌识别要素，并进一步引出了一句全球广告语"莱卡最富有动感"和拥有"动感"的全球性概念。莱卡所面临的问题在于它有多种用途，而每种用途都需要积极的全球性品牌管理。解决的方法是将每一种用途的 GBM 职责具体落实到与该用途相关性强的国家——巴西的品牌经理也是全球泳衣业务的领导，法国品牌经理也同时负责时尚板块等。这一概念避免了集权，取而代之的是很好地利用了遍布在世界各地的专业技术。

权限：GBM/GBT 与国家小组

GBM 和 GBT 结构所共有的一个问题就是赋予全球品牌经理或小组的权限级别和类型。重要的权限表征着对品牌创建的承诺，并能够减少由组织问题和竞争压力带给全球性品牌管理的抑制和阻碍。例如，可以赋予 GBM 或 GBT 对下列工作的潜在决策权。

- 对如何表现品牌标识说明的任何偏离。负责向 GBM 或 GBT 汇报的品牌标识管理小组应有权设定并批准在世界范围内有关品牌标识的颜色、字体及摆放位置和其他附属标识的灵活偏离度。
- 产品或服务设计的感观。例如，IBM 的 ThinkPad 品牌笔记本电脑外观是黑色的、外形呈矩形，配有一个红色追踪球，面板右下角成 35 度处有混色的 IBM 标识。任何对这一外形的偏离都须经过批准。
- 广告策略。例如在皇冠伏特加，GBM 有权选择广告代理商及广告主题。
- 品牌策略。一种选择是让 GBM 或 GBT 与各国经理共同拥有对品牌策略的制定及执行的决定权。

在有些公司里，按照工作或活动的性质将权力范围规范化，划分为强制性权力（如标识必须完全按规定呈现）、调整性权力（广告主题被设定，但实际表述可根据当地文化做相应调整）或自主性权力（当地促销活动）。表 10-1

显示了活动的划分情况。负责品牌的个人或小组应确保每个人都了解并遵守这些指导原则。

表 10-1 对强制性、调整性和自主性活动的界定

	强制性	调整性	自主性
标识、符号			
包装			
品牌识别			
定位			
广告主题			
广告实施			
网络策略			
促销			
定价策略			
本地赞助活动			

尽管这种针对各国品牌管理而划分的强制性活动、调整性活动与自主性活动通常可以有效避免失去对全球范围内品牌管理的控制力，但它同样也有所有规则体制所固有的局限性。在限制性规则下对品牌创建进行微观管理可能会适得其反。最终来讲，最优的协调办法应该是设定出强有力且十分清晰的品牌识别，这样可以在品牌策略实施及品牌创建过程中不用诉诸死板的规则。

品牌创建精华的传递机制

建立全球品牌领导地位，尤其是在媒体纷繁的今天，需要出色的执行——就像之前我们提到的一样，仅仅是"好"的程度还远远不够。创建全球品牌领导地位所面临的困境是在地区市场取得出色表现的同时，如何为全球性组织创造协同效应和规模效应。完全的区域自治通常意味着品牌创建工作缺乏连贯性，所能运用的人力物力资源也相对较少。与之相对应的是，为

创造协同效应和消除地区偏见而采取的品牌创建集权模式却常常导致成果的折中和活动的受限。诸如众所周知的宝洁、奥迪与汉高等几家公司都针对这一问题做出了回应。

宝洁通过赋权各国品牌小组开发突破性品牌创造计划进而寻找到了卓越的方法。特别是在当品牌处于挣扎的困境中时，各国品牌小组在公司的鼓励下积极寻找适合自身的成功模式。一旦发现了某个成功模式，公司就会迅速地在其他国家进行试验并推广执行。

例如，宝洁的潘婷 Pro-V 是 1985 年向理查德森·维克斯（Richardson Vicks）购得的一个小品牌。公司试图扩大它在美国少数的忠诚顾客群规模，却收效甚微，同样的情况也出现在法国和其他地方。然而在 1990 年，品牌战略家们发现让有优质发质的模特来展示闪亮发光的健康头发非常有市场渲染力，进而他们在中国的台湾地区市场上捡到了金子，如图 10-5 所示。尽管人们知道模特所展示的头发并不是真的，但他们还是会在内心告诉自己："我就要拥有那样的头发。"在使用广告语"秀发健康闪亮"的 6 个月内，该品牌就成为中国台湾地区市场同类产品的领导品牌。这一概念和广告随后在其他市场取得了良好的测试效果，之后便在 70 个国家和地区推广开来。宝洁现在把潘婷视为其为数不多的全球性品牌之一——而这一切都始于中国的台湾地区。

奥迪使用多个代理机构来刺激卓越的品牌创建工作。使用单个全球性品牌使得全球品牌策略的执行变得可行，但也可能导致成效不一的平庸工作。当有多个品牌传播机构互相竞争时，总是会出现更好的选择，创造辉煌业绩的机会也就更大。在欧洲，来自不同国家的 5 个奥迪代理商（称为奥迪代理网络）相互竞争成为广告活动创建的领导者。竞争失败者被限定在其所在国内执行获胜的方案——因为它们仍在奥迪体系之内，将来就还有参加新一轮创意竞赛的机会。其他公司雇用来自同一家代理商的不同办公机构。这也许并不能产生希望获得的各种创意，但还是要比只雇用一家代理商的一个团体有更多的选择。

图 10-5　来自宝洁的一个全球性品牌——潘婷

汉高和其他几家公司强调通过调整全球计划来适应当地市场,进而将平庸的品牌创建工作推至卓越。拿皇冠伏特加"纯刺激"的伏特加宣传活动来说:其全球所有广告所展示的画面都是当透过皇冠伏特加的瓶子观察时,原本扭曲的形象逐渐变得清晰,但为了迎合对什么才是刺激的理解各不相同的消费者,广告画面中所展现的特定场景因国而异。在里约热内卢,广告画面展现的是一个足球;而在好莱坞,山边出现的"W"字母是由两个人的腿组成的。IBM的全球广告语"四海一家的解决之道"中的"星球"(planet)在阿根廷改成"世界"(world),因为在阿根廷"星球"一词缺乏所要达到的冲击效果。贝纳通的宣传活动则须根据各个国家实际情况而进行相应调整,因为在某一个国家行之有效的宣传活动在另一个国家却可能是忌讳的。

另一个方法是成立卓越业绩中心——那些在能够产生协同效应的特定关键领域应对自如的固定性全球单位。例如,雀巢在德国有一个中心来培育和提炼广告以外的品牌创建途径。这种单位的作用之一是鼓励跨产品和跨市场地推广成功做法。美孚就设立了横跨关键协同领域的卓越业绩中心，这些领域包括产品规划、广告和市场调查。

因此，企业面临的挑战就是创造出"长脚"的卓越执行模式，可以被用于多个国家。基于大量的案例分析，这里为渴求卓越执行的人们提供一些建议。

- 考虑遵循何种品牌创建路径——例如，是采用广告、赞助、零售还是促销？精神实质可能并不在于执行本身，而在于路径的选择。
- 挑选品牌管理小组和传播合作伙伴组织内最优秀和最有推动力的人员来为品牌创建工作。
- 开发多种选择。总的来说，达成卓越的机会越多，成功实现的概率也就越大。然而，这也许意味着工作中会涉及多家品牌传播机构，进而导致管理工作变得困难（因为各家机构都想使自己的策略被采纳以占有更多的业务份额）。因此，需要强大的品牌领导力以及对品牌策略的精准把握。
- 评估结果。全球性品牌评估体系是卓越绩效的前提与基础。如果品牌识别被清晰地建立起来并反映于全球评估体系中，就会出现具体动力来创造真正富有成效的计划，同时也能避免产生毁灭性的计划。

迈向全球性品牌

由于品牌策略都涉及通常的品牌定位和传播工作，因此，当前企业的多数活动都是面向全球性品牌的。产生这种趋势的部分原因在于伴随通用性所带来的效率、大额度的预算对供应商所产生的影响，更易于追踪的品牌管理以及与全球性中介机构打交道的便利性。我们的结论是全球性品牌着实应该成为企业所追求的真正目标——但这里有两条忠告。

第一，企业期望通过实施必须横跨全球的品牌定位和其他品牌创建要素的法令是极少能取得最好的全球性品牌的。相反，这一目标可以以全球规划程序、全球性品牌传播系统、有效的组织架构和利于推广成功品牌创建经验的系统为基础，通过全球性品牌管理达成。通过对这些工具的使用，各国经理应制定出能够创建出强势品牌的策略。目标是将品牌规划的数目尽可能减少至最可行的几个，其结果可能形成一个全球性品牌，但也可能是一些地区级品牌。

第二，应该意识到创建全球性品牌不一定都是令人满意的。创建工作的最基本目标应该是建立全球性品牌领导地位，而不是全球性品牌。尽管创建全球性品牌显得很高雅，品牌管理也会因此而变得更加容易，但如果代价是品牌实力受损的话，公司还是不要贸然朝这一方向跨进。

思考题

1. 对本章开头的麦当劳案例结尾部分的问题加以讨论。
2. 你所在的行业有什么全球性品牌？在全球范围内达成标准化的内容是什么？是品牌名称和商标、定位、产品、广告品牌资产还是渠道策略？
3. 你所在企业的全球性品牌是什么？能拥有更多的全球性品牌吗？候选品牌有哪些？它们遇到的障碍是什么？
4. 评估你的全球性品牌传播系统。如何加以改进？品牌识别如何影响该传播系统？系统运行的机制如何？如何对该机制加以改进？
5. 评估你的品牌规划体系。是否有通用的规划模板？该规划程序是否能对全球品牌的开发产生促进作用？
6. 评估你的品牌创建执行能力。你所在企业的品牌创建系统和结构会取得卓越的还是平庸的成果？应该如何改造它？
7. 你的企业是如何进行组织来管理品牌的？有专人或小组管理品牌吗？管理功能是非常出色，还是一般呢？如何做一下改进？

第10章 全球品牌领导地位：不仅是全球性品牌

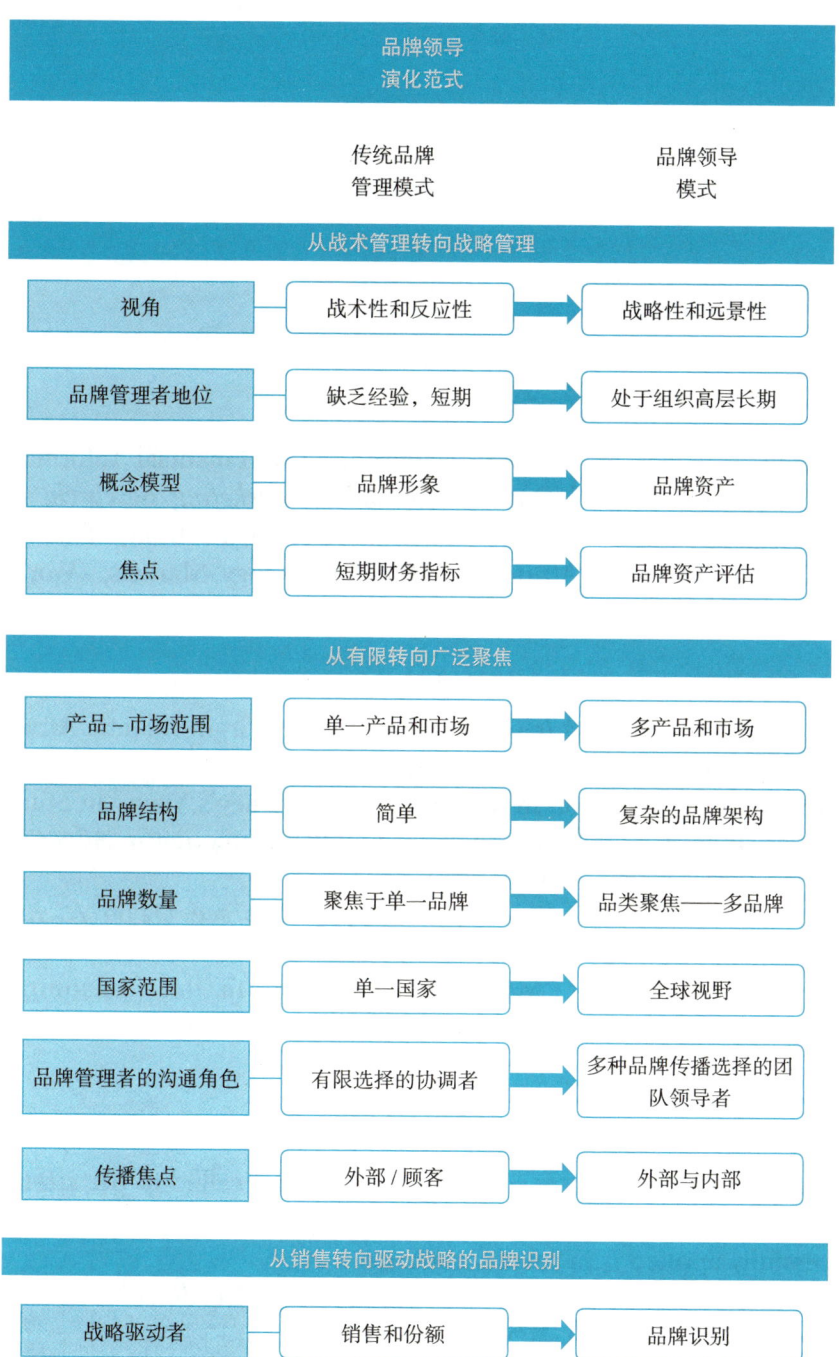

注　释

第1章　品牌领导：新兴的市场趋势

1. David A. Aaker and Robert Jacobson, "The Financial Information Content of Perceived Quality," *Journal of Marketing Research*, May 1994, pp. 191–201; David A. Aaker and Robert Jacobson, "The Value Relevance of Brand Attitude in High-Technology Markets," Working Paper, Haas School of Business, July 1999.

第2章　品牌识别：品牌战略的基础

1. Pantea Denoyelle and Jean-Claude Larreche, Virgin Atlantic Airways, Case publication INSEAD, 595–023–1.
2. Stuart Agres, "Emotion in Advertising: An Agency's View," in Stuart J. Agres, Julie A. Edell, and Tony M. Dubitsky, *Emotion in Advertising* (New York: Quorum, 1990), pp. 1–18.
3. For a more detailed discussion of approaches see David A. Aaker, *Managing Brand Equity* (New York: The Free Press, 1991), chapter 6.
4. Marsha L. Richins, "Measuring Emotions in the Consumption Experience," *Journal of Consumer Research*, September 1997, pp. 127–46.

第3章　对品牌识别的阐明与诠释

1. The concept of a strategic imperative was first called to the attention of the authors by Scott Talgo of the St. James Group, who has successfully applied it in several contexts.
2. Thomas A. Steward, "The Cunning Plots of Leadership," *Fortune*, September 7, 1998, p. 166.
3. Martin Croft, "Cool Britannia No Media Fad," *Marketing Week*, August

27, pp. 36–37.
4. Mike Berry of Frito-Lay suggested the use of boundaries.
5. Gerald Zaltman, "Rethinking Market Research: Putting People Back In," *Journal of Marketing Research*, November 1997, pp. 424–38.
6. "What Price Perfection?" *Across the Board*, January 1998, pp. 27–32.
7. David A. Aaker, *Building Strong Brands* (New York: The Free Press, 1996), pp. 304–309.
8. John Saunders and Fu Guoqun, "Dual Branding: How Corporate Names Add Value," *Journal of Product and Brand Management* 6, no. 1 (1997), pp. 40–48.

第 5 章　品牌架构

1. Kevin O'Donnell, Sterling Lanier, Andy Flynn, Scott Galloway, and others at Prophet Brand Strategy and Scott Talgo and Lisa Craig of the St. James Group provided helpful suggestions on this chapter.
2. Gregory S. Carpenter, Rashi Glazer, and Kent Nakamoto, "Meaningful Brands from Meaningless Differentiation: The Dependence on Irrelevant Attributes," *Journal of Marketing Research*, August 1994, pp. 339–50.
3. Judann Pollak and Pat Sloan, "ANA: Remember Consumers," *Ad Age*, October 14, 1996, p. 20.
4. Tobi Ekin, "GE Makes Matches," *BrandWeek*, February 2, 1998, p. 15.
5. The concept of a subbrand structure needing to have a logic was proposed by Scott Talgo of the St. James Group.
6. Cheryl L. Swanson, "The Integrated Marketing Team: Reinventing Maxfli Golf," *Design Management Journal*, Winter 1998, pp. 53–59.

第 6 章　阿迪达斯与耐克：品牌创建的经验

1. Randall Rothenberg, *Where the Suckers Moon* (New York: Alfred A. Knopf, 1995).
2. J. B. Strasser and Laurie Becklund, *Swoosh: The Unauthorized Story of Nike and the Men Who Played There* (New York: HarperBusiness, 1993), p. 413.
3. Bob Garfield, "Top 100 Advertising Campaigns," *Advertising Age* Special Issue on The Advertising Century, pp. 18–41.
4. Ibid, p. 28.

第 7 章 创建品牌：赞助的作用

1. This material draws extensively on John A. Quelch and Caren-Isabel Knoop, from "MasterCard and Word Championship Soccer," case 595-040 Harvard Business School Publishing, Boston, 1995.
2. Tony Meenaghan and Eoin Grimes, "Focusing Commercial Sponsorship on the Internal Corporate Audience," in *New Ways of Optimising Integrated Communications* (Paris: ESOMAR, 1997).
3. Goos Eilander and Henk Koenders, "Research into the Effects of Short- and Long-Term Sponsorship," in Tony Meenaghan, ed., *Researching Commercial Sponsorship* (Amsterdam: ESOMAR, 1995).
4. *Financial World,* April 13, 1993, p. 48.
5. David F. D'Alessandro, President, John Hancock, Keynote speech delivered at the IEG Annual Event Marketing Conference, 1997.
6. J. Rajaretnam, "The Long-Term Effects of Sponsorship on Corporate and Product Image," *Marketing and Research Today,* February 1994, pp. 63–81.
7. David F. D'Alessandro, President, John Hancock, "Event Marketing—The Good, the Bad and the Ugly," Speech delivered at the IEG Annual Event Marketing Conference, Chicago, March 22, 1993.
8. The description of SponsorWatch and the observations based on it are found in James Crimmins and Martin Horn, "Sponsorship: From Management Ego Trip to Marketing Success," *Journal of Advertising Research,* July–August 1996, pp. 11–21.
9. VISA proprietary survey, 1997.
10. Rajaretnam "The Long-Term Effects."
11. D. Pracejus, "Measuring the Impact of Sponsorship Activities on Brand Equity," Working Paper, University of Florida, 1997.
12. Tony Meenaghan, "Current Developments and Future Directions in Sponsorship," *International Journal of Advertising,* 17, no. 1, (February 1998), pp. 3–26.
13. Kate Fitzgerald, "Chasing Runners," *Advertising Age,* July 22, 1977, p. 22.
14. L. Ukman, "Creative Ways to Structure Deals," IEG Conference No. 14, "Hyper-Dimensional Sponsorship: Vertically Integrated, Horizontally Leveraged, Deeply Connected," Chicago, 1997.
15. Visa proprietary surveys, 1997.

16. Mike Jones and Trish Dearsley, "Understanding Sponsorship," in Tony Meenaghan ed., *Researching Commercial Sponsorship* (Amsterdam: ESOMAR, 1995).
17. D'Alessandro, "Event marketing."
18. Crimmins and Horn, "Sponsorship."
19. D'Alessandro, "Event marketing."
20. "The Real Marathon: Signing Olympic Sponsors," *Business Week*, August 3, 1992, p. 55.
21. Crimmins and Horn, "Sponsorship."
22. Mike Goff, "How Sprint Evaluates Sponsorship Performance," presentation, IEG Annual Event Marketing Conference, Chicago, 1995.

第8章 创建品牌：网络的作用

1. The authors thank Jason Stavers and Andy Smith, two world-class Internet observers, for their insightful contributions to this chapter.
2. Bruce H. Clark, "Welcome to My Parlor . . . ," *Marketing Management*, Winter 1997, pp. 11–25.
3. The study reported in the Millward Brown Interactive report: "1997 Online Advertising Effectiveness Study." Also the study was interpreted by the primary researcher Rex Briggs in his note titled, "A Roadmap to Online Marketing Strategy" also published by Millward Brown Interactive.
4. Rex Briggs and Nigel Hollis, "Advertising on the Web: Is There Response before Click-Through?" *Journal of Advertising Research*, March–April 1997, pp. 33–45; Martin Sorrell, "Riding the Rapids," *Business Strategy Review*, 8, issue 3, (1997), pp. 19–26.
5. Amy Innerfield, "Building a Better Ad," Grey/ASI Online Advertising Effectiveness Study, in the *IAB Online Advertising Guide*, 1998.

第9章 创建品牌：超越媒体广告

1. For a description see David A. Aaker, *Building Strong Brands*, (New York: The Free Press, 1996), chapter 10.
2. Russell W. Belk, "Possessions and the Extended Self," *Journal of Consumer Research* 15, September, 1988, pp. 139–68.
3. For examples of such programs, see the writings of Edward deBono, *Lateral Thinking* (New York: Harper Perennial, 1990); John Kao, *Jamming: The Art and Discipline of Business Creativity* (New York:

HarperBusiness, 1997); Doug Hall and David Wecker, *Jump Start Your Brain* (Warner Books, 1996); and *Making the Courage Connection* (Fireside, 1998).
4. Martin Croft, "Viewers Turned Off by TV Ads," *Marketing Week*, February 18, 1999, pp. 36–37.
5. Ruth N. Bolton, "A Dynamic Model of the Duration of the Customer's Relationship with a Continuous Service Provider: The Role of Satisfaction," *Marketing Science* 17, no. 1 (1998), pp. 45–65.

第 10 章　全球品牌领导地位：不仅是全球性品牌

1. This chapter is based on David A. Aaker and Erich Joachimsthaler "The Lure of Global Brands," *Harvard Business Review*, November-December, 1999.
2. This story is drawn from John Heilemann, "All Europeans Are Not Alike," *The New Yorker*, April 28 and May 5, 1997, pp. 176–79.
3. Mark Gleason, "Sprite Is Riding Global Ad Effort to No. 4 Status," *Advertising Age*, November 18, 1996, p. 300.